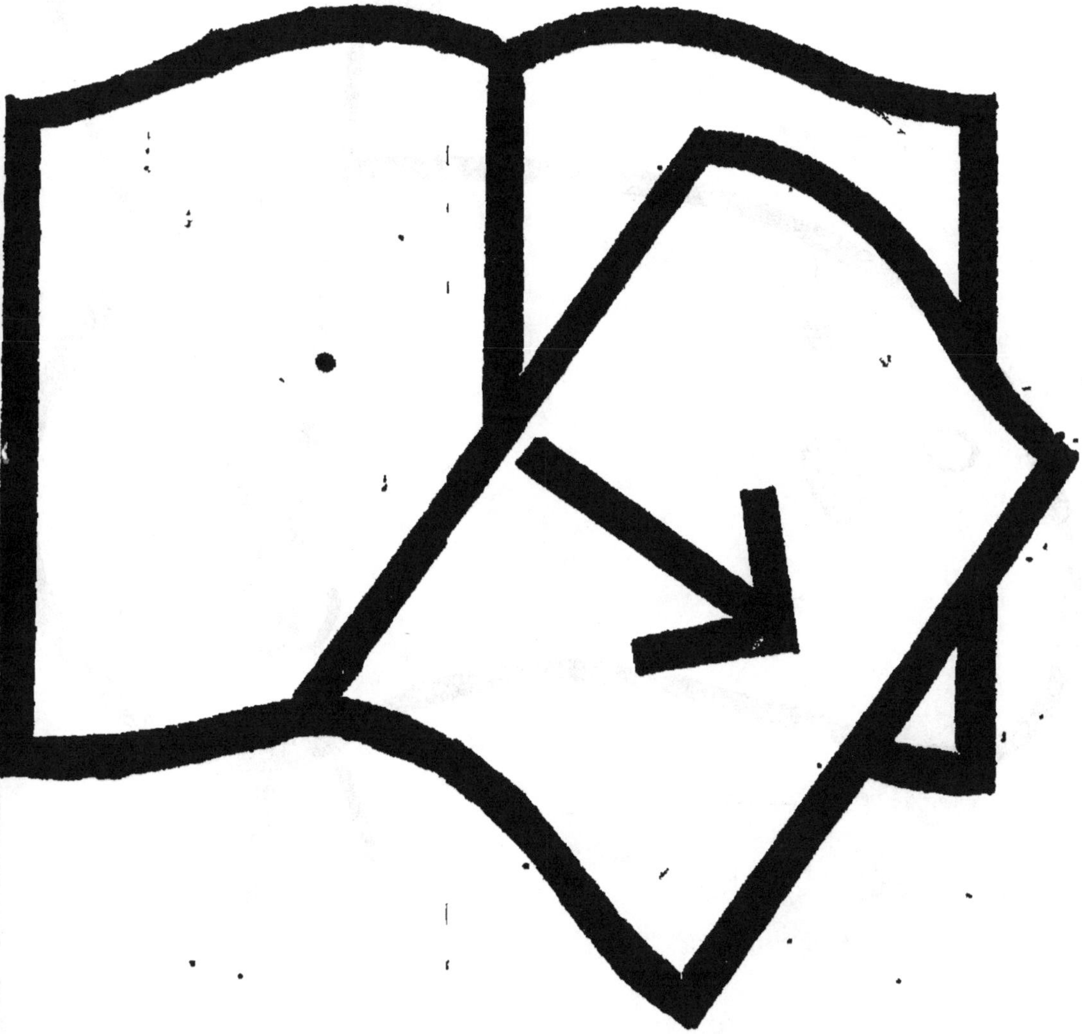

Couverture supérieure manquante

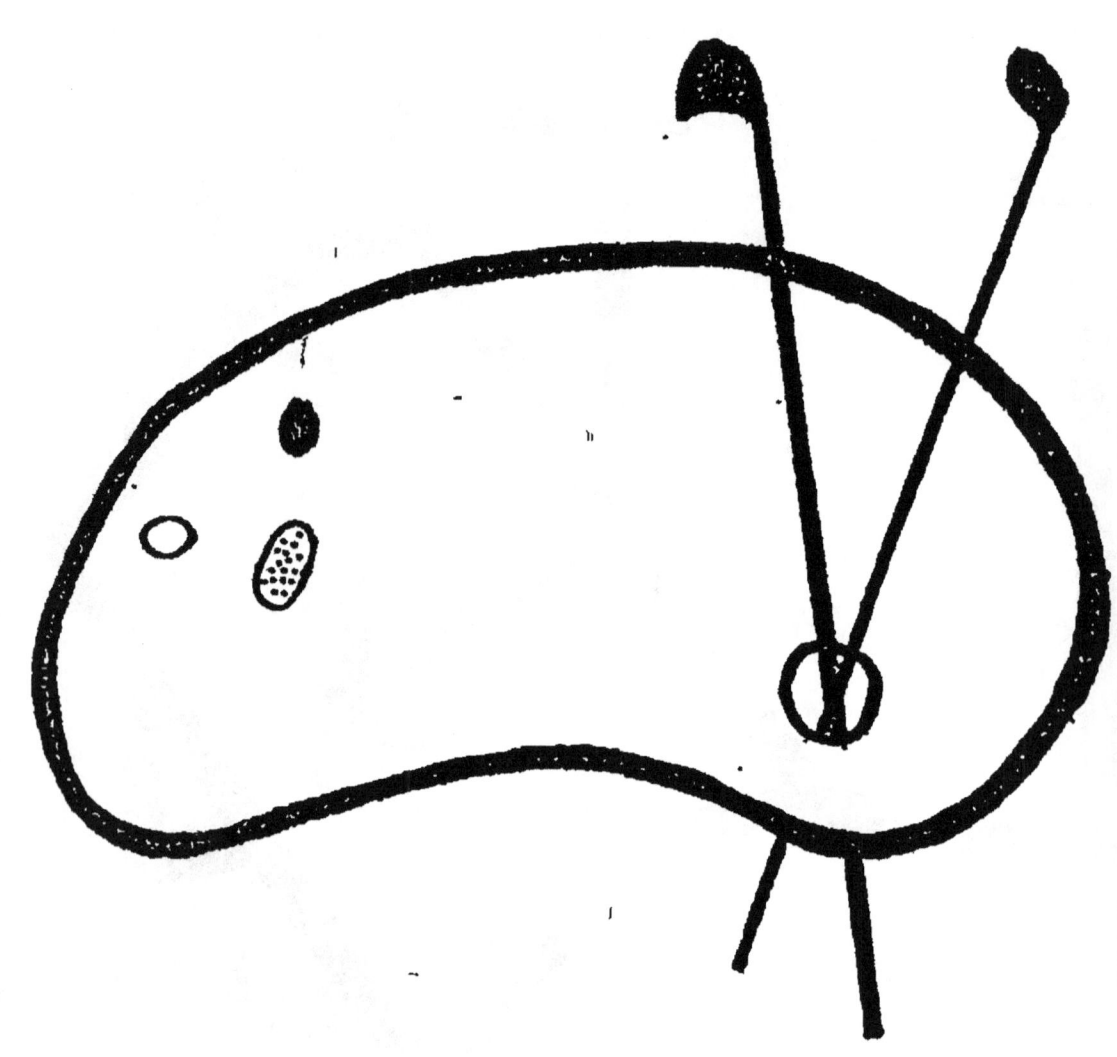

ORIGINAL EN COULEUR
NF Z 43-120-8

TORQUEMADA, 1 vol........
J. BARDOU
LA COMTESSE PAULINE DE B
BENJAMIN CONS
LETTRES A MADAME RÉCAMIE
COMTE D'HAUSSO
MA JEUNESSE, 1 vol........
PAUL JANE
VICTOR COUSIN ET SON ŒUVI

Format g

BLAZE DE BU
ALEXANDRE DUMAS........
P. BOURDE
DE PARIS AU TONKIN......
ÉDOUARD C
HORTENSE MAILLOT........
Psse CANTACUZÈNE-
FLEUR DE NEIGE..........
GABRIEL CHAR
STATIONS D'HIVER.........
ÉDOUARD DEL
SOUFFRANCES D'UNE MÈRE..
E. DESCHAN
PASCAL, LAROCHEFOUCAULD,
H. DE LA FERR
TROIS AMOUREUSES AU XVIe S
O. FEUILLE
LA VEUVE................
ANATOLE FRA
LE LIVRE DE MON AMI......
JEAN GIGOU
CAUSERIES SUR LES ARTIST
TEMPS..................
GYP
ELLES ET LUI............

ÉTUDES

SUR LA

LITTÉRATURE CONTEMPORAINE

VIII

CALMANN LÉVY, ÉDITEUR

DU MÊME AUTEUR

Format grand in-18.

DIDEROT, étude... 1 vol.
ÉTUDES SUR LA LITTÉRATURE CONTEMPORAINE. 7 —
MÉLANGES D'HISTOIRE RELIGIEUSE............. 1 —

LA REVISION DE LA CONSTITUTION............. Brochure
LA DÉMOCRATIE ET LA FRANCE.................. —

PARIS. IMP. DE LA SOC. ANON. DE PUBL. PÉRIOD. — P. MOUILLOT. — 57714.

ÉTUDES

SUR LA

LITTÉRATURE

CONTEMPORAINE

PAR

EDMOND SCHERER

VIII

PARIS

CALMANN LÉVY, ÉDITEUR

ANCIENNE MAISON MICHEL LÉVY FRÈRES

3, RUE AUBER, 3

1885

Droits de reproduction et de traduction réservés.

ÉTUDES

SUR LA

LITTÉRATURE CONTEMPORAINE

I

CLÉMENT MAROT[1]

Boileau a dit juste et a tout dit, ou peu s'en faut, lorsqu'il a attribué à Marot « l'élégant badinage ». Peut-être seulement voudrait-on relever un peu l'éloge en souvenir de l'épigramme sur le supplice de Semblançay. Mais la fermeté d'accent de cet admirable petit morceau est chose rare chez Marot, et force est bien d'avouer que le bagage de ce poète se réduit pour la postérité aux trois ou quatre pièces le plus souvent citées. On le connaît suffisamment quand on a lu l'épître à son ami Lion Jamet et ses requêtes à François Ier, notamment celle où il fait appel à la libéralité du prince. On

---

1. *Édition Georges Guiffrey*, t. II, 1875. t. III, 1881.

n'a jamais plus espièglement tourné une demande. Cette épître n'est pas seulement le chef-d'œuvre de Marot, mais l'un des chefs-d'œuvre de la poésie française au xvie siècle.

Quelques épîtres, quelques élégies, quelques épigrammes, jeux gracieux, aimables, où la licence de l'expression n'exclut pas une veine d'émotion tendre, voilà l'actif de la liquidation poétique de Marot. Le malheur de l'écrivain, c'est que ses œuvres sont trop volumineuses, que les pièces dignes d'être citées sont noyées dans un fatras de productions médiocres, que les vers heureux même se soutiennent rarement et perdent vite leur effet dans la longueur et le prosaïsme du passage où ils figurent. Marot passe à chaque instant du très bon au très mauvais. Il a des mots, des traits qui font penser à La Fontaine, et il retombe aussitôt après dans des platitudes dignes de la Gazette rimée de Loret.

On en conclura peut-être l'inutilité d'une édition aussi complète et aussi magnifique que celle dont M. Georges Guiffrey honore la mémoire de Marot. Six volumes, dont l'un contiendra la biographie du poète et dont un autre nous donnera le glossaire de sa langue, des volumes de six cents à huit cents pages, admirablement imprimés par Quantin, avec les bois de Petit-Bernard; c'est un véritable monument, et dont on est tenté de se demander s'il n'y a pas disproportion entre le mérite de Marot et les honneurs dont le voilà l'objet. Eh bien, non ; c'est M. Guiffrey qui a raison. L'étude des écrivains aussi éloignés de nous que l'est Marot a un autre intérêt que le plaisir purement littéraire. Ils prennent, du fait seul de leur âge, une valeur historique. Les écrits de maître Clément sont pleins des personnages et des événements de son temps. Le poète avait beaucoup erré, et l'on passe avec lui de la cour de France à celles de Navarre et de Ferrare et à la république calviniste de Genève. Les œuvres de Marot sont, en outre, un document de premier ordre pour l'histoire de notre langue. Contemporain de Rabelais, il est, avec lui et Calvin, le principal témoin de l'état du français dans la première moitié du XVIe siècle. Il en est un témoin familier, populaire, authentique. Ronsard et la Pléiade vont tout gâter avec leurs préoccupations érudites, mais Marot donne la main, par-dessus la Pléiade, à Montaigne et à Brantôme, qui nous conduisent à leur tour à Malherbe et Descartes. Marot est un anneau capital de la chaîne.

Marot est le point d'attache d'une autre tradition. Il a créé le genre marotique qui, dans le conte, l'épître familière et l'épigramme, s'est perpétué jusqu'à nos jours, ou peu s'en faut. La Fontaine est à la fois le plus évident et le plus illustre de ses imitateurs. Il le reconnaît du reste :

> Et Marot par sa lecture
> M'a fort aidé, j'en conviens [1].

Racine et Boileau marotisent tout naturellement

---

1. *Lettre à Saint-Évremont.*

dans leurs épigrammes; c'est pour ainsi dire la forme consacrée du genre. Jean-Baptiste Rousseau, lui, est disciple avoué, imitateur de profession ; il se plaît à le proclamer :

> Ami Marot, l'honneur de mon pupitre,
> Mon premier maître, acceptez cette épître
> Que vous écrit un simple nourrisson,
> Qui sur Parnasse a pris votre écusson,
> Et qui jadis en maint genre d'escrime,
> Vint chez vous seul étudier la rime.

Cela va, je le répète, jusqu'au seuil de ce siècle. Lebrun (Écouchard), mort en 1807 (il est vrai qu'il a vécu près de quatre-vingts ans), écrit encore :

> J'aime parfois l'épigramme en distique,
> Bon mot rapide en deux vers échappé ;
> J'aime encor plus le dizain marotique,
> Son coup plus sûr et son dard mieux trempé.

Voltaire qui, toutes les fois qu'il employait le vers de dix syllabes, empruntait à maître Clément, comme par une pente naturelle, quelque chose de son tour archaïque, demandait cependant qu'on distinguât.. « Le style qu'on appelle de Marot, selon lui, ne doit être admis que dans une épigramme ou dans un conte, comme les figures de Callot ne doivent paraître que dans des grotesques. Mais, quand il faut mettre la raison en vers, peindre, émouvoir, écrire élégamment, alors ce mélange monstrueux de la langue qu'on parlait il y a deux cents ans et de la langue de nos jours paraît l'abus le plus condamnable qui se soit glissé dans la poésie. Marot parlait sa langue, il faut que nous parlions la nôtre... Les jeunes gens s'adonnent à ce style, parce qu'il est malheureusement facile[1]. »

Déjà, dans le *Temple du goût*, Voltaire réduisait « à huit ou dix feuillets » les œuvres de ce « Marot, qui n'a qu'un style et qui chante du même ton les psaumes de David et les merveilles d'Alix ».

L'influence prolongée de Marot, ce genre particulier d'influence surtout, cette école d'archaïsme subsistant sous son invocation pendant trois siècles, cette imitation d'une langue vieillie en souvenir du poète ingénieux qui l'avait si heureusement maniée autrefois, tout cela constitue, il faut l'avouer, un fait littéraire singulier.

Je ne sais pourtant si le principal intérêt des œuvres de Marot, si ce qui justifie le mieux une édition telle que celle de M. Georges Guiffrey, n'est pas le jour que les écrits du poète jettent sur son caractère et sa vie. Cette vie, je l'ai dit, a été extraordinairement agitée, elle est liée à l'histoire de la Renaissance et de la Réforme en France, et le rôle de Marot, à travers les vicissitudes de sa fortune et les effusions de sa muse, ne laisse pas d'être énigmatique. Il y a là des questions assez difficiles à résoudre.

M. Guiffrey a incorporé à son édition un certain nombre de pièces inédites. Il est vrai qu'il étend cette dénomination à celles qui avaient paru çà et là dans d'autres

---

1. *Conseils à un journaliste.*

recueils et n'avaient pas encore figuré dans les œuvres de Marot. Il est vrai aussi que l'attribution qu'il fait de ces *inedita* à son auteur est quelquefois conjecturale. Mais, en fait de pièces vraiment nouvelles, M. Guiffrey a eu la main heureuse. Disons mieux, la diligence de ses recherches a été récompensée. Le discours en vers adressé à la reine de Navarre et destiné à être prononcé dans une mascarade, à l'occasion du mariage de madame Isabeau, belle-sœur de Marguerite, ce morceau n'est pas seulement imprimé aujourd'hui pour la première fois, il tire en outre une réelle importance des rapprochements que fait à cette occasion M. Guiffrey. Les fêtes de mariage auxquelles Marot avait prêté le secours de sa plume devinrent, au témoignage de Sagon lui-même, l'origine de la querelle envenimée des deux poètes théologiens. La reconstruction de cet ensemble de circonstances fait honneur à la sagacité de M. Guiffrey.

Ce n'est pas la seule découverte dont la biographie de Marot sera redevable à son nouvel éditeur. Il nous a donné la réponse de François Ier à la fameuse épître dans laquelle son valet de chambre lui racontait ses déconvenues et invoquait sa générosité. Une pièce qui appartenait à la bibliothèque du Louvre, et que M. Guiffrey avait eu la bonne fortune de copier avant l'incendie de cet édifice, ordonne au trésorier de la couronne de délivrer comptant à Marot « la somme de cent escus d'or soleil, auquel, en faveur et consideracion des bons et agréables services qu'il nous a pardevant faiz et fait encores ordinairement, par chacun jour, en son estat et office et autrement, nous en avons fait et faisons don par ces présentes ».

Une trouvaille plus intéressante encore pour l'histoire de la vie de Marot est celle d'un document relatif à son abjuration.

Marot, dénoncé comme calviniste, avait dû quitter la France en toute hâte, en 1535. Ne se croyant pas suffisamment en sûreté près de Marguerite, en Béarn, il s'était réfugié à Ferrare, près de la duchesse Renée, puis à Venise, comme s'il ne se fût jamais cru assez loin de « l'ignorante Sorbonne ». Vers la fin de 1536, cependant, ses propres instantes requêtes et l'intervention de ses protecteurs lui obtinrent la permission de rentrer en France. Il passa par Lyon, d'où le roi venait de partir à la suite de la retraite de Charles-Quint, et il y fut accueilli par le cardinal de Tournon, gouverneur du Lyonnais. Marot, en arrivant, avait adressé une épître au prélat, sans faire d'allusion aux causes de son exil, et invoquant seulement la grâce du roi et la faveur que Tournon montrait aux lettres. Mais le cardinal était en même temps l'adversaire acharné des novateurs religieux, et l'on ne pouvait s'empêcher de se demander si le poète, rentrant en France après l'avoir quittée comme hérétique, avait pu échapper à une rétractation. La chose en elle-même était peu probable, sans compter que les deux déclarations royales de Coucy et de Lyon, qui mettaient fin aux poursuites pour cause d'hérésie, exigeaient que les graciés eussent, dans les six mois, à abjurer canoniquement par-devant leurs diocésains ou leurs vicaires officiaux.

D'un autre côté, les témoignages allégués pour prouver que Marot avait dû en effet se soumettre à cette humiliation semblaient insuffisants. On n'avait à citer que quelques vers assez obscurs des adieux du poète à la ville de Lyon, et une diatribe de Sagon, très positive, sur le fait de la rétractation, mais quelque peu suspecte à cause de l'animosité de l'écrivain. Tant il y a que les protestants, dans leur désir de tirer Marot à eux le plus possible, avaient cherché à révoquer en doute son infidélité à la réforme. M. Guiffrey nous paraît avoir mis fin à cette controverse par la découverte qu'il a faite d'une lettre du cardinal de Tournon au grand maître de France, dans laquelle le prélat représente Marot comme résolu à faire abjuration solennelle devant lui et devant les vicaires de Monseigneur de Lyon. Le cardinal atteste que le pénitent « a grand repentance de ce qu'il a fait pour le passé et bonne envie de vivre en bon chrétien pour l'avenir... Je le vois en bon chemin, par quoi, s'il vous plaît, vous lui ferez escrire par le roi que, après l'abjuration faite, il puisse venir en sûreté devers et aller en son royaume, et je vous en supplie. » Il n'est guère permis de douter, après la lecture de cette pièce, que Marot, dans son désir de rentrer en France, ne se soit soumis à toutes les conditions qu'on exigeait de lui.

Ce sera l'une des tâches délicates de M. Guiffrey, lorsqu'il abordera la biographie de Marot, que de déterminer plus exactement qu'on ne l'a fait jusqu'ici les rapports du poète avec la Réforme. Nous venons de dire que les protestants cherchaient à se faire honneur de son nom, mais Marot ne paraît pas avoir jamais fait positivement profession de la foi réformée. Il est hétérodoxe; il en veut aux abus et même à plusieurs des croyances du catholicisme; il va très loin dans ses attaques contre la papauté, qu'il ne craint pas de désigner comme la bête et la grande prostituée de l'Apocalypse[1]; et avec tout cela, Marot ne fait nulle part cause commune avec les nouveaux croyants; il blâme et critique comme eux sans entrer dans leur Église, il n'hésite pas à déclarer et répéter qu'il n'est pas « luthériste ». Forcé de quitter la France pour la seconde fois, il se réfugia à Genève, y fut bien accueilli, et y continua sa traduction des psaumes. On le dirait, pour le coup, passé dans les lignes ennemies; eh bien, non! il n'y peut tenir et il est obligé d'en déloger. Et ainsi toute sa vie; il a des affinités avec la Réforme, il ne lui appartient pas en propre et tout entier. Il en épouse les répugnances plutôt que les croyances, et cependant on se tromperait en supposant que, dans son opposition à la foi établie, il n'y a que le besoin d'affranchissement intellectuel, l'horreur des moines, de leur ignorance et de leur fanatisme; Marot a des besoins religieux, il est pieux à sa manière, et il n'est

---

1. Voir un passage, rétabli par M. Guiffrey, dans le morceau sur la grossesse de la duchesse de Ferrare, t. II, p. 278, et surtout l'épître adressée à la même princesse pendant le séjour de Marot à Venise, l'un des *inedita* les plus importants de la nouvelle édition, t. III, p. 410. Marot parle un peu selon les gens à qui il a affaire, et il se sent à l'aise avec l'hérétique duchesse.

pas sûr que ce qu'il a de religion ne soit pas blessé des superstitions de l'époque aussi bien que ses instincts d'indépendance et son goût d'homme de lettres. L'opposition théologique, à cette époque, le protestantisme du xviᵉ siècle est quelque chose de très confus. Il s'y mêle des tendances fort diverses. Les uns, tout en goûtant les innovations, resteront au giron de l'Église romaine, ne rompront jamais tout à fait, et, au besoin, reviendront en arrière lorsque la séparation s'accentuera ; les autres tendent plus hardiment à l'hérésie, sinon au schisme. Clément Marot n'est ni un hérétique comme Servet et Gentilis, ni un spéculatif comme Giordano Bruno, ni un humaniste comme Érasme et Scaliger, ni un satirique comme Rabelais et Henri Estienne ; il n'a pas la piété d'un Briçonnet ou d'un Lefebvre d'Étaples ; il n'a garde d'aller jusqu'au martyre comme Berquin. Qu'est-il donc, en somme ? Peut-être un peu de tout cela à la fois.

Cette question, au surplus, se rattache à une autre. Le caractère et les œuvres de Marot nous offrent un problème psychologique. M. Douen a écrit, sur *Clément Marot et le psautier huguenot*, un ouvrage considérable, plein de recherches et de mérite, mais dans lequel notre poète fait une figure assez nouvelle. M. Douen nous le présente comme l'un des premiers disciples, comme l'un des défenseurs et des propagateurs de la Réforme, mieux que cela, comme un saint homme qui « se complaît dans la pensée de la délivrance que la mort apporte à l'âme pieuse », comme « arrivé à l'Évangile par le mysticisme et en ayant toute sa vie gardé l'empreinte », comme un écrivain, enfin, « profondément imprégné des sentiments évangéliques ». Ces conclusions étonnent, et à bon droit, et cependant M. Douen y est parvenu en suivant un procédé tout à fait semblable à celui qui a conduit les autres biographes de Marot à des conséquences opposées. Ces derniers n'ont point tenu compte des pièces religieuses de maître Clément, dont le sujet ne les intéressait guère et où ils ne trouvaient point de talent, de talent marotique dans tous les cas. M. Douen, lui, en sa qualité de protestant et de théologien, n'a su voir, au contraire, que les œuvres pieuses de Marot, et, quand il a rencontré sur son chemin quelque épigramme bien salée, bien grossière, comme celle de *Martin et Alix*, il s'en est tiré à la manière des apologistes de tous les temps, par l'interprétation ; il ne s'agit, selon lui, dans cette grivoiserie, que des moines et de leur superstition. Sans avoir une confiance exagérée dans les justes milieux, je suis obligé de dire que la vérité est, selon toute apparence, entre ces deux façons de présenter les choses. L'historien impartial a aussi peu le droit de faire abstraction des poèmes religieux de Marot que de ses œuvres licencieuses et de sa piété que de son libertinage.

Reconnaissons-le, Marot n'a pas seulement traduit les psaumes de David en vers français et payé çà et là son tribut aux controverses de son temps ; les choses religieuses tiennent une place considérable dans son œuvre, et, qui plus est, il en parle avec élévation et émotion. L'épître qu'il adresse au roi pour lui expliquer sa fuite à

Ferrare, en est un exemple. S'il s'est sauvé, dit-il, ce n'est pas qu'il se sentît coupable, mais c'est qu'il a eu peur des juges et de la Sorbonne. On l'accuse d'être luthérien, mais à tort ; il n'est que chrétien :

> Luther pour moi des cieulx n'est descendu,
> Luther en croix n'a point été pendu.

Et là-dessus le poëte se laisse aller à une invocation éloquente et dans laquelle il semble difficile de soupçonner un christianisme de pure circonstance :

> O Seigneur Dieu, permettez-moi de croire
> Que réservé m'avez à votre gloire ;
> Serpents tortus et monstres contrefaits
> Certes sont bien à votre gloire faits.
> Puisque n'avez voulu donc condescendre
> Que ma chair vi'e ait été mise en cendre,
> Faites au moins, tant que serai vivant,
> Qu'à votre honneur soit ma plume écrivant,
> Et si ce corps avez prédestiné
> A être un jour par flamme terminé,
> Que ce ne soit au moins pour cause folle,
> Mais bien pour vous et pour vostre parolle,
> Et vous supplie, Père, que le tourment
> Ne lui soyt pas donné si véhément
> Que l'âme vienne à mettre en oubliance
> Vous en qui seul gît toute ma confiance,
> Si que je puisse, avant que d'assoupir,
> Vous invoquer jusqu'au dernier soupir [1].

Cela est beau et, encore une fois, je ne vois pas qu'il

---

[1]. J'ai cru devoir, on s'en apercevra, rajeunir l'orthographe de Marot.

y ait lieu de révoquer en doute la sincérité du sentiment qui s'y exprime. Est-ce à dire que Marot reste toujours ou longtemps au même ton? Nullement, et c'est précisément là ce que je voudrais noter. A la même époque, et écrivant de la même cour de Ferrare, Marot se montre moins héroïque. Il ne parle plus de souffrir le bûcher pour sa foi ; il s'est calmé sur la terre étrangère ; il a appris la prudence parmi les Italiens :

> Depuis un peu je parle sobrement,
> Car ces Lombards avec qui je chemine
> M'ont fort appris à faire bonne mine,
> A un mot seul de Dieu ne deviser,
> A parler peu et à poltronniser.
> Dessus un mot une heure je m'arreste :
> L'on parle à moy, je réponds de la teste.

Plus tard, enfin, vers la fin de sa vie et après le dur séjour de Genève, si l'on adopte une conjecture de M. Guiffrey, Marot paraît être tout simplement revenu à son ancien épicurisme, épicurisme gracieux, du reste, ennobli par les arts et les lettres. Il écrit à un ami près duquel il souhaiterait de passer le reste de ses jours :

> Là me plairait mieux qu'avec princes vivre ;
> Le chien, l'oiseau, l'épinette et le livre,
> Le deviser, l'amour en un besoin,
> Et le masquer serait tout notre soin.
> ...Tiens-toi certain qu'en l'homme tout périt,
> Fors seulement les biens de l'esperit.
> Ne vois-tu pas, encore qu'on me voie
> Privé des biens e. états que j'avoie,
> Des vieux amis, du pays, de leur chère,
> De cette reine et maîtresse tant chère

> Qui m'a nourri, et si (et bien que) sans rien me rendre,
> On m'ait tollu tout ce qui se peut prendre,
> Ce néanmoins, par monts et par campagne,
> Le mien esprit me suit et m'accompagne ?
> Malgré fâcheux, j'en jouis et j'en use ;
> Abandonné jamais ne m'a la Muse.

Ainsi, même en laissant de côté les traits grossiers, les poésies licencieuses et qui trahissent des mœurs à l'avenant, on voit qu'il y a deux hommes en Marot. Il est tour à tour léger et ému ; on croit avoir affaire à un bohème et l'on tient un homme sincèrement religieux ; on veut voir clair dans cette piété, et l'on retrouve le joyeux compagnon d'autrefois, un peu assagi par l'âge, l'expérience et le malheur. Qu'est-ce à dire ? Que nous avons ici un exemple de l'inconséquence humaine, et qui plus est, du tempérament du poète ? que l'Église et le monde se sont disputé Marot comme ils s'en sont disputé bien d'autres ? A la bonne heure, n'était que Marot y mettait plus gros enjeu qu'on ne fait d'ordinaire, puisqu'il y allait pour lui du bûcher à risquer et de l'exil à subir. J'ajoute, et c'est là proprement le problème que je voulais poser, que les inconséquences de la conduite n'expliquent pas encore les disparates du langage. L'entraînement des passions est une chose, et peut se concilier avec un fond de principes qui protestent. N'est-ce pas là toute l'histoire des luttes et des repentirs ? Mais il n'en est pas de même, ce semble, de l'ordure des écrits. La piété a coutume de purifier l'âme. Une imagination lubrique, ou même seulement très libre et très gaie, est incompatible avec un grand zèle religieux. On a de la peine à se représenter un homme placé sous l'empire d'idées et de sentiments élevés et se mettant à raconter des gravelures, prenant plaisir à des gaudrioles et encore moins s'en permettant. Et c'est pourquoi aussi on a quelque peine à se figurer Marot menant de front les folies et, tranchons le mot, les vilenies de sa poésie, avec un vif intérêt pour la réforme religieuse, avec un penchant évident, non seulement pour l'affranchissement intellectuel qu'elle apportait, mais pour les pieuses émotions qu'elle nourrissait.

Je sais bien que les exemples plus ou moins analogues à celui de Marot ne manquent pas au XVIe siècle. Laissons de côté Théodore de Bèze dont les *Juvenilia* sont séparés du reste de sa vie par une conversion religieuse ; mais comment oublier Marguerite de Navarre, l'amie de notre écrivain, et l'auteur de ces deux ouvrages si différents, le *Miroir de l'âme pécheresse*, poème d'un mysticisme fervent, et l'*Heptaméron*, recueil de contes à la Boccace ? Et notez que le contraste se retrouve dans l'*Heptaméron* lui-même, dans les récits de ces journées qui commencent par la lecture de la Bible et la messe, et qui s'achèvent par des narrations dont un grand nombre sont également scabreuses par le sujet et par la manière dont ce sujet est traité. L'auteur a beau tirer de ses anecdotes des conclusions morales, les terminer par des réflexions édifiantes, ce n'est qu'après s'être permis des libertés fort singulières pour une honnête femme et une âme dévote. Il est deux écrivains, d'ailleurs, qui reproduisent plus nettement encore l'énigme morale dont nous cherchons l'explication, avec cette différence toutefois que, si l'on s'étonne de trouver des gaillardises sous la plume d'une Marguerite, on est surpris de rencontrer des accents graves et des sentiments sérieux au milieu des ordures d'un Rabelais et d'un Brantôme. Quel paradoxe, par exemple, au milieu de tant de sales bouffonneries, que l'image de Pantagruel, au récit de la mort du Christ, « restant un moment en silence et profonde contemplation, puis laissant découler de ses yeux des larmes grosses comme des œufs d'autruche ! » L'exemple de Brantôme est encore plus extraordinaire. On a pu dire de cet écrivain que personne n'avait été plus étranger à tout sens moral, et cependant Brantôme lui-même a ses moments de piété. On ne m'en croirait pas si je n'en fournissais la preuve. Je la trouve dans les poésies inédites jointes au dixième volume de l'édition des œuvres complètes de Pierre de Bourdeille, publiée par M. Ludovic Lalanne pour la Société de l'histoire de France. Brantôme avait adressé le sonnet suivant à Téligny, le gendre de l'amiral Coligny et massacré, avec son beau-père, à la Saint-Barthélemy :

Theligny, qui de Dieu as eu la connaissance
Et qui du Saint-Esprit saintement es touché,
Et moi, qui de ce joug étais effarouché,
Si non quand d'un bon œil tu pleuras mon offense,
Ast' heure que je sens de mon Dieu la sentence,
Par ton divin savoir saintement embouché,
Je sors hors du fangeard où je m'étais couché,
Pour adorer mon Dieu d'une autre révérence.
Je te proteste donc adorer désormais
Dieu et sa sainte loi, et ne jurer jamais

Que par la seule foi que sainte je te porte.
Et si j'écris jamais comment je connois Dieu,
Qui premier me l'apprit, qui m'en ouvrit la porte,
Je dirai te nommant : « Ce fut un demi-Dieu. »

Avec tout cela, nous ne tenons pas encore, à mon avis, un exemple qui soit complètement applicable au cas de Clément Marot. Il y a dans l'*Heptaméron* une histoire d'un prince, probablement François Ier lui-même, qui allant à des plaisirs fort peu innocents, avait à passer par une église, et ne manquait jamais, soit à l'aller, soit au retour, d'y faire ses dévotions, car, dit le conteur, « néanmoins qu'il menât la vie que je vous dis, si était-il prince craignant et aimant Dieu. » Va pour le prince, mais François Ier n'était pas comme Marot, une manière de prédicateur et de martyr. J'en dirai autant, bien que dans un sens opposé, de l'exemple fourni par Marguerite elle-même, car si cette princesse est libre en ses écrits, elle est chaste dans sa vie, et même, au fond, dans sa pensée ; les libertés de son langage sont évidemment à mettre sur le compte des habitudes de son temps. Il en est d'elle comme plus tard de Madame de Sévigné et des turlupinades (c'est sa propre expression) qui lui viennent au bout de la plume. Pour Marot, c'est une autre affaire. Il a des turlupinades, mais il n'a pas la fermeté de principes de ces honnêtes femmes, et bien moins encore l'austérité des réformateurs avec lesquels il faisait cause commune. Il est partagé, non pas, comme il arrive si souvent, entre le monde et Dieu, entre le péché et la pénitence, mais entre la ferveur chrétienne et le laisser aller du joyeux compagnon. C'est là le propre de sa figure, son originalité. Théodore de Bèze est celui qui en a le mieux donné la clef lorsque, rappelant que Marot était sorti deux fois de France pour la cause de la religion, et avait rendu un notable service « aux Églises » en traduisant les psaumes, il ajoute qu'ayant passé presque toute sa vie à la cour « où la piété et l'honnêteté n'ont guère d'audience », il ne put réformer sa vie ni s'assujettir aux mœurs sévères de Genève, « mais se gouvernait en sa manière accoutumée même en sa vieillesse ».

Février 1882.

II

LE CHATEAU DE VERSAILLES[1]

Il y a beaucoup de villes plus anciennement historiques que Versailles, il n'y en a guère qui soient plus historiques. C'était, hier, la troisième République qui s'y fondait ; c'était, il y a cent ans, la Révolution française qui y déployait ses premières audaces ; c'était, il y a deux siècles, cette chose brillante et funeste, la monarchie absolue de Louis XIV. Il faut ajouter que l'histoire de Versailles se concentre dans celle du château. La ville n'a jamais été qu'une dépendance de ce palais où une représentation républicaine prenait naguère la place des rois, et où un musée élevé « à toutes les gloires de la France » attire encore les curieux et les étrangers. M. Dussieux a très bien compris le caractère du château de Versailles. Il a vu que la description n'allait point ici sans l'histoire, et que cette histoire était, à bien des égards, celle du pays même. Il l'a traitée ainsi, avec art aussi bien qu'avec science, mêlant à la topographie,

1. *Le château de Versailles, histoire et description*, par L. Dussieux. Versailles, chez Bernard, libraire éditeur. 1881. 2 vol. in-8º.

soit le souvenir des grands événements dont le royal séjour a été le point de départ ou l'aboutissant, soit les informations anecdotiques qui, plus sûrement encore, donnent la vie à ces murs, à ces salles. M. Dussieux n'a d'ailleurs eu garde de s'y tromper : au milieu de ces transformations qui nous mènent de Louis XIII à M. Thiers, c'est le Versailles de Louis XIV qui reste le vrai Versailles, celui de la conception première, de la réalisation passagère mais incomparable. Tout le reste, n'a été, pour ainsi dire, que décadence ou accommodement, parti tiré d'un temple gigantesque d'où le dieu s'était évanoui et les adorateurs avaient disparu. Ce que l'on trouvera donc surtout dans les volumes de M. Dussieux c'est Louis XIV, sa vie privée et publique, ses grandeurs et ses petitesses, sa famille, ses maîtresses, cette cour fastueuse, cette hospitalité d'un prince qui s'était fait l'hôte de la noblesse de son royaume et dont le palais formait une ville habitée par dix mille personnes.

Que de fois j'avais désiré une histoire du château ! La voilà enfin, et définitive. Adieu les folles légendes. On n'a pas idée de l'insolence avec laquelle la fiction abusait de la crédulité des étrangers et prenait la place des faits les plus faciles à constater. Qui n'a considéré avec une sorte de religieux intérêt certaine petite pièce de l'attique du midi, où Saint-Simon, disait-on, avait écrit ses *Mémoires* ? Il semblait qu'on le vît de ce poste d'observation, braquant sa lunette sur tout ce qui se passait au château. Et pourtant Saint-Simon s'était donné la peine de décrire lui-même et minutieusement les cinq pièces qui formaient son logement à Versailles, l'arrière-cabinet où il avait son bureau et ses livres. « Les gens fort familiers, dit-il, qui connaissaient cela l'appelaient ma boutique, et en effet cela y ressemblait pas mal. » La duchesse de Saint-Simon était attachée au service de la duchesse de Berry, et c'est à ce titre qu'elle et son mari occupaient un appartement voisin de celui de cette princesse. Chose curieuse, l'une des pièces dans lesquelles logeait l'historien renferme aujourd'hui le tableau d'Alaux qui représente la cassation du testament de Louis XIV par le Parlement de Paris, cette scène si merveilleusement racontée dans les *Mémoires*.

La fausse attribution d'une chambre devient, du reste, une bien légère peccadille auprès des récits de ce cicerone dont parle M. Dussieux, et qui montrait à des Anglais un balcon sur lequel, affirmait-il, Louis XVI avait été guillotiné, tandis que Santerre, ses tambours et le peuple de Paris couvraient la terrasse et les jardins. Mais que dire de M. Vatout, un bibliothécaire, un député, un académicien, faisant prêcher Bossuet à Versailles devant Louis XIV, et lui faisant prononcer à cette occasion le fameux « Dieu seul est grand, mes frères ! » par lequel Massillon commença son oraison funèbre du grand roi lui-même ? On n'a jamais poussé plus loin le mépris de l'histoire et des lecteurs.

Un promeneur pourrait encore aujourd'hui aller de Versailles jusqu'à Clamart en marchant toujours dans les bois ; mais ces bois s'étendaient jadis en une seule masse forestière tout autour de Versailles jusqu'à Marly et Saint-Germain. Quant à Versailles même, c'était un pauvre village autour d'un château féodal, lequel occupait une partie de la cour actuelle du palais. Nos rois, grands giboyeurs, aimaient à chasser dans un pays si boisé. Louis XIII, qui y trouvait, si près de Paris, un aliment à son unique passion, finit par faire construire à Versailles, non pas un simple pavillon de chasse, comme on le dit ordinairement, mais un véritable château, avec un parc constitué par l'achat de nombreux lots de terre, et qui avait à peu près la même étendue que celui d'aujourd'hui. Commencé en 1624, ce château fut l'ouvrage de Lemercier, l'un des meilleurs architectes de son temps, l'auteur du pavillon de l'Horloge au Louvre. C'était, nous dit M. Dussieux, « une œuvre pleine d'élégance et de goût », ce que confirment d'ailleurs les deux vues qu'il nous en a données. La cour, la terrasse, le tapis vert, l'orangerie y existaient déjà en petit. Louis XIII aimait cette création ; il préférait Versailles à Saint-Germain, y recevait les ambassadeurs, y donnait des chasses à mademoiselle de Hautefort. Il voulut un jour y attirer mademoiselle de la Fayette « pour y vivre sous ses ordres et y être toute à lui », proposition qui ouvrit les yeux de cette noble femme sur le danger d'un sentiment resté innocent jusque-là, et qui l'engagea à entrer en religion. Ce fut à Versailles que se dénoua la Journée des Dupes, en 1630, lorsque Richelieu déjoua le complot tramé contre lui par la reine mère et les deux Marillac. La Rochefoucauld raconte, dans ses Mémoires, qu'on avait conseillé à la reine d'accompagner le roi « et de ne le pas laisser exposé, dans une telle conjoncture, à ses propres incertitudes et aux artifices du cardinal ; mais, ajoute l'écrivain, la crainte de s'ennuyer à Versailles et d'y être mal logée lui parut une raison insurmontable, et lui fit rejeter un avis si nécessaire ».

Versailles fut complètement abandonné pendant la régence d'Anne d'Autriche, mais le jeune Louis XIV y étant venu chasser y prit goût. Il y multiplie les séjours ; il y donne, en l'honneur de mademoiselle de la Vallière, des fêtes pour lesquelles Molière écrit *l'Impromptu, la Princesse d'Élide*, et représente pour la première fois trois actes du *Tartuffe*. Tout cela mène aux agrandissements et embellissements. On achète des terres qu'on ajoute au parc ; on crée les bassins ornés de figures, les jeux d'eau.

Enfin, en 1669, Louis se décide à transformer le château. C'est Levau, son premier architecte, qui en fut chargé, et qui fit les plans suivis après sa mort, puis gâtés plus tard par Mansard. Le roi voulut qu'on conservât le petit château élevé par son père, et, en effet, il est facile encore aujourd'hui de le reconnaître sous « l'enveloppe » dont on l'entoura. On le doubla, du côté de la terrasse, en y plaçant la galerie des glaces ; on lui donna des ailes, on y fit des constructions en retour, on augmenta les bâtiments de service. La chapelle actuelle ne fut construite que beaucoup plus tard, vers la fin du règne. Au reste, l'œuvre de Louis XIV a été elle-même singulièrement modifiée pendant les règnes suivants.

L'architecte Gabriel, sous Louis XV, démolit l'aile du nord qui est en retour sur les cours, et la rebâtit avec frontons et colonnes dans le goût nouveau. Le théâtre, où se tenaient naguère l'Assemblée nationale et après elle le Sénat, est de la même époque. Enfin la nouvelle destination qui fut donnée au château lorsqu'il devint musée national a nécessité bien des remaniements, tant extérieurs qu'intérieurs. « Du château de Louis XIII, écrit M. Dussieux, il ne reste rien que la cour de Marbre et l'escalier de la Journée des Dupes ; les dispositions intérieures et leur décoration ont complètement disparu. Le château de Louis XIV lui-même est loin d'exister encore tout entier ; les nombreux changements ordonnés par le grand roi ne nous ont laissé que le Versailles des dernières années, qui lui-même a été remanié sous Louis XV et Louis XVI, et surtout par Louis-Philippe. Dans les deux ailes, il n'y a plus trace des anciens appartements ; tout a été détruit. Dans la partie centrale, l'escalier des Ambassadeurs et la Petite galerie ont disparu ; l'appartement de madame de Maintenon a été bouleversé. Les cabinets de Louis XIV, l'appartement du Dauphin, l'appartement des Bains, ont été transformés sous Louis XV ; les petits appartements de la reine datent de Louis XVI. Dans beaucoup de pièces, la décoration a été changée sous Louis XV, quand on remettait ces salles à neuf, ou quand, par suite des besoins sans cesse renaissants de la famille royale, on disposait un nouvel appartement pour l'un de ses membres. Il ne reste, en définitive, du château de Louis XIV que les grands appartements du roi, la galerie avec ses deux salons, quelques salles des grands appartements de la reine, la chapelle et, çà et là, quelques parties de la décoration primitive de diverses pièces remaniées sous Louis XV. »

Les travaux destinés à faire du château de Versailles la résidence habituelle et officielle de Louis XIV furent poussés avec une ardeur extraordinaire. Le roi y demeurait déjà, et par conséquent le gros des travaux était déjà achevé qu'il y avait encore, c'est Dangeau qui l'inscrit dans son *Journal*, 36.000 ouvriers travaillant à Versailles ou dans les environs. La dépense d'une semaine, toujours d'après Dangeau, était de 250,000 livres. La dépense totale, longtemps exagérée, paraît aujourd'hui, d'après des recherches précises, avoir été de 116 millions de livres environ, ce qui ferait à peu près 500 millions de francs de nos jours. L'entretien du château et de ses dépendances coûtait 500.000 livres par an. Il est vrai qu'il faudrait pouvoir ajouter à ces sommes le prix du travail représenté par les corvées des paysans qui furent employés par milliers et pendant de longues années à Versailles, Trianon et Marly. Les maladies décimaient ces foules attachées à des travaux poussés en toute saison et exécutés dans des terrains marécageux. « Le roi, écrit madame de Sévigné en 1678, veut aller samedi à Versailles, mais il semble que Dieu ne le veuille pas, par l'impossibilité que les bâtiments soient en état de le recevoir, et par la mortalité prodigieuse des ouvriers, dont on emporte toutes les nuits, comme de l'Hôtel-Dieu, des charrettes pleines de morts. » Louis, en visitant les travaux, y prenait lui-même constamment des accès de fièvre. L'aqueduc de Maintenon, destiné à amener les eaux de l'Eure sur le plateau de Versailles, si dépourvu à cet égard, a été pour beaucoup dans les dépenses d'argent et d'hommes que coûta la conception de Louis XIV. C'en fut la partie la plus extravagante, et l'on sait qu'il fallut y renoncer; l'aqueduc ne fut pas achevé et subsiste encore aujourd'hui à l'état de ruine.

Le succès répondit-il du moins à tant d'efforts et de dépenses? On sait ce qu'en pensait Saint-Simon, un juge prévenu, il est vrai, un esprit extrême, avec lequel il faut toujours faire la part de l'exagération, mais dont on peut vérifier en partie les appréciations, et qui avait l'avantage d'avoir vu et pratiqué le palais de Louis XIV. Versailles est pour lui « le plus triste et le plus ingrat de tous les lieux, sans vue, sans bois, sans eau, sans terre, parce que tout y est sable mouvant ou marécage, sans air, par conséquent, qui n'y peut être bon ».

On reconnaît déjà l'injustice, car, si Versailles est sans vue et sans eau, il est entouré de bois de toutes parts et l'air y est remarquablement salubre. Mais laissons continuer l'atrabilaire chroniqueur.

« Le roi se plut à tyranniser la nature, à la dompter à force d'art et de trésors. Il y bâtit tout l'un après l'autre, sans dessein général : le beau et le vilain furent cousus ensemble, le vaste et l'étranglé. Son appartement et celui de la reine y ont les dernières incommodités, avec les vues de cabinets et de tout ce qui est derrière, les plus obscures, les plus enfermées, les plus puantes. Les jardins dont les magnificences étonnent, mais dont le plus léger usage rebute, sont d'aussi mauvais goût... La violence qui y a été faite partout à la nature repousse et dégoûte malgré soi. L'abondance des eaux forcées et ramassées de toutes parts les rend vertes, épaisses, bourbeuses ; elles répandent une humidité malsaine et sensible, une odeur qui l'est encore plus. Leurs effets, qu'il faut pourtant beaucoup ménager, sont incomparables, mais de ce tout il résulte qu'on admire et qu'on fuit. Du côté de la cour, l'étranglé suffoque, et ces vastes ailes s'enfuient sans tenir à rien. Du côté des jardins, on jouit de la beauté du tout ensemble, mais on croit voir un palais qui a été brûlé, où le dernier étage et les toits manquent encore. La chapelle qui l'écrase, parce que Mansard voulait engager le roi à élever le tout d'un étage, a de partout la représentation d'un immense catafalque. On ne finirait point sur les défauts monstrueux d'un palais si immense et si immensément cher, avec ses accompagnements qui le sont encore davantage : orangerie, potager, chenil, grandes et petites écuries pareilles, communs prodigieux, enfin une ville entière. Encore ce Versailles de Louis XIV, ce chef-d'œuvre si ruineux et de si mauvais goût, et où les changements des bassins et des bosquets ont enterré tant d'or qui ne peut paraître, n'a-t-il pu être achevé. Parmi tant de salons entassés l'un sur l'autre, il n'y a ni salle de comédie, ni salle à banquets, ni de bal : et derrière et devant il reste beaucoup à faire. »

Les critiques de Saint-Simon ont beau avoir quelque

chose de passionné, l'impression est à peu près la même aujourd'hui que celle de l'écrivain. Le château et les jardins frappent par l'immensité de l'effort plus que par la beauté du résultat obtenu. C'est un caprice du despotisme, un rêve du pouvoir absolu, mais cela manque de caractère. L'édifice est sans style, un dernier produit de la Renaissance dégénérée et se survivant à elle-même. Le développement de cette immense façade ennuie l'esprit et fatigue la vue. Il est vrai que la monotonie en était un peu rompue autrefois par les trophées et les vases qui couronnaient la balustrade de l'attique et qui ont été détruits sous l'Empire, lors de la restauration des façades. On rapporte aussi que Louis XIV avait l'intention de couronner l'édifice « de grands et beaux combles », et que les guerres qui survinrent empêchèrent l'exécution de ce projet. Simples expédients, dans tous les cas, et qui sont déjà un aveu du vice capital de la construction.

Si le château de Versailles fut, matériellement parlant, une création du despotisme, combien cela n'est-il pas plus vrai encore de la forme de gouvernement dont cet édifice devint l'expression et, l'on peut dire, l'instrument. Ce fut le 6 mai 1682 que Louis XIV fixa sa résidence à Versailles, et que le château devint le siège de l'État. Cette date m'a toujours paru l'une des plus mémorables de l'histoire de France. La noblesse jusque-là vivait la plupart du temps chez elle, dans ses terres ou dans ses gouvernements. On faisait sa cour au prince, mais en conservant une grande liberté. Le roi, dans tous les cas, ne logeait pas nécessairement ceux qui venaient lui rendre leurs devoirs. Ses palais ne s'y seraient pas prêtés. « A Saint-Germain, dit Saint-Simon, presque tout le monde avait l'incommodité d'être à la ville, et le peu qui était logé au château y était étrangement à l'étroit. » Il en fut autrement à Versailles, où la ville ne se construisit et ne s'agrandit que peu à peu. Si Louis XIV voulait y avoir une cour, il fallait qu'il la logeât dans son propre palais; or il en voulait une, et nombreuse et constante. Il entendait que toute la noblesse y figurât. Il n'admettait pas qu'un homme auquel sa naissance donnait le droit d'approcher le roi, préférât rester chez lui. « C'était un démérite aux uns, et à tout ce qu'il y avait de distingué, de ne faire pas de la cour son séjour ordinaire, aux autres d'y venir rarement, et une disgrâce sûre pour qui n'y venait jamais. » Le roi devint donc, à Versailles, l'hôte convenu de la noblesse du pays. De là, les logements infinis qu'il fallut ménager dans le château, les ailes qu'il fallut y ajouter. De là aussi les charges, les survivances, les pensions et les présents dont il fallait faire vivre ces gens astreints aux dépenses d'une cour, ces quémandeurs toujours présents et dont la main était toujours tendue. Il n'était famille noble qui ne vécût des générosités du prince. L'abbé Dangeau avait fait un recueil des *Bienfaits du roi*; c'est un catalogue immense qu'on peut voir à la Bibliothèque nationale.

Ainsi, soit instinct despotique, soit développement fatal des institutions, soit aussi conséquence du caprice d'un prince qui se plaisait aux bâtisses, le gouvernement de la France changea peu à peu de nature. La noblesse, dont les dernières résistances avaient été brisées avec la Fronde, devint purement et simplement une cour. En quittant définitivement la province, elle acheva de se séparer du reste de la nation ; en vivant dans la dépendance du souverain, elle abdiqua tout sentiment de fonction politique comme de dignité personnelle. Versailles marque la transformation de la royauté française en une monarchie orientale.

Comment étaient logés tous ces courtisans auxquels Louis XIV offrait ou imposait l'hospitalité? Mais, d'abord, comment était logé le roi lui-même? Horriblement mal. On ne connaissait pas le confort à cette époque. L'architecture, qui prenait les Anciens et l'Italie pour modèles, donnait tout à l'extérieur, à la magnificence. On entassait les salons, les galeries, les grands escaliers ; on mettait les pièces au bout les unes des autres, sans distribution ni dégagements. Le roi ne pouvait se rendre chez la reine qu'en passant par l'Œil-de-Bœuf, une antichambre publique toujours remplie de monde, ou en faisant un grand détour dans l'intérieur. Quand Mercy d'Argenteau, qui avait ses raisons pour insister sur un changement dans ces dispositions, obtint enfin qu'on fît « le passage du roi », il fallut conduire ce corridor à travers des escaliers, des cabinets noirs, des entresols. Un plan donné par M. Dussieux fait voir quelle violence on fit à la diposition des pièces pour établir une communication si nécessaire. Veut-on savoir comment était logée madame de Maintenon, l'épouse morganatique? « La chambre avait un appendice situé entre la salle des Gardes et son antichambre. C'est là que se trouvaient un petit cabinet de chaise percée et une étroite alcôve sans jour et sans air, où était placé son lit. » A Versailles, comme partout alors, les cheminées étaient énormes et chauffaient mal. La pauvre madame de Maintenon en savait quelque chose, avec ses rhumatismes. Elle se tenait dans un fauteuil qui ressemblait à une guérite, avec des oreillers et un toit pour la préserver des courants d'air. « Il fait si froid ici, écrit la Palatine en 1695, qu'à la table du roi, le vin ainsi que l'eau gelaient dans les verres. »

Si tel était le logement des maîtres du château, on peut penser à quoi étaient réduits les étrangers, je veux dire les courtisans, ceux d'entre eux du moins que leurs fonctions n'obligeaient pas de loger dans le voisinage immédiat de la personne royale. On a déjà vu quel en était le nombre. Le château seul contenait cinq mille personnes, les dépendances tout autant. C'était toute une ville. Aussi l'entassement était-il effroyable. Les attiques, qui forment aujourd'hui la galerie des portraits, étaient divisés et subdivisés en une multitude de cellules qui servaient d'appartements aux plus hauts et puissants personnages. J'en trouve un exemple, qui appartient au siècle suivant, mais que je cite d'autant plus volontiers qu'il a échappé à l'érudition de M. Dussieux. C'était vers 1768; Manon Phlipon, depuis madame Roland, avait à peu près quatorze ans, lorsque sa mère la mena à Versailles voir la cour. Une femme de la dauphine, qui les connaissait et qui n'était pas de quartier, leur prêta son appartement. « Il était sous les combles, raconte madame Roland, dans un même corridor que celui de l'archevêque de Paris, et tellement rapproché qu'il fallait que ce prélat s'observât pour que nous ne l'entendissions pas parler; la même précaution nous était nécessaire. Deux chambres médiocrement meublées, dans la hauteur de l'une desquelles on avait aménagé de quoi coucher un valet, dont l'abord était détestable par l'obscurité du corridor et l'odeur des lieux d'aisance, telle était l'habitation dont un duc et pair de France s'honorait d'avoir la pareille pour être plus à portée de ramper chaque matin au lever des Majestés; c'était pourtant le rigoriste Beaumont. »

Le château n'était pas seulement une ville par le chiffre, mais aussi par la nature de sa population, par le nombre de domestiques, de fournisseurs, de gens de tout étage qu'entraînait la présence de tant de maîtres. Il y avait des boutiques jusque sur les repos des grands escaliers, dans les galeries, dans un vestibule même qui leur était abandonné et qu'on appelait le *Salon des Marchands*. On y vendait des articles de toilette et de parfumerie, de la papeterie, des livres. Il y avait même des mendiants dans le palais. Le nombre en devint si grand que Louis XIV, dit Dangeau, « répandit cinquante Suisses dans le château pour prendre les gens qui gueusaient et les faire conduire à l'hôpital ». En revanche, et hors cet acte de rigueur, nulle police. Le premier venu allait partout librement. Deux curieux s'étant égarés une fois dans les escaliers et les corridors arrivèrent jusqu'à la porte du cabinet du roi, où Sa Majesté travaillait avec l'un de ses ministres. Ils frappèrent et ce fut le roi lui-même, qui, étant venu leur ouvrir, se trouva en face de ces inconnus. On ne s'étonnera pas, dans de pareilles conditions, que les vols fussent fréquents, et jusque dans les appartements du roi. On comprendra également que Damiens ait pu s'approcher de Louis XV, au moment où celui-ci allait monter en voiture, et ait pu lui porter un coup de couteau. De Luynes prétend qu'au milieu des hommes et des chevaux l'assassin aurait facilement pu se sauver s'il avait voulu.

Le vrai Versailles, avons-nous dit, est celui de Louis XIV; ajoutons : et de madame de Maintenon. Louis XIV, en effet, vint habiter le château au mois de mai 1682, mais la reine mourait dès l'année suivante, le 30 juillet 1683, et le roi s'empressait d'épouser la veuve de Scarron, moins d'un an après, au mois de juin 1684, autant qu'il est possible de fixer la date de cette union clandestine, contractée au milieu de la nuit en présence de quatre ou cinq personnes, jamais déclarée et dont il ne fut dressé aucun acte. Nous voilà bien loin du temps où le prince proclamait ses amours en donnant dans les mêmes lieux, à mademoiselle de la Vallière, le spectacle des « plaisirs de l'île enchantée »!

Il serait aussi injuste, pour tracer le portrait de Louis XIV, de le prendre à cette fin attristée et morose de son règne, entre la révocation de l'édit de Nantes et la guerre de la succession d'Espagne, que de le prendre trente ans plus tôt, beau, jeune, amoureux, conquérant, entouré de toutes les gloires du siècle. Il faut le considérer dans l'ensemble de ses qualités et de ses défauts, de ses grandeurs et de ses revers, tel, par exemple, que l'a peint Rulhière dans un morceau peu connu, mais d'un jugement ferme et d'une grande et simple manière.

« Louis XIV était doux et fier. Il était attaché à sa gloire, à l'honneur de sa nation, à l'éclat de son règne. Son âme naturellement tendre était encore un peu amollie par la société des femmes et par le soin de leur plaire. Son esprit n'était pas d'une grande étendue, mais ce qu'il en avait était juste et élevé. Sa probité était respectée : c'était un des plus honnêtes hommes de son royaume ; mais l'obstacle l'irritait, son ressentiment et sa colère se renforçaient par le temps. Son éducation avait été négligée, on avait longtemps pris à tâche de l'éloigner de toute instruction. Quelques semences de piété étaient les seules que la reine sa mère eût fait germer en lui, et les grandes qualités qu'il développa aussitôt que les rênes de l'État furent remises dans ses mains, cet amour de la gloire et, plus encore, cet amour de l'ordre, ce soin perpétuel de sa dignité, ce travail fréquent et régulier avec chacun de ses ministres, ce soin de la discipline qui produisit toutes les merveilles de son règne, son accueil prévenant pour tous les genres de mérite, tout cela fut son propre ouvrage. Des hommes versés dans l'étude des caractères ont dit que ses principes n'étaient point assurés, que ce n'était point par des maximes suivies qu'il gouvernait, mais par les impressions que lui donnaient ceux dont il était entouré. Il le faut avouer, mais en ajoutant que ses sentiments étaient toujours nobles et droits, que les impressions qu'on s'efforçait de lui donner devaient être proportionnées à la trempe de ce grand caractère. Ainsi Louvois lui avait inspiré l'amour des conquêtes, Colbert l'amour de la prospérité publique ; Montespan le séduisit par tous les agréments de l'esprit et du goût, par ceux de la magnificence, par le choix dans les plaisirs, par une plaisanterie fine et mordante, mais juste et sûre, et qui n'attaquait jamais que les vrais ridicules ; Maintenon le fixa par l'idée noble et touchante de ne plus donner à ses sujets que l'exemple des bonnes mœurs et des vertus domestiques ; Villeroi, par la probité ; son confesseur La Chaise, en le détournant d'une piété trop austère, trop minutieuse et peu séante à un grand souverain. On put le tromper et l'égarer, mais aucun goût ne l'avilit, aucune favorite ne le déprava ; sa passion même pour la veuve Scarron fut loin de le dégrader, et, comme les hommes se conduisent bien plus par leurs sentiments et leur caractère que par des maximes et des raisonnements, Louis XIV, malgré les fautes de son règne, gouverna toujours avec grandeur, avec des intentions droites, et restera toujours grand aux yeux de la postérité[1]. »

1. *Éclaircissements historiques sur les causes de la révocation de l'Édit de Nantes*, 1re partie, chap. XIII.

Il nous faut maintenant un portrait de madame de Maintenon, pour pendant ; ce portrait, nous ne l'emprunterons ni à la Palatine qui fait de la favorite « un méchant diable », ni à Saint-Simon qui l'appelle « vieille sultane » et ne peut la nommer sans évoquer toutes les galanteries apocryphes que lui attribuait la médisance des antichambres. On est revenu de ces calomnies depuis la publication plus complète des lettres de « cette grande et sérieuse aventurière », comme l'appelle Doudan. On a même été trop loin dans l'autre sens et peu s'en faut que l'aventurière ne soit devenue une sainte. Mais la mesure n'est-elle pas admirablement tenue dans la page suivante de ce même Doudan que je viens de nommer, et n'est-ce pas là précisément le portrait que nous cherchions ? On n'est pas plus malin avec le désir de rester impartial, on n'a jamais mieux concilié le besoin d'être équitable avec celui de marquer pourtant l'antipathie secrète :

« J'ai lu quelques volumes de la correspondance de madame de Maintenon et la vie de cette excellente dame par la Beaumelle, et j'aime assez cette nature arrangée, compassée, comptant tous ses pas et gardant toutefois un certain laisser aller gracieux dans le langage et dans les manières. Elle avait trouvé si peu d'aide et de bienveillance dans les autres à son entrée dans la vie, qu'elle s'est promis de s'occuper uniquement et le plus honnêtement possible de madame de Maintenon. Elle a fait son chemin doucement, sans bruit, avec une infatigable douceur et une invincible persévérance. Elle a feint d'abord toute sorte de bons sentiments qu'elle a fini par éprouver. A l'envers de ce qu'on croit d'elle communément, je suis sûr qu'elle valait mieux à soixante ans qu'à trente. Le monde, en ne voulant pas prendre intérêt à elle, l'avait forcée à se prendre exclusivement sous sa protection. Dès qu'elle a eu fait sa petite fortune royale, elle a vu que cela même n'en valait pas la peine et elle est entrée fort sincèrement dans la voie du détachement. Pour se détacher, il est nécessaire d'avoir eu sa part dans ce monde. Elle a commencé par se la faire à elle seule puisqu'on ne l'y aidait pas, et puis elle a vu qu'elle avait fait une œuvre qui trompe, et, comme un bon esprit qu'elle était, elle a cherché sa part ailleurs, d'un air un peu triste et sombre, comme une personne fatiguée qui a beaucoup et inutilement travaillé. »

Ce dernier trait est tout simplement admirable ; c'est la touche de génie qui accuse la physionomie et fixe la ressemblance.

Divinité oblige. Pas d'Olympe sans étiquette. Tout était magnifique à la cour de Louis XIV et de son anonyme épouse, tout y était noble, mais tout y était horriblement monotone. Le roi avait de l'ordre, des habitudes ; chaque journée était réglée comme un papier de musique. La chambre où il couchait et où il est mort est du petit nombre de celles qui ont été respectées dans les remaniements du château, et encore l'ameublement en est-il récent ; le lit même a été fait avec des fragments de tapisserie venant d'ailleurs ; mais le balustre de bois doré qui fait ruelle et la décoration sont anciens. C'est dans cette chambre qu'avaient lieu les levers et les couchers, c'est là que le prince donnait audience aux ambassadeurs, recevait les serments des grands officiers de sa maison, et dînait au petit couvert. A côté de la chambre à coucher était son cabinet, et, au delà de cette pièce, le cabinet des perruques, ainsi nommé parce que toutes les perruques du monarque y étaient rangées dans une grande armoire. Louis en changeait plusieurs fois dans la journée ; il en mettait une plus courte en se levant, puis une autre pour aller à la messe ; d'autres encore après dîner, en revenant de la chasse, de la promenade. Le garçon commis aux perruques avait deux cents écus sur la cassette. Quant au cabinet du roi, c'était, comme le dit M. Dussieux, la pièce la plus importante du château, et en quelque sorte le centre de la monarchie. Toutes les grandes résolutions du règne y furent prises. Le roi y tenait conseil et y travaillait avec ses ministres. On sait avec quelle conscience il s'acquittait de ces devoirs. Le conseil avait toujours lieu, même en villégiature, à Marly ou à Fontainebleau, même quand le monarque était au lit avec la goutte. Le vendredi était jour saint ; Louis XIV le consacrait à l'archevêque de Paris et au Père de la Chaise. Il ne se tenait pas d'ailleurs pour quitte de sa tâche après le labeur de la matinée, mais il travaillait encore le soir chez madame de Maintenon avec l'un ou l'autre de ses ministres. Louvois enrageait d'avoir à parler des affaires les plus secrètes, les plus personnelles, devant cette femme qui était là, au coin de la cheminée, ne disant pas un mot, mais écoutant tout et se réservant d'intervenir plus tard dans le tête-à-tête. Ce fut un des motifs qui aigrirent le ministre et amenèrent entre lui et son maître cette tension de rapports qui lui serait certainement devenue fatale, s'il ne fût mort à point nommé pour échapper à la disgrâce.

On a de la peine aujourd'hui à se faire une idée des raffinements de l'étiquette qui, du soir au matin, réglait tous les mouvements de la cour. Saint-Simon, Dangeau, l'*État de la France* ne nous en ont laissé ignorer aucune particularité. On remplirait des pages du cérémonial observé pour le lever, le coucher, les repas. Sa Majesté ne se faisait raser que de deux jours l'un. Après la barbe, un simple bouillon pour déjeuner. « Après le déjeuner, Sa Majesté ôte sa robe de chambre, et le maître de la garde-robe lui tire la camisole de nuit par la manche droite, et le premier valet de garde-robe par la manche gauche ; puis il remet cette camisole entre les mains d'un des officiers de la garde-robe. Le roi, avant que de quitter sa chemise de nuit, ôte les reliques qu'il porte sur lui jour et nuit et les donne au premier valet de chambre qui les porte dans le cabinet du roi, où il les met dans un petit sac ou bourse qui est sur la table avec la montre de Sa Majesté, et qui garde cette bourse aux reliques et cette montre jusqu'à ce que le roi rentre en son cabinet. Cependant un valet de garde-robe apporte la chemise, qu'il a chauffée s'il en est besoin, et prête à donner, couverte d'un taffetas blanc. Puis, pour donner la chemise à Sa Majesté, si monseigneur le dauphin se trouve en ce moment au lever, le grand chambellan ou le premier gentilhomme de la chambre, le grand-maître de la garde-robe, ou autre officier supérieur, reçoit cette chemise du valet de garde-robe et la présente à monseigneur le dauphin pour la donner à Sa Majesté, et en l'absence de monseigneur le dauphin à monseigneur le duc de Bourgogne, à monseigneur le duc de Berry ou à monseigneur le duc d'Orléans. Les autres princes du sang ou légitimes la prennent des mains du valet de garde-robe à qui ils donnent à tenir leur chapeau, leurs gants et leur canne. Au moment que le roi a sa chemise blanche sur ses épaules, et à moitié vêtu, le valet de garde-robe qui l'a apportée prend sur les genoux du roi, ou reçoit des mains de Sa Majesté la chemise que le roi quitte. Pendant que Sa Majesté ôte sa chemise de nuit et met sa chemise de jour, aux côtés de son fauteuil il y a deux valets pour le cacher. Or, sitôt que sa chemise lui a été donnée, le premier valet de chambre en tient la manche droite, et le premier valet de garde-robe en tient la manche gauche. Après, le roi se lève de son siège et le maître de la garde-robe lui aide à relever son haut-de-chausses. »

Autant de cérémonie pour les repas. Le roi dînait toujours au petit couvert, c'est-à-dire, comme nous l'avons vu, dans sa chambre à coucher. La table mise, « les principaux courtisans entraient, puis tout ce qui était connu ». Le dauphin et ses fils, si par hasard ils étaient présents, restaient debout sans que le roi leur proposât seulement de s'asseoir. Monsieur, le frère du roi, s'y trouvait plus souvent. « Il donnait la serviette, dit Saint-

Simon, et demeurait debout. Un peu après, le roi, voyant qu'il ne s'en allait point, lui demandait s'il ne voulait point s'asseoir; il faisait la révérence, et le roi ordonnait qu'on lui apportât un siège. On mettait un tabouret derrière lui. Quelques moments après, le roi lui disait : « Mon frère, asseyez-vous donc. » Il faisait la révérence et s'asseyait jusqu'à la fin du dîner qu'il présentait la serviette. »

Il fallait tout l'ascendant que la duchesse de Bourgogne avait pris sur le roi pour qu'elle osât parfois s'affranchir des formes. Mais aussi quel bonheur quand on y réussissait! Un jour, en revenant de la chasse, elle dîne *à la clochette* avec la princesse de Conti et quelques-unes de leurs dames. Le plaisir était de manger sans domestiques présents. On faisait mettre une petite table près de la grande, et dessus cette table des assiettes, des verres, etc., et l'on se servait soi-même. Si l'on avait besoin de quelque chose, on avait une clochette et l'on sonnait pour avertir les gens.

Je ne répéterai pas la célèbre anecdote racontée par madame Campan, Marie-Antoinette, les épaules nues, et attendant en frissonnant la chemise que l'étiquette faisait passer de main en main à mesure qu'entrait une personne plus qualifiée que la précédente pour accomplir cette partie de la toilette de la reine. Le récit suivant du duc de Luynes nous donne un exemple non moins caractéristique de cette pédanterie des attributions :

« Avant-hier (c'était en 1747), la reine, en sortant de table et se promenant dans sa chambre, aperçut de la poussière sur la courte-pointe de son grand lit. Elle le fit dire à madame de Luynes (sa dame d'honneur), qui envoya quérir le valet de chambre tapissier de la reine en quartier. Celui-ci, qui est aussi valet de chambre tapissier du roi, prétendit que cela ne regardait point les tapissiers, que ce sont bien eux qui font le lit de la reine, mais qu'ils ne doivent point toucher aux meubles ; que c'est l'affaire des gens du garde-meuble. Suivant ce raisonnement, non seulement le lit de la reine, mais les sièges de canapés, qui sont toujours couverts de housses, doivent être et sont en effet remplis de poussière, sans que ce soit la faute des valets de chambre tapissiers. Madame de Luynes dit au tapissier que c'était à lui à avertir le garde-meuble, ce qui fut exécuté et la poussière enlevée. »

Un dernier trait et qui montre bien qu'on n'exagère pas en parlant de divinité et de culte. Quand les dames, et même les princesses du sang, passaient dans la chambre du roi, elles faisaient une grande révérence au lit de Sa Majesté. On en faisait autant pour la *Nef*. La nef était une pièce d'orfèvrerie, en forme de vaisseau, qui contenait des objets employés au service de la table du roi : la salière, les grands couteaux à découper, les serviettes enfermées dans des sachets de senteur. Toutes les personnes qui passaient devant la nef du roi, même les princesses, lui devaient le salut comme au lit.

Les plaisirs, à Versailles, étaient réglés comme tout le reste. S'ils variaient avec les saisons, chaque saison ramenait perpétuellement ses divertissements consacrés.

Il y avait bien les voyages de Compiègne et de Fontainebleau en automne, mais les principaux amusements y étaient les mêmes qu'à Versailles : les promenades, les chasses, la comédie, la danse, le jeu. On se promenait à pied, à cheval, en gondole sur le canal. On allait à Trianon ou à la Ménagerie, où l'on trouvait une collation. A Versailles, en hiver, trois fois par semaine, il y avait *appartement*. On appelait ainsi des soirées données à toute la cour dans les grands appartements du château. Il y régnait beaucoup de liberté. Les uns jouaient, d'autres dansaient, d'autres se promenaient dans les salles en causant. Le roi lui-même se mêlait aux groupes, allait d'une table de jeu à l'autre. Il y avait un buffet, comme nous dirions aujourd'hui, des liqueurs et du chocolat. Tout cela entraînait de grosses dépenses et finit par fatiguer le roi. Dès la fin de 1691, il cesse d'y aller, et se fait suppléer par le dauphin. En 1693, on retranche le chocolat et les liqueurs, par économie. En général, dans toute cette fin de règne, on sent la gêne croissante. « L'année 1700, raconte Saint-Simon, commença par une réforme : le roi déclara qu'il ne ferait plus la dépense des changements que les courtisans feraient dans leurs logements. Il en avait coûté plus de 600,000 livres depuis Fontainebleau. On croit que madame de Mailly en fut cause, qui depuis trois ou quatre ans avait fait changer le sien tous les ans. Cela fut plus commode, parce qu'avec les gens du bâtiment, on faisait ce qu'on voulait chez soi sans en demander la permission au roi ; mais, d'autre part, tout fut aux dépens de chacun. »

Le carnaval, dans les beaux temps de Versailles, était quelque chose de très brillant. Il se déployait dans les déguisements une imagination à faire envie aux inventions les plus plaisantes de nos jours. Le dauphin changeait huit ou dix fois de costume dans la même soirée, se grandissait, se grossissait, mettait un masque sur l'autre. Une mascarade représenta une fois toute une garniture de cheminée de sept pièces de porcelaine. Il y avait une urne, un rouleau, des magots de la Chine.

Le jeu était le principal plaisir de Versailles. On jouait aux échecs, au billard, aux dés, mais surtout aux cartes. Dangeau, qui savait tous les jeux, y fit sa fortune. « Je voyais jouer Dangeau, écrit madame de Sévigné, et j'admirais combien nous sommes sots au jeu auprès de lui ! Il ne songe qu'à son affaire, et gagne où les autres perdent ; il ne néglige rien, il profite de tout ; il n'est point distrait ; en un mot, sa bonne conduite défie la fortune. Aussi les cent mille francs en dix jours, les cent mille écus en un mois, tout cela se met sur le livre de sa recette. » Le lansquenet était en faveur. « Aussitôt qu'on est réuni, écrit la Palatine, on ne fait rien que jouer au lansquenet ; c'est le jeu qui est le plus en vogue. On joue des sommes effrayantes, et les joueurs sont comme des insensés. L'un hurle ; l'autre frappe si fort la table du poing que toute la salle en retentit ; le troisième blasphème d'une façon qui fait dresser les cheveux sur la tête : tous paraissent hors d'eux-mêmes et sont effrayants à voir. » Les pertes étaient quelquefois énormes. Dangeau parle de 10,000 pistoles perdues, ce qu'on peut évaluer à 500,000 francs de nos jours. Il y avait des querelles, des provocations, des suicides même. La Palatine rapporte que quatre officiers s'étaient tués de désespoir.

Le carême mettait fin aux divertissements. Il était très strictement pratiqué à Versailles. Les fêtes faisaient alors place aux pratiques de piété et aux sermons.

La fin tout entière du règne ne ressemble que trop à un carême venant après un carnaval. On dirait le deuil de la monarchie qui descend, en effet, réellement dans la tombe avec Louis XIV. Quelle vieillesse que celle du pauvre grand roi! Une guerre ruineuse et désastreuse ; le duc de Bourgogne et sa charmante femme mourant, en 1712, à six jours de distance l'un de l'autre ; trois ans après, Louis disparaissant lui-même et laissant le trône à un arrière-petit-fils, un enfant de cinq ans ; madame de Maintenon, qui a quatre-vingts ans, retirée à Saint-Cyr, accablée d'infirmités. « Si vous me voyiez, écrit-elle à la princesse des Ursins, vous conviendriez que je fais bien de me cacher. Je ne vois presque plus, j'entends encore plus mal ; on ne m'entend plus parce que la prononciation s'en est allée avec les dents ; la mémoire commence à s'égarer ; je ne me souviens plus des noms propres ; je confonds tous les temps, et nos malheurs, joints à mon âge, me font pleurer comme toutes les vieilles que vous avez vues. » Elle survécut quatre ans à son royal époux.

Avec Louis XV commence la décadence de Versailles. Le château ne va plus aux mœurs nouvelles, au besoin de confort qui s'est introduit en France. En vain cherche-t-on à rendre le palais plus habitable, en vain en détruit-on une partie, et jusqu'au magnifique escalier des ambassadeurs, pour l'accommoder au goût du jour, Louis XV ne s'y sent pas à l'aise. Versailles reste la résidence officielle; le roi l'occupe pour certaines solennités, il y donne réception aux ambassadeurs, mais il le quitte dès qu'il peut. L'étiquette s'y relâche en même temps, et les mœurs plus encore que l'étiquette. A la différence de son prédécesseur, les désordres de Louis XV sont des vices et des vices qui vont le dégradant de plus en plus. La Dubarry succède à la Pompadour. Il y a, au château, les appartements des maîtresses et ceux des petites maîtresses. Il y a aussi dans les combles une cuisine où le roi de France fait des ragoûts et des pâtisseries. Ajoutons qu'avec le besoin du confortable qui bouleversait l'intérieur des appartements, était venue, pour l'extérieur, la manie de l'architecture grecque, des colonnes et des frontons. Gabriel, je l'ai dit, avait commencé à reconstruire les ailes sur la cour. Heureusement que le manque d'argent arrêta ces beaux projets. On ne payait pas les travaux. Lemoine, l'auteur du plafond du salon d'Hercule, avait déboursé de sa poche 29,000 livres; on lui en donna 10,000; il se tua de désespoir. La salle de spectacle, élevée sur les dessins de Gabriel, celle qui a servi de salle des séances à l'Assemblée nationale de 1871, ne fut jamais payée. Les divers entrepreneurs qui y avaient travaillé réclamaient encore en 1789 ce qui leur était dû, et M. d'Angiviller, le directeur des bâtiments du roi, répondait imperturbablement que les fonds manquaient pour les satisfaire. « Les Archives nationales renferment une liasse de lettres lamentables écrites par ces pauvres gens, vieux au service du roi, disent-ils, tombés dans la misère, ayant perdu le fruit de leur travail, capital et intérêts de dix-neuf ans, et sollicitant au moins un acompte. » L'étonnement cesse quand on apprend que madame Dubarry avait coûté à Louis XV plus de 12 millions de livres de ce temps, c'est-à-dire environ 40 millions de francs d'aujourd'hui. Ce qui n'empêchait pas qu'elle n'acquittait pas non plus ses dettes. Elle avait fait faire par Gouthière pour 756,000 livres de bronzes destinés à Luciennes; elle ne les paya pas, et le malheureux ciseleur mourut ruiné et dans la misère.

Les Mémoires de Marmontel nous font connaître l'état de décadence dans lequel les créations de Louis XIV étaient tombées sous son successeur. Nommé secrétaire des bâtiments par la faveur de madame de Pompadour, Marmontel dut aller demeurer à Versailles; il y passa cinq ans dans le repos et l'étude; ce qui lui manquait, c'étaient les promenades. « Le croira-t-on, dit-il, ces jardins magnifiques étaient impraticables dans la belle saison. Surtout quand venaient les chaleurs, ces pièces d'eau, ce beau canal, ces bassins de marbre, entourés de statues où semblait respirer le bronze, exhalaient au loin des vapeurs pestilentielles, et les eaux de Marly ne venaient à grands frais croupir dans ce vallon que pour empoisonner l'air qu'on y respirait. J'étais obligé d'aller chercher un air pur et une ombre saine dans les bois de Verrières ou de Satory. »

Le roi étant sans cesse absent de Versailles, ou, à Versailles même, tout à ses honteux plaisirs, ce qui reste de cour c'est la reine qui le tient. Il y a encore appartements, concerts et jeu, mais nul empressement, à peine des égards et de la politesse. « La reine, raconte d'Argenson, veut jouer au lansquenet les dimanches, et il ne se présente point de coupeur ordinairement ; chose fort ridicule que le peu d'empressement et d'honnêteté des courtisans. On devient républicain même à la cour, on se désabuse du respect pour la royauté, et on mesure trop la considération au besoin et au pouvoir. La reine se promenait dans cette attente ; il n'y avait que deux dames dans sa chambre, le comte de Noailles et moi ; autre désertion encore de ses dames. La reine dit : « Eh bien ! on prétend que je ne veux pas jouer au lansquenet ni commencer de bonne heure, vous voyez qu'il fait bon de dire que *je* ne veux pas, mais c'est qu'*on* ne veut pas. J'y songeais tout à l'heure et même c'était pendant le sermon, je l'avouerai. » Madame de Boufflers remarqua que c'était cela qui avait porté malheur.

Oh ! cette fin de monarchie française, elle est lugubre ! Tout le monde sent que cela ne peut durer, que la fin approche ; le roi est le premier à le comprendre. Le dauphin était malade, à Fontainebleau, de la maladie dont il mourut à la fin de 1765 ; Louis XV termine ainsi une lettre qu'il écrivait au duc de Choiseul pendant cette maladie : « Dernière réflexion qui me perce le cœur et que je n'ai confiée à personne, l'état de mon fils ! Il est vrai que dans ce moment il paraît mieux, mais s'il me manquait ! Je sais ce qu'on peut dire à cela ; mais un enfant ! Pendant bien des années, et quoique je me porte bien, c'est d'un bien petit secours. Au moins, avec mon fils, je suis sûr d'un successeur fait et ferme. Et c'est tout, vis-à-vis de la multitude républicaine. »

Le roi voyait juste. La multitude était devenue républicaine, la multitude, c'est-à-dire la France, et lui-même avait été le principal artisan de cette révolution. Ce serait une erreur, cependant, de s'imaginer que Louis XV porte seul la responsabilité de la ruine de la royauté. Une institution ne subsiste qu'à la condition de se justifier, et elle ne se justifie que par le respect qu'elle inspire, le bien public qu'elle procure, les services qu'elle rend. Il n'est pas certain que le vide, la stérilité, le fardeau de la gloire de Louis XIV ne soient pas restés dans la conscience nationale comme un argument aussi puissant contre la monarchie que les ignominies du règne de son successeur.

Que s'il y a eu appel du verdict de l'histoire contre la monarchie française, que si la royauté a eu parmi nous d'éphémères restaurations, c'est qu'il lui avait succédé un régime plus ignoble encore que le règne des maîtresses, la France livrée au sans-culottisme, et des désastres militaires plus terribles que Rosbach ou Malplaquet, Paris deux fois occupé par l'étranger. Pour Versailles, son rôle avait pris fin avec l'établissement politique dont il avait été l'œuvre et le symbole. Berceau de la Révolution, il s'y fit, après tant de bruit, un immense silence. Le château fut livré à des institutions d'utilité publique; le parc négligé devint une solitude. Mais c'est justement dans cette paix de l'abandon qu'il devint aussi la consolation d'une âme malade. Réfugié dans une petite maison de la rue Satory, André Chénier, marqué pour l'échafaud, se plaisait à errer dans les longues allées. Qui ne connaît les vers immortels :

> O Versailles, ô bois, ô portiques...
> A votre aspect, dans ma pensée,
> Comme sur l'herbe aride une douce rosée,
> Coule un peu de calme et d'oubli.

Calme et oubli, — celui qui les cherche les trouve encore à Versailles, malgré son musée et les étrangers qu'il attire, malgré ses grandes eaux et les Parisiens qu'elles émerveillent.

Août 1881.

III

UNE HÉRÉSIE LITTÉRAIRE

> Me voici. Je ne puis dire autrement.
> Dieu me soit en aide ! Amen.
>
> (Luther, à la Diète de Worms.)

Je ne cesserai jamais de protester contre les engouements qui tyrannisent aujourd'hui la littérature. On n'est content que lorsqu'on a élevé ses préférences à la dignité d'une règle de foi. Un culte une fois établi, un dogme une fois reçu, plus de liberté d'examen, plus de critique indépendante, plus de dissidence tolérée : la consigne est « d'admirer comme une bête ». La paresse d'esprit, cela va sans dire, est au fond de cette manière d'agir; il est plus aisé d'accepter une opinion que de s'en faire une. Mais ce qui rend ces dispositions d'esprit infiniment curieuses, c'est que le penchant aux partis pris moutonniers n'a jamais été plus général, c'est que le despotisme des jugements tout faits n'a jamais été plus docilement subi qu'en ces temps de prétendue émancipation et de soi-disant individualisme. Il en est, paraît-il, des franchises de l'intelligence comme des droits politiques : on fait de grands efforts pour les conquérir, et, quand on les possède, on néglige de les exercer.

Je citerai le culte dont Gœthe est l'objet en Allemagne comme un exemple du travers que je signale. Ce culte a tous les caractères de la superstition. On serait tenté d'y voir une preuve de cette assertion que l'homme ne peut se passer ni d'un être à adorer, ni d'une autorité entre les mains de laquelle il puisse abdiquer son jugement. Les Allemands ont depuis longtemps épuisé l'acuité de leur critique sur Dieu le père et Dieu le fils; ils n'ont rien laissé debout de l'infaillibilité de l'Église ni de celle des Saintes Écritures; mais ils se sont rattrapés sur Gœthe. Ils ont fait de lui un révélateur, on peut dire une divinité. Ses œuvres sont devenues, au delà du Rhin, la Bible des hommes cultivés. Une Bible en vingt volumes, mais une vraie Bible, traitée avec les soins superstitieux qui conviennent à l'étude d'une parole inspirée. Si l'on ne met pas tous les écrits de l'auteur sur la même ligne, si l'on avoue des préférences, on part cependant de l'idée que ces écrits sont tous divins, qu'aucun, par conséquent, n'est à rejeter ni à dédaigner, qu'il ne s'agit que d'y entrer plus avant pour trouver des profondeurs dans ce qui paraissait plat, des intentions cachées dans ce qui semblait vulgaire ou ennuyeux. N'y a-t-il pas des livres embarrassants aussi dans l'Ancien et le Nouveau Testament? N'a-t-on pas quelque peine à tirer de l'édification des amours de la Sulamite, du scepticisme de l'Ecclésiaste et des visions de l'Apocalypse? Mais à quoi servirait l'orthodoxie, si ce n'était à triompher de quelques scandales, et l'art de l'interprète, si ce n'était à découvrir aux regards de la foi les choses que le sens commun n'aurait pas soupçonnées? Tel est le principe des travaux auxquels la personne et l'œuvre de Gœthe ont été soumises chez nos voisins. Les biographes ont traqué tous ses pas, recueilli toutes ses conversations, chroniqué toutes ses amours, écrit la vie de toutes les personnes qui ont eu quelque relation avec lui, et ils sont bien décidés à ne pas s'arrêter avant d'avoir établi ce que faisait le grand homme à chaque minute de chaque heure de son existence. Pour les ouvrages de Gœthe, on le comprend, plus de besoin et de soin encore d'être complet. On fait la chasse à ses moindres quatrains, à ses moindres billets, on imprime ses comptes d'apothicaire, on ramasse les rognures de ses ongles et les poils de sa barbe. « Vous croyez, écrivait Diderot, que si l'on faisait présent à un janséniste d'une crotte du bienheureux diacre (le diacre Pâris), il ne la ferait pas enchâsser dans l'or, et qu'elle tarderait beaucoup à faire un miracle? » Ce passage me revenait à l'esprit en lisant un poème de Gœthe, morceau grossièrement licencieux, qu'un éditeur de Vienne offrait dernièrement à la piété des fidèles. Mais si l'on veut savoir jusqu'où va la superstition des Allemands pour leur poète philosophe, c'est aux commentaires dont ses écrits sont devenus le texte qu'il faut surtout s'adresser. Il y en a des montagnes, il y en a sur les plus insignifiantes productions de l'écrivain, et il y en a tous les jours de nouveaux. Et que de science, de patience, de sagacité dépensées pour nous faire prendre au sérieux des mystifications, pour nous dissimuler l'ennui de *Wilhelm Meister*, pour nous faire accepter comme chefs-d'œuvre des drames fort ordinaires et des romans décidément insipides!

Mutato nomine de te fabula narratur. Au lieu de Gœthe lisez Molière, et vous reconnaîtrez que la France n'est pas loin de tomber dans les mêmes travers que l'Allemagne. L'admiration pour Molière est en train de passer aussi chez nous à cet état d'orthodoxie hors de laquelle il n'est point de salut. Nous avons trouvé ce qu'il fallait à notre besoin de culte reconnu et de croyance officielle, une célébrité nationale qu'il ne soit plus permis de discuter, quelque chose comme est Shakspeare en Angleterre et Gœthe en Germanie. On n'admet point les réserves, ou, mieux encore, personne ne s'avise d'en faire. Une seule chose est de mise lorsqu'on parle de l'auteur du *Tartuffe*, c'est l'effort pour renouveler le fond des épithètes laudatives qu'on a l'habitude de joindre à son nom. Mais allez insinuer que la comédie après tout est un art limité et qui laisse de côté les choses les plus profondes et les plus élevées de la nature humaine; allez faire entendre que Molière n'est pas toujours égal à lui-même, qu'obligé de travailler vite, il improvise trop souvent, qu'il a des négligences, des vices de diction : on vous regardera avec étonnement ou dédain, comme un esprit chagrin ou un faiseur de paradoxes. Il ne vous servira de rien de sentir aussi vivement et de reconnaître aussi cordialement qu'aucun autre, chez Molière, la force de l'observation, le pétillement de l'esprit, les ressources de verve, les bonheurs d'expression, tous les dons qui constituent la *vis comica*, et quelques-uns de ceux qui font le poète et même le philosophe ; si vous avez le malheur de ne pas le trouver aussi grand écrivain que grand dramatiste, on ne vous tiendra compte de rien ; vous serez un pédant qui juge d'après les règles ou un tapageur qui veut attirer l'attention par des excentricités.

Et cependant il faudra bien que la raison finisse par avoir raison, et que l'évidence finisse par se faire reconnaître. On lit peu de notre temps, on lit mal, avec distraction, sans réflexion, sans examen, sans dégustation, mais j'en appelle avec confiance à quiconque voudra prendre son Molière, et cela aux meilleurs endroits, et donner quelque attention à la marche du discours et aux procédés du style : il n'y a pas moyen de se dérober à la conviction que notre grand comique est aussi mauvais écrivain qu'on peut l'être lorsqu'on a, du reste, les qualités de fond qui dominent tout, les dons d'inspiration qui emportent tout.

Je prends *le Misanthrope*, parce que cette pièce est de la pleine maturité de l'auteur, qu'elle passe en général pour son chef-d'œuvre, pour l'un de ses chefs-d'œuvre du moins, et qu'elle mérite, en effet, ce rang par des beautés de premier ordre. Cela ne m'empêche pas, pour le dire tout de suite, d'y trouver, et dans la conception même, des vices profonds. Le titre déjà est faux et sert à fausser le point de vue auquel le lecteur est tout d'abord placé. C'est *le Bourru* qu'il aurait fallu appeler la la pièce, le « Bourru chagrin », comme il est dit dans lettre de Célimène, à la dernière scène, ou bien encore *l'Atrabilaire amoureux*, conformément à un sous-titre que Molière lui-même avait dans l'origine mis à son ouvrage. Un misanthrope n'est pas un homme qui s'offense des ridicules et des bassesses dont il est le témoin, mais celui qui fuit ses semblables par une aversion dans laquelle il les enveloppe tous, par un éloignement pour la société tout entière, pour ses usages, ses contacts, ses servitudes. Le misanthrope n'est point, comme Alceste, un être d'une moralité supérieure; le mot n'implique rien de semblable.

Un défaut bien plus grave, c'est l'exagération que Molière a donnée au caractère d'Alceste. On s'est intéressé à cet honnête homme lorsqu'on l'a vu réprouver les méchancetés et les perfidies du salon de Célimène, lorsqu'il n'a pu prendre sur lui de louer un sonnet qu'il trouvait mauvais, mais cet intérêt ne tarde pas à s'évanouir devant les extravagances auxquelles l'auteur permet à son héros de s'emporter. Un individu qui peut se réjouir de perdre un procès important, parce que cette perte, dit-il, le mettra en droit de pester

> Contre l'iniquité de la nature humaine,
> Et de nourrir contre elle une effroyable haine.

Cet individu est un fou, pour lequel il est impossible d'éprouver d'autre sentiment que celui de la pitié. J'en suis fâché pour les fanatiques de Molière, mais il me paraît évident que la conception de l'artiste lui a gauchi entre les mains. Alceste, au commencement, devait être un censeur honnête et grognon des travers du monde ; ce n'est plus, vers la fin, qu'un maniaque à enfermer dans une maison de santé.

L'inconséquence ne se borne pas à rendre burlesque et rebutant un caractère qu'on nous avait d'abord représenté comme noble et attachant. Il y a une contradiction plus criante encore dans le rôle d'Alceste ; je veux parler de son amour pour Célimène. L'amour a beau être aveugle, la passion a beau être brouillée avec la logique, on ne peut comprendre qu'un homme sérieux, austère, fanatique de droiture et de vertu, s'éprenne d'une coquette affligée de tous les défauts les plus opposés à ceux de son amant ; on ne peut se faire surtout à entendre ce parangon de vertueuse rudesse soupirer aux pieds de la futile beauté, lui débiter le phébus des déclarations, lui parler de flammes, de chaînes, de combats, et tout cela dans quelle langue, bon Dieu !

> Pourvu que votre cœur veuille donner les mains
> Au dessein que j'ai fait de fuir tous les humains[1].

J'ignore si un amour tel que celui du Misanthrope est possible, mais rien au monde ne peut le rendre vraisemblable. Il y a là une disparate qui achève de rendre inin-

---

[1]. Alceste n'est pas difficile dans la conduite de ses métaphores. Il dit ailleurs :

> Le poids de sa grimace, où brille l'artifice,
> Renverse le bon droit et tourne la justice.
>   (Acte V, sc. 1.)

telligible le caractère déjà ambigu, insaisissable du héros de la pièce.

Mais j'arrive à la versification du *Misanthrope*.

Qu'est-ce qu'écrire ? L'art d'écrire se compose de trois choses. En premier lieu, le vocabulaire, c'est-à-dire le choix des mots, le terme plus ou moins approprié, quelquefois heureux, quelquefois même ayant sa beauté, sa poésie. Après le mot vient la phrase, qui n'est pas seulement une suite de mots mis les uns après les autres dans l'ordre de la pensée, mais qui, ayant à suivre les nuances et les complications de cette pensée, entraîne avec elle des incidentes, et qui, par conséquent, a besoin d'être conduite. La phrase est un organisme à la fois logique et esthétique ; elle doit être claire et elle doit plaire. La phrase, enfin, n'est pas là pour son seul et propre compte. Elle fait partie d'un discours, et ce qui vient d'être dit de la phrase s'applique au paragraphe et au morceau tout entier ; le discours doit former un ensemble organique, les pensées doivent s'y acheminer dans un ordre à la fois savant et charmant.

Est-il besoin d'ajouter que l'art d'écrire est aussi applicable aux vers qu'à la prose ? La poésie se compose, elle aussi, de mots, de phrases et de discours, et elle reste, par conséquent, aussi bien que sa sœur, soumise aux deux conditions supérieures de la perspicuité et de la beauté. Ce qui est vrai, c'est que la poésie a ses difficultés particulières en ce qui concerne la conduite de la pensée. Gênée par la nécessité du rythme et de la rime, obligée non pas seulement de dire nettement et agréablement comme la prose, mais de dire en lignes d'une mesure déterminée et avec l'assonance des derniers mots de ces lignes, la poésie est exposée à une terrible tentation, celle de la cheville. Je prends ici ce terme dans une acception un peu plus étendue que l'on ne fait d'ordinaire. On l'entend habituellement d'un mot superflu que le poète glisse dans son vers pour lui donner la mesure voulue ; il me semble qu'on peut regarder aussi comme des chevilles, de grosses chevilles si l'on veut, le vers qui n'est là que pour rimer avec le précédent ou le suivant, que dis-je ? la proposition tout entière qui arrive à la suite d'une autre sans y rien ajouter, rien au moins de sensiblement nouveau et qui en vaille la peine.

Ceci dit, j'arrive à l'hérésie que j'ai déjà hasardée plus haut, et qui va m'exposer, je le crains, à bien des protestations indignées. C'est une conviction déjà ancienne chez moi que Molière est un poète extrêmement négligé. Il travaille vite, la versification de ses pièces est une improvisation, et elle en porte toutes les marques, elle en a tous les défauts.

Les défauts dont un travail trop pressé charge la manière d'écrire de Molière peuvent se résumer dans le mot que je prononçais tout à l'heure : il cheville. Molière cheville continuellement, horriblement ; il n'a pas seulement des dires inutiles, mais des répétitions fatigantes ; il ne répète pas seulement le mot, mais aussi la phrase ; ses phrases, enfin, ne constituent pas seulement des redites, mais elles se suivent par voie de juxtaposition, sans se lier, sans se combiner organiquement, ce qui donne au discours une allure traînante. A la représentation, l'art de l'acteur déguise ce vice, mais il est sensible pour le lecteur, et, j'en appelle à tous ceux qui en ont fait l'expérience, il rend tout à fait laborieuse et ingrate la lecture à haute voix des vers de notre grand comique.

Le Misanthrope va nous fournir des exemples de tous les sujets de plainte que je viens d'articuler.

Molière, pour faire le vers, donne constamment des synonymes oiseux de l'expression qu'il vient d'employer :

Il est bien des endroits où la pleine franchise
Deviendrait ridicule *et serait peu permise*...
Serait-il à propos *et de la bienséance*
De dire à mille gens tout ce que d'eux on pense ?...
J'entre en une humeur noire, *en un chagrin profond*,
Quand je vois vivre entre eux les hommes comme ils font.

Il est inutile de multiplier les exemples de cette manière de faire ; il n'est guère de page qui n'en fournisse. Je fais seulement remarquer que la nuance entre les synonymes employés n'est pas seulement trop légère pour justifier la répétition : contrairement aux conditions élémentaires du style, le second terme est souvent plus faible que le premier, et forme ainsi une chute.

Une répétition non moins fréquente chez Molière est celle du premier vers, que le second reproduit sans y rien ajouter, et par conséquent en le délayant et l'affaiblissant. Ici encore, il suffira de trois ou quatre exemples pour marquer ce que je veux dire.

Alceste et Philinte, à cet égard, sont à deux de jeu. Le premier est à peine en scène, qu'il tombe déjà dans la tautologie :

> Une telle action ne saurait s'excuser,
> Et tout homme d'honneur s'en doit scandaliser.
> Je vous vois accabler un homme de caresses,
> Et témoigner pour lui des dernières tendresses...

L'entretien se prolonge et le tour de Philinte arrive :

> Mon Dieu, des mœurs du temps mettons-nous moins en peine,
> Et faisons un peu grâce à la nature humaine :
> Ne l'examinons point dans la grande rigueur,
> Et voyons ses défauts avec quelque douceur...
> La parfaite raison fuit toute extrémité,
> Et veut que l'on soit sage avec sobriété.

Mais la vérité est que tout le monde, chez Molière, parle ainsi :

> Dans les propos qu'il tient on ne voit jamais goutte,
> Et ce n'est que du bruit que tout ce qu'on écoute.
> ...Ce billet découvert suffit pour vous confondre,
> Et contre ce témoin on n'a rien à répondre.
> ...Ciel! rien de plus cruel peut-il être inventé?
> Et jamais cœur fut-il de la sorte traité?
> ...Il court parmi le monde un livre abominable,
> Et de qui la lecture est même condamnable.
> ...Certes, voilà le trait du monde le plus noir ;
> Je ne m'en saurais taire, et me sens émouvoir ;
> Voit-on des procédés qui soient pareils aux vôtres?

Je ne veux pas dire, on le comprend, qu'il y ait chaque fois identité complète entre le premier vers et celui qui le suit en le répétant; mais, ce que je maintiens, c'est que la différence, lorsqu'il y en a une, n'est pas assez marquée pour justifier la répétition, c'est que le plus souvent la variante n'ajoute rien à l'idée, c'est enfin que ces équivalents et ces paraphrases alanguissent et alourdissent le style.

Je n'ai cité que des distiques pour caractériser ce qu'on pourrait appeler le tic de Molière, ce qui, à vrai dire, est plutôt encore la négligence d'un écrivain trop pressé de produire. Mais la pesanteur qui en résulte n'affecte pas seulement un trait, un vers, elle gâte des passages entiers, et combien de fois la prolixité du style, s'alliant à l'afféterie du langage, ne produit-elle pas l'amphigouri !

> Allez, j'étais trop dupe, et je ne vais plus l'être.
> Vous me faites un bien, me faisant vous connaître;
> J'y profite d'un cœur qu'ainsi vous me rendez,
> Et trouve une vengeance en ce que vous perdez.

Fénelon parle quelque part du galimatias de Molière. Le mot est dur : l'est-il trop en regard d'un passage tel que le suivant? Célimène reproche à Alceste ses soupçons :

> N'est-ce pas m'outrager que d'écouter leur voix?
> Et puisque notre cœur fait un effort extrême
> Lorsqu'il peut se résoudre à confesser qu'il aime,
> Puisque l'honneur du sexe, ennemi de nos feux,
> S'oppose fortement à de pareils aveux,
> L'amant qui vit pour lui franchir un tel obstacle,
> Doit-il impunément douter d'un tel oracle?

Et n'est-il pas coupable en ne s'assurant pas
A ce qu'on ne dit point qu'après de grands combats?

Le Misanthrope passe pour l'une des mieux écrites parmi les pièces de Molière; c'est le contraire qui est vrai. Les trois premiers actes de *Tartuffe* sont beaucoup moins négligés. Les défauts reparaissent avec le quatrième. C'est au quatrième qu'on trouve cette collection de *que* :

> Qu'est-ce *que* cette instance a dû vous faire entendre,
> *Que* l'intérêt *qu*'en vous on s'avise de prendre,
> Et l'ennui *qu*'on aurait *que* ce nœud *qu*'on résout
> Vint partager du moins un cœur *que* l'on veut tout.

N'est-il pas vrai qu'il y a des moments où l'on est prêt à s'écrier dans le langage de Bélise :

> Et les *pires* défauts de ce *puissant* génie
> Sont ou le pléonasme ou la cacophonie.

Molière, en signalant ces deux vices du style, aurait-il eu quelque soupçon que c'étaient précisément ceux auxquels sa manière de travailler l'exposait le plus ?

Les exemples que j'ai cités auront peut-être mis le lecteur sur la trace d'un caractère fondamental du style de Molière. La pensée chez lui ne se développe pas en une complexité logique, dans laquelle chaque idée et chaque membre d'idée s'ordonne ou se subordonne; Molière ne construit pas de période, parce qu'il ne conçoit pas les parties de la phrase ou du morceau dans leur enchaînement naturel. Il procède par réitération de l'expression ; il développe le sens au moyen de synonymies, de tautologies et de paraphrases. La conséquence en est que le discours est formé, chez lui, d'un certain nombre de propositions plus ou moins identiques, qui viennent se ranger à la suite les unes des autres, sans autre liaison que la particule *et*. La fréquence avec laquelle cette conjonction revient dans notre écrivain forme une particularité tout à fait distinctive de sa manière d'écrire.

J'ai dit que le style de Molière manque de lien et devient, par suite, monotone et traînant, et j'ai cru pouvoir en accuser la nécessité de l'improvisation qui ne lui permettait pas de concevoir avec plus de maturité ni de rédiger avec plus de soin. Obligé d'écrire en alexandrins et en rimes plates, le poète ne parvient à satisfaire aux lois de cette versification qu'à force d'explétifs, de synonymes et de pléonasmes. J'aurais, pour justifier cette explication des défauts que je reproche à Molière, le contraste que fait *Amphitryon* avec ses autres ouvrages versifiés. Là, comme par enchantement, ont disparu tous les défauts qu'il nous a fallu signaler. Écrivant en vers libres, maître de sa mesure et de faire arriver la rime quand il lui convient, Molière ne cheville plus, ne se répète plus. Le jet du métal n'est plus déshonoré par les bavures. Avec quelle grâce l'écrivain ne se joue-t-il pas dans son sujet! Comme la phrase est devenue agile, le trait net, brillant! Molière, s'il n'eût écrit *Amphitryon*, aurait donné la mesure de son génie, mais non pas celle de son talent.

Je viens de signaler, dans l'œuvre de Molière lui-même, un contraste qui fait ressortir les défauts de son propre style habituel. Que si ma démonstration laissait encore quelque doute dans les esprits, si mes critiques semblaient subtiles ou exagérées, je laisserais à une autre comparaison le soin de me faire plus parfaitement comprendre. Molière est un exemple de ce que j'ai appelé le style inorganique, du procédé qui consiste à ajouter proposition à proposition sans les combiner. Racine, au contraire, est le modèle de la diction irréprochable. Tout, chez lui, se subordonne, s'enchaîne, concourt au but, achève la pensée, ajoute à l'effet. Une science consommée se manifeste par une ordonnance lumineuse. Plus on met d'attention à le lire, plus on admire cette correction si sûre, cette facilité à triompher de toutes les tyrannies de la versification, cette langue à la fois si pure et si hardie, la variété dans la coupe de la phrase, le naturel dans le mouvement du discours, la logique cachée mais partout sensible, la délicatesse des transitions, la diversité des tons, l'économie des moyens, la gradation des effets, la clarté de l'exposition, l'éloquence des plaidoyers, la hauteur de l'ironie, la passion avec ses retours rêveurs aussi bien que ses éclats délirants, une psychologie non moins fine que profonde, une puissance qui s'élève sans effort à la hauteur des plus tragiques situations, acceptant toutes les difficultés, engageant toutes les luttes et en sortant toujours vainqueur ; — enfin relevant, éclairant, colorant tout, le reflet de la plus belle imagination, le merveilleux rayon

4.

de poésie. Que d'esprit caché sous le naturel ! Que d'art dissimulé sous l'émotion et d'émotion contenue par l'art ! Quelle aisance dans la grandeur et quel dédain pour l'air de bravoure !

Un parallèle entre Molière et Racine, considérés comme écrivains, prendrait aisément quelque chose de cruel pour le premier. Les procédés de l'un sont aussi variés que ceux de l'autre sont monotones. Les mailles du discours sont aussi serrées chez l'auteur de *Phèdre* qu'elles sont lâches chez l'auteur du *Misanthrope*. Pour Molière, j'ai cité des exemples. Pour Racine, il suffit de rappeler la harangue d'Oreste et la réponse de Pyrrhus dans le premier acte d'*Andromaque* (*Andromaque* écrite à vingt-sept ans !), et la magnifique déclamation de Clytemnestre :

> Vous ne démentez pas une race funeste !

Ce sont là des pages incomparables, où toutes les ressources de l'éloquence s'unissent à tous les charmes de la poésie. On n'a rien écrit en prose d'aussi habile, ni en vers d'aussi superbe.

Il y a de grands poètes à côté de Racine, de plus grands que lui peut-être, — je n'entends rien à ces discussions de préférence, — mais je prétends qu'il n'y a pas de plus grand écrivain en vers. Il n'a d'égaux que dans l'antiquité.

« Beauté de tous les temps et de toutes les nations ! s'écriait Voltaire, en parlant d'*Iphigénie*. Malheur aux barbares qui ne sentiraient pas jusqu'au fond du cœur ce prodigieux mérite ! » Ce que Voltaire disait d'une pièce de Racine, je le dis de son œuvre entière. C'est une perfection de même ordre que celle de Raphaël, se voilant dans la perfection même, si également répandue partout qu'elle n'offre aucun des contrastes à l'aide desquels on pourrait la mieux sentir et la mesurer.

Dirai-je, en terminant, l'impression avec laquelle je pose la plume? Je ne puis m'empêcher de penser que Molière lui-même, s'il pouvait m'entendre, me donnerait raison contre les fanatiques qui ne croient jamais assez admirer un écrivain, aussi longtemps qu'ils ne l'ont pas canonisé comme « impeccable ». Encore un peu, et ils iront jusqu'à la conception immaculée ! Le joli sujet que les Moliéristes auraient fait pour Molière lui-même, pour l'auteur de la *Critique de l'École des Femmes* et des *Femmes Savantes!* Avec quelle bonne grâce cet homme admirable ne leur aurait-il pas fait comprendre qu'il était avant tout acteur et directeur, qu'il écrivait pour son théâtre, selon les ordres de la cour et les besoins de sa troupe, — non pas en homme de lettres, tranquillement dans son cabinet, mais en homme du métier, en vue de l'effet scénique, au courant de la plume, — sentant bien que ses vers laissaient à désirer, en souffrant parfois, mais cédant à la nécessité, se disant que l'auteur dramatique doit penser à la représentation plus qu'à l'impression, au spectateur plus qu'au lecteur, et se flattant que ses dons naturels d'observation et de gaieté, son grand sens, son esprit, son diable au corps, compensaient et couvraient des défauts inévitables. Voilà ce que Shakspeare et Molière ont dû se dire cent fois, ce qu'ils avaient raison de se dire, parce qu'ils avaient le sentiment d'un art plus parfait, mais ce à quoi ils avaient raison aussi de ne pas s'arrêter, puisque aussi bien c'est aux conditions dans lesquelles ils ont écrit que nous devons des œuvres immortelles [1].

Février 1882.

P. S. Cet article sur la versification de Molière, ainsi que je m'y attendais, m'a valu de vives répliques. On m'a traité de contempteur, d'ennemi juré de l'illustre comique. La plupart des réponses qui m'ont été faites portaient sur le style de l'écrivain, mais quelques-unes s'adressaient à ma critique des caractères dans le *Misanthrope*. On m'a reproché, en particulier, comme une hérésie psychologique, de ne pas trouver naturel l'amour d'un homme tel qu'Alceste pour une coquette telle que

---

[1]. Molière nous vient lui-même ici en témoignage. Il devait un jour (c'était en 1664) lire, chez M. Du Broussin, quelque chose de la traduction de Lucrèce en vers français qu'il avait faite en sa jeunesse. « En attendant le dîner, on pria M. Despréaux de réciter la satire adressée à Molière, qui ne voulut pas ensuite lire sa traduction, craignant qu'elle ne fût pas assez belle pour soutenir les louanges qu'il venait de recevoir. Il se contenta de lire le premier acte du *Misanthrope*, auquel il travaillait en ce temps-là, disant qu'on ne devait pas s'attendre à des vers aussi parfaits et aussi achevés que ceux de M. Despréaux, parce qu'il lui faudrait un temps infini s'il voulait travailler ses ouvrages comme lui. » (*Œuvres de Boileau*, édit. *Saint-Marc*. Note sur la seconde Satire.)

Célimène. Le propre de la passion n'est-il pas précisément qu'elle est aveugle, inconséquente? ce que je suis loin de contester assurément. Aussi n'est-ce point le manque de discernement qui me choque dans Alceste, c'est la contradiction morale où l'auteur l'a jeté. Alceste ne se fait aucune illusion sur Célimène, il la voit telle qu'elle est, fausse, méchante, coquette, et lui, l'homme vertueux jusqu'à l'austérité, sincère jusqu'à la rudesse, il l'aime malgré les laideurs les plus opposées à son propre caractère. Cela n'est point dans la nature. Un homme peut ne pas voir les défauts de la femme qu'il aime, ou l'aimer malgré les défauts qu'elle a et auxquels il n'est pas sensible, il peut aller jusqu'à aimer ses faiblesses, mais il n'aimera pas une femme dont les imperfections sont du genre justement qui lui est le plus antipathique. Ou, si cela n'est pas absolument impossible, car il ne faut jamais être affirmatif en ce qui concerne la logique des passions, il reste que l'amour d'Alceste n'est pas vraisemblable, et cela suffit, selon mon impression du moins, pour gâter le rôle.

Parmi les critiques qui ont essayé de réfuter mes observations sur la versification de Molière, je puis à peine compter mon confrère, M. Sarcey, car il m'a accordé tout ce que je demandais[1]. Il reconnaît que la diction de Molière est souvent pénible, empêtrée, embarrassée d'incises et d'inversions, qu'il écrit mal ou du moins qu'il paraît mal écrire; car, selon M. Sarcey, ces

---

[1]. Voyez le feuilleton du *Temps* du 8 mai 1882.

défauts qui sont sensibles à la lecture, disparaissent au théâtre, et c'est pour le théâtre qu'écrivait Molière. A la bonne heure, mais avais-je dit autrement ? N'avais-je pas reconnu que Molière, acteur et directeur de troupe, avait dû se préoccuper avant tout de la représentation, et qu'il avait bien fait d'en agir ainsi ? Qu'on m'accorde, en revanche, que Molière est en même temps un auteur et même un auteur classique, que j'ai le droit de le lire dans mon cabinet, et dès lors aussi de noter l'impression que me fait, à la lecture, ce style empêtré et difficile dont parle M. Sarcey.

Quand M. Sarcey ajoute que l'idéal dans l'art ce n'est pas la correction, qui n'est que l'absence des défauts, c'est-à-dire une vertu négative, il sait bien que je suis de cet avis tout autant que lui-même. Je lui accorderai même qu'on peut être grand écrivain sans la correction, témoin Saint-Simon. Mais il y a défauts et défauts, et ceux que j'ai signalés dans Molière sont justement parmi les plus incompatibles avec le plaisir du lecteur. Sans compter que je n'ai parlé que des vers de Molière, et que la versification, elle, ne supporte pas l'incorrection. Cette distinction capitale a échappé à M. Sarcey.

Un autre de mes critiques a plaidé la cause des répétitions que je reprochais à l'auteur du *Misanthrope* [1]. « Toutes les fois qu'on s'adresse à une foule, selon M. Fouquier, au théâtre, dans la chaire, à la tribune, toute idée qui n'est pas reprise est une idée qui risque

---

[1]. Voyez le feuilleton du *XIXᵉ Siècle* du 21 mars 1882.

de ne pas *porter*. » Et là-dessus, à l'appui de sa thèse, mon contradicteur cite un passage de Massillon, un morceau célèbre, où l'idée est cependant reprise et retournée. « Oui, mes frères, il vous paraît affreux maintenant de souffrir pour Dieu. Les plus légères violences que la religion exige vous paraissent accablantes; un jeûne seul vous abat et vous rebute; la seule approche des jours de pénitence vous jette dans l'ennui et dans la tristesse; vous regardez comme malheureux ceux qui portent le joug de Jésus-Christ. » M. Fouquier ne voit dans ces lignes que les mêmes pensées répétées, et des répétitions juxtaposées *sans gradation*. Voilà de ces choses qui avertissent les écrivains combien il est difficile de s'entendre, et comme il est malaisé que les discussions aboutissent! Le passage de Massillon dont il s'agit me paraît tout simplement, à moi, un exemple frappant de la répétition graduée et formant *crescendo*. *Les plus légères violences* que la religion exige sont suivies d'un *jeûne seul*, et le jeûne de la *seule approche des jours de pénitence*; il y a plus, ces tièdes fidèles, impatients pour eux-mêmes du joug de Jésus-Christ, vont jusqu'à regarder comme malheureux ceux de leurs semblables qui le portent. En vérité, s'il n'y a pas là gradation, je ne sais plus ce que les mots signifient. Je le répète, la règle est absolue. Il n'est pas un écrivain qui écrive véritablement, pas un écrivain de marque, qui se contente jamais d'aligner ses pensées sans les disposer. Or Molière fait pire que de les simplement aligner, il affaiblit souvent l'idée par la réitération; non seulement il n'y a pas chez lui gradation d'effet, il y a chute. J'ai cité plus haut Racine ; une autre comparaison fera mieux encore sentir ce que j'ai en vue. Que le lecteur prenne la peine d'ouvrir Regnard, et il verra ce que c'est que l'art d'écrire en vers. La supériorité de Regnard sur Molière, à cet égard, n'a pas échappé à M. J. J. Weiss. Il admire le style de l'auteur du *Joueur*. « C'est ici, dit-il, qu'il est passé maître et qu'il soutient la comparaison avec Molière. » Il déclare qu'entre les deux, c'est pour Regnard qu'il tient. « Sa langue est la perfection du style poétique. Elle coule, elle glisse, elle se replie ; il ne s'y trouve pour la gêner aucun de ces tours pénibles, ni de ces expressions raboteuses, rien de la rouille que Molière, grand orateur, a pu retenir, sans péril, du vieux langage. La belle époque du siècle s'y mire, image sans défaut dans un miroir sans tache. » M. Weiss, en un sens, va plus loin que moi, car j'estime que, à tout prendre et pureté à part, Molière est un écrivain supérieur à Regnard ; mais M. Weiss a reconnu les défauts de Molière (quoique non pas les plus saillants), il a osé lui comparer, lui préférer un autre de nos comiques, et l'on comprendra que j'aie été bien aise de trouver ne fût-ce que ce demi-complice.

IV

LE ROBESPIERRE DE M. TAINE

M. Taine vient de publier le troisième et dernier volume de son livre sur la Révolution. Je n'ai garde de signaler encore une fois les défauts de cet ouvrage. Ce sont toujours les mêmes procédés, le ton de la démonstration, l'abus de la formule, l'idée comme la phrase jetées dans un moule, des propositions que se chargent de prouver une foule de menus faits, l'absence de liberté, de souplesse, d'imprévu, de toutes les qualités, en un mot, qui constituent le charme. Les écrits de M. Taine me font penser malgré moi au jugement porté par Gœthe sur une œuvre célèbre de notre littérature contemporaine : poupée de bois et ressort d'acier. On devient injuste en lisant de pareils livres, parce qu'ils vous laissent exaspéré. Il semble qu'on ait été enfermé dans une cangue, qu'on ait passé par la bastonnade ; on crie *ouf!* on demande grâce.

J'exagère ? Qu'on prenne la préface, qu'on lise ces trois pages consacrées à filer une seule et même comparaison, celle de la Révolution française avec un crocodile ; qu'on suive jusqu'à la fin cette laborieuse plaisanterie, qu'on écoute jusqu'au bout cette leçon de « zoologie morale », et qu'on dise si jamais talent de premier ordre a subi pareille ankylose.

Je ne m'appesantirai pas plus sur les défauts du système historique de M. Taine que sur les désagréments de sa manière d'écrire. Nous avions reçu de lui une histoire de la Constituante, où l'œuvre législative de cette assemblée était ignorée ; nous avons aujourd'hui une histoire de la Convention, dans laquelle on chercherait vainement un chapitre, ou seulement un fragment de chapitre sur la défense nationale. Ces volontaires lacunes suffisent pour caractériser le livre. Il y manque l'impartialité, parce qu'il y manque la philosophie. Le philosophe jugera peut-être la Révolution aussi rigoureusement que M. Taine ; il éprouvera l'horreur de tant de sang, le dégoût de tant d'extravagance, l'ennui de tant de médiocrité ; il se pourra même qu'il mette en doute la valeur des résultats, mais il aura cherché à comprendre. M. Taine, lui, n'a songé qu'à enlever un grand morceau de rhétorique vitupérative.

J'ajoute que son livre est un anachronisme. M. Taine n'a appris à connaître la Révolution qu'assez tard, dans Mallet du Pan, et il l'a jugée comme aurait pu faire un publiciste royaliste d'il y a un siècle. Et cependant Mallet du Pan lui-même l'a dit : « Il s'est fait deux révolutions, l'une morale, dans les esprits, qu'elle a pénétrés de vérités et de demi-vérités dont le fondement restera ; l'autre, scélérate et barbare, sera la plus facile à extirper, une fois la force tombée de ses mains. » Distinction capitale, dont M. Taine n'a pas tenu compte, bien qu'il écrivît à une plus grande distance des événements, ce qui aurait dû l'aider à les juger avec calme, et bien que son dessein fût d'expliquer les origines de la France contemporaine, ce qui l'obligeait à faire plus équitablement la part du faux et du vrai, des atroces passions et des instincts justes, dans la grande révolte de l'esprit moderne contre le monde théocratique et féodal.

On a beaucoup remarqué ce fait étrange que M. Taine ait abandonné les principes d'une philosophie de l'histoire dont il fut jadis le promoteur le plus convaincu, et qu'il ait mis de côté ces principes dans un sujet précisément où ils semblaient plus applicables que partout ailleurs. Je veux parler de la doctrine qui cherche moins dans les événements la part des responsabilités morales que le jeu de certaines forces et la traduction de certaines lois. N'y a-t-il pas quelque naïveté, en effet, dans le soin de déduire des leçons, quelque puérilité à s'emporter en des accès d'indignation, lorsqu'on a affaire à un cataclysme social tel qu'a été la ruine de l'ancienne France? Mais, je le répète, je ne veux pas plus m'occuper aujourd'hui de la méthode historique de M. Taine que de son agaçante façon d'écrire; je vais droit au fond et, m'arrêtant à un sujet à la fois très intéressant et facile à circonscrire, je me demande si le nouvel historien de la Révolution a bien étudié et bien saisi.

Il s'agit de Robespierre. C'est, chez M. Taine, le morceau capital du volume. L'auteur l'annonce dans sa préface: s'il a été obligé, faute de place, de négliger les moindres crocodiles, il s'est efforcé de nous donner au complet les trois plus gros, « animaux vraiment remarquables et tels que la divinité du temps ne pouvait s'incarner mieux ». Il est vrai que cette exhibition tératologique devient, dans le corps du volume, une « psychologie des chefs jacobins ». Mais c'est la première enseigne qui disait vrai, car ce sont bien des animaux de foire qu'on nous montre, tandis que, de genèse des caractères, de développement des dispositions natives, d'analyse morale, je n'en trouve point trace. Passe encore pour Marat et Danton, êtres difformes qui se livrent tout entiers et à première vue ; mais c'est ne rien comprendre à Robespierre, que de voir en lui un simple ambitieux ou un vulgaire scélérat. Robespierre a beau avoir été un esprit médiocre, il n'en a pas moins joué un rôle considérable, et c'est ce rôle qu'il s'agit d'expliquer ; il a beau avoir été un grand criminel, ce grand criminel avait des idées, des desseins, et voilà ce dont M. Taine ne paraît pas s'être douté. Son Robespierre ne tient pas sur ses jambes, il n'existe pas.

Ce n'est pas que M. Taine n'ait cherché, selon son habitude, à découvrir la passion maîtresse de l'homme et à emprisonner le personnage dans une formule. La *dominante* de Robespierre, selon lui, aurait été la vanité, et sa nature tout entière se résumerait ainsi : le cuistre devenu bourreau. Ne nous voilà-t-il pas bien avancés, et Robespierre désormais bien connu ! Je vois la flétrissure, une belle épithète retentissante et que M. Taine a dû avoir du plaisir à trouver ; mais le personnage en est-il plus intelligible, les mobiles de ses actes en sont-ils plus apparents et son rôle historique mieux expliqué?

Pour moi, si j'avais à définir Robespierre, je dirais que ce fut surtout un fanatique et un visionnaire, un fanatique de la vertu et un visionnaire qui a rêvé l'établissement du royaume de Dieu sur la terre. Bien entendu que le chimérique n'exclut nullement ici le sot, le misérable et même le fourbe. Et bien entendu aussi qu'une définition ne suffit pas, qu'il reste à chercher quelle fut l'éducation de l'homme et quelle part dans sa vie appartient aux circonstances.

On ne comprend point Robespierre, si l'on ne part de son culte pour Rousseau. Il doit tout à l'auteur du *Contrat social* et du *Vicaire Savoyard*, ses idées et son style, sa conception de la société et son goût pour la déclamation.

Il est vrai que Rousseau lui-même est un produit éminemment caractéristique du xviiie siècle, et que Robespierre se rattache ainsi bien authentiquement à l'étrange et mémorable entreprise de la philosophie. Au renversement de l'autorité, à la confiance dans la raison abstraite, au besoin de remonter en tout à la règle primitive et à la loi naturelle, Rousseau avait ajouté le déisme qu'il avait conservé de son éducation genevoise, et l'austérité des principes à laquelle il s'était converti dans son âge mûr. Rousseau est optimiste parce qu'il croit à un créateur sage et bon. La nature, œuvre de Dieu, ne pouvant être mauvaise, il estime que les vices et les malheurs proviennent de l'infidélité des hommes à la loi de nature, et qu'il faut les y ramener en détruisant une civilisation corruptrice, en renversant les institutions artificielles introduites par la force ou l'abus, en rétablissant l'égalité primitive et en replaçant l'État sur la base du contrat originel. N'oublions pas, enfin, le mémorable chapitre dans lequel Rousseau dégage des religions positives un « droit divin naturel », énumère les articles de cette croyance, attribue au souverain le droit de l'ériger en profession de foi obligatoire, statue le bannissement contre les incrédules, et termine par cette sentence redoutable : « Que si quelqu'un, après avoir reconnu publiquement ces mêmes dogmes, se conduit comme ne les croyant pas, qu'il soit puni de mort; il a commis le plus grand des crimes, il a menti devant les lois. »

Cette idée de la peine capitale appliquée à des délits d'opinion devait fructifier dans l'esprit de Robespierre. Elle y était tombée sur un terrain bien préparé, à savoir une âme de sectaire, et elle y fut fécondée par cette succession rapide d'événements prodigieux qui s'appelle la Révolution française. Le système, chez cet homme, tourna au fanatisme, et le fanatisme lui persuada que la société nouvelle ne pouvait s'établir sans la destruction de l'ancienne, ni celle-ci disparaître autrement que par l'extermination des privilégiés. Les princes, les aristocrates, les riches, autant de tyrans ou de corrompus qu'il fallait exterminer. La place une fois nette, le règne de l'égalité, de la liberté et de la vertu s'établirait tout seul, car l'homme est naturellement vertueux, et l'homme naturel c'est dans le sans-culotte qu'il survit.

Le discours que Robespierre prononça, aux Jacobins, le 5 juin 1794, est un abrégé de cet Évangile de vertu et de sang, le programme de cette république spartiate qui devait s'élever sur la table rase d'un pays ramené à l'ordre primitif.

« De tous les décrets qui ont sauvé la République, s'écriait l'orateur, le plus sublime, le seul qui l'ait arrachée à la corruption et qui ait affranchi les peuples de la tyrannie, c'est celui qui met la probité et la vertu à l'ordre du jour. Si ce décret était exécuté, la liberté serait parfaitement établie.

» ... Il n'est qu'un seul remède à tant de maux, et il consiste dans l'exécution des lois de la nature, qui veulent que tout homme soit juste, et dans la vertu, qui est la base fondamentale de toute société. Autant vaudrait retourner dans les bois que de nous disputer les honneurs, les réputations, les richesses ; il ne résulterait de cette lutte que des tyrans et des esclaves... Une nation n'est pas illustrée pour avoir abattu des tyrans ou enchaîné des peuples ; ce fut le sort des Romains et de quelques autres nations ; notre destinée, beaucoup plus sublime, est de fonder sur la terre l'empire de la sagesse, de la justice et de la vertu.

» Nous ne pourrons atteindre ce but que par des institutions sages, qui ne peuvent être fondées que sur la ruine des ennemis incorrigibles de la liberté. »

Tout est là, le but et le moyen, le rêve et la hache.

Robespierre n'était point cruel; il n'est pas exact de l'appeler sanguinaire; c'est le choc des événements, c'est la rapidité de la Révolution, c'est l'immensité du bouleversement qui lui troublèrent la cervelle, et ce sont les facilités offertes par l'invention de Guillotin qui lui firent concevoir la pensée d'en finir avec l'ancien ordre de choses par un abatis de têtes. « Avec une seule idée fausse, a écrit Diderot, on peut devenir barbare. » Mallet du Pan, qui cite ce mot, ajoute : « La Révolution a fourni mille exemples de la justesse de cette maxime; des âmes douces, des caractères honnêtes ont été dénaturés par les erreurs de l'esprit et poussés au dernier point de la férocité. On commence par être insensé, on finit par devenir atroce. »

Quant au rôle personnel que s'attribuait Robespierre dans l'œuvre de la régénération des sociétés, on ne risque rien de faire très grande la part de la vanité et de l'ambition. Robespierre était adonné à la déclamation, un artiste en périodes résonnantes, et par conséquent un être suffisant et susceptible. Qu'il ait été ambitieux, cela va de soi, l'ambition étant proche parente de la vanité; mais prétentions et ambitions, tout chez notre terroriste était subordonné au fanatisme, se confondait avec l'apostolat. « Il se croyait un être privilégié, disait Bailleul, mis au monde pour en devenir le régénérateur et l'instituteur. » Ce mot, que M. Taine cite en note, aurait dû être pour lui un trait de lumière et devenir l'épigraphe de son chapitre.

J'ai la plus grande répugnance à faire un rapprochement quelconque entre des souvenirs augustes, sacrés, et les misérables manifestations de la théophilanthropie révolutionnaire ; mais je ne puis m'empêcher de montrer, par deux notables exemples, combien l'histoire est parfois inhabile à mettre le doigt sur les faits caractéristiques et révélateurs. Il y a longtemps que l'entrée de Jésus à Jérusalem huit jours avant son supplice, la réception triomphale qui lui fut faite alors et à laquelle il se prêta, l'émotion populaire dont il fut un instant l'occasion et qu'il ne chercha point à refroidir, il y a longtemps, dis-je, que ces diverses circonstances m'ont paru constituer l'événement le plus significatif de l'histoire évangélique, le récit le plus propre à jeter du jour sur ce point obscur, la nature de la mission que s'attribuait le prophète galiléen. Eh bien, je n'hésite pas à en dire autant de la fête de l'Être suprême, que Robespierre célébra six semaines avant sa chute. M. Taine ne parle de cette cérémonie que comme d'une pantalonnade, mais tout indique l'importance qu'y attachait notre rêveur : l'effort qu'il eut à faire, les résistances qu'il eut à surmonter, les railleries qu'il brava, la pompe dont il s'entoura, la part qu'il s'y fit, à la tête de la Convention, en grand costume, officiant, prêchant, le pontife du nouveau culte, le héraut d'un nouvel ordre de choses. Toute la pensée, toute la conception révolutionnaire de Robespierre se révèle dans cette cérémonie qui nous paraît, à nous, si grotesque ; il avait successivement fauché les têtes de tous les partis ; il ne croyait pas seulement toucher au but, il était mis en demeure par la victoire même de dire son dernier mot; il s'était attendu, dit-on, et rien n'est moins invraisemblable, à être proclamé dictateur au moment où il brûla le mannequin de l'athéisme au milieu du bassin des Tuileries. La multitude se contenta de crier : Vive la nation ! La fête tourna au ridicule et commença à discréditer celui qui en avait été l'auteur et le héros. Ce dut être une première et cruelle déception. Aussi, à partir de ce moment, l'hésitation et le découragement s'emparent-ils de lui; il ne va plus au Comité, se montre à peine à la Convention, ne sait parler que de poignards tournés contre son sein. Il sent que la lutte suprême approche, mais il l'aborde sans confiance, comme jugeant d'avance sa cause perdue. Qui pourrait dire si, trahi, vaincu, sanglant, le messie de la république sans-culotte ne trouva pas sa suprême amertume dans le sentiment qu'il avait été méconnu et que la corruption du siècle l'emportait sur sa foi et sa vertu ?

La chimère, je l'ai dit, n'est point incompatible avec la ruse, et le fanatisme n'exclut pas la tactique. D'instinct ou de calcul, Robespierre fut un tacticien. La preuve en est qu'il sut détruire successivement tous les hommes qui lui faisaient ombrage et tous les partis qui lui faisaient obstacle, soutenu par les Jacobins, dominant la Convention, seul inattaqué et inattaquable, l'incarnation pendant douze mois de cette force soupçonneuse et féroce, le sans-culottisme. Son secret consistait à souffler la défiance, défiance qu'il éprouvait sincèrement, du reste, car il redoutait tout ce qui n'était pas pauvre et grossier. La puissance de Robespierre, son rôle comme âme de la Terreur, la dictature virtuelle qu'il a exercée, ne s'expliquent assurément pas par d'éminentes qualités intellectuelles; il serait même plus vrai de dire qu'il fut servi par la médiocrité même de son esprit et le mauvais goût de ses déclamations; mais il eut l'art d'entretenir l'opinion démagogique dans de perpétuels soupçons, de lui faire voir la trahison partout, de soulever la crédulité et la lâcheté publiques tour à tour contre tous ceux dont il voulait se débarrasser, et de se conserver ainsi en immolant les autres, le grand dénonciateur seul à l'abri de la dénonciation, l'homme qui découvrait les complots échappant par là même au soupçon d'en ourdir. La nature de son ambition le servait à cet égard. Vouée à la réalisation d'une idée, sa vie était intègre; son renom d'incorruptibilité l'entourait d'un prestige, et ce prestige prêtait une force irrésistible à ses actes d'accusation.

Un chimérique qui a rêvé de rétablir la société sur les fondements de la vertu et de la religion naturelle, un sectaire dont la pauvre tête a reçu des événements une commotion cérébrale, qui entrevoit dans la Révolution la possibilité de réaliser ses utopies et qui trouve dans la guillotine l'instrument providentiel pour débarrasser la terre des tyrannies et des corruptions, un habile, enfin, qui sait à la fois se tenir au-dessus des suspicions et faire périr comme suspects ceux qui lui font obstacle, tel est Robespierre, personnage que l'atrocité a seule sauvé du ridicule, auquel les événements ont fait un rôle qui trompe sur sa médiocrité, mais auquel cette disparate entre son sort et sa valeur, entre ses rêves et ses calculs, entre son idéal et ses moyens de réalisation, attachera toujours quelque chose d'énigmatique.

Décembre 1884.

V

BAUDELAIRE ET LE BAUDELAIRISME[1]

J'avais d'abord mis ce volume de côté, je l'avoue, et avec humeur. Je l'ai repris après avoir lu des articles de critique de M. Paul Bourget, qui m'ont prouvé deux choses : la première, c'est que l'auteur est un homme de promesse, de talent même, ce que ses poésies ne m'avaient pas suffisamment fait voir, et ce qui m'intéresse toujours vivement. La seconde, c'est que M. Bourget a une facilité à se plier à l'imitation des maîtres qui m'a engagé à ne pas prendre les *Aveux* au pied de la lettre. L'article que le jeune écrivain publiait dernièrement sur Stendhal reproduit la manière de penser et d'écrire de M. Taine avec une exactitude surprenante. Ce sont les mêmes formes de démonstration, le même moule pour des idées semblables; il n'y est question que de nerfs, de sensations, de mesure de ces sensations : si le travail n'était signé, on jurerait qu'il est de l'éminent écrivain qui a le premier, parmi nous, appliqué la psychologie physiologique à la littérature. Mais voilà où j'en

---

1. *Les Aveux*, par Paul Bourget, *poésies*. 1882.

voulais venir, et comment cet article m'a rendu la liberté de parler des *Aveux* de M. Paul Bourget. Je me suis dit que sa poésie pouvait procéder de Baudelaire, comme l'article en question procède de M. Taine, c'est-à-dire être jusqu'à un certain point affaire de tentative et de pastiche. On a lu un auteur qui vous a frappé, soit par sa force, soit seulement par la nouveauté et la bizarrerie, on écrit sous cette impression, et l'on répète sans précisément le vouloir ce qui vous hante l'esprit pour l'heure. Si cette observation est vraie, telle a été ma conclusion : il serait injuste de prendre M. Paul Bourget pour un adepte tout à fait convaincu de l'école poétique par laquelle il a passé, et je ferais mieux d'adresser à Baudelaire et au Baudelairisme des réflexions dans lesquelles l'auteur des *Aveux* ne prendra que ce qu'il voudra bien.

Le bruit fait autour du nom de Baudelaire, l'espèce de valeur sacramentelle aujourd'hui attachée à son nom, me semblent l'une de ces mystifications qu'on appelle en argot d'atelier une *fumisterie*. Il est des écrivains qui possèdent certains dons sans être pour cela des artistes, qui ont tel ou tel talent sans arriver à faire une œuvre ; Baudelaire, lui, n'a rien, ni le cœur, ni l'esprit, ni l'idée, ni le mot, ni la raison, ni la fantaisie, ni la verve, ni même la facture. Il est grotesque d'impuissance. Son titre unique c'est d'avoir contribué à créer l'esthétique de la débauche, le poème du mauvais lieu. On s'est pourri le corps et l'âme et, arrivé à l'épuisement, au dégoût, on met en vers cet écœurement de soi-même.

On se sent immonde et on en tire gloire, on s'en fabrique une attitude, on découvre sa gangrène comme un guerrier ferait d'honorables blessures :

> Nous avons, nations corrompues,
> Aux peuples anciens des beautés inconnues :
> Des visages rongés par les chancres du cœur.

Ou bien on joue la misanthropie, on s'apitoie sur sa propre abjection, on cherche à relever la platitude de l'amour vénal d'une saveur d'amertume pessimiste :

> O Satan, prends pitié de ma longue misère !

Heureux encore s'il y avait un reste de sentiment authentique sous ces affectations, un débris de sincère humanité sous ces attitudes, l'éclat d'une fleur sur ce fumier. Mais non, rien que la bohème qui se croit noble liberté, l'impudeur qui s'imagine être la force; la niaiserie le dispute à l'affectation et ces grands dévergondés sont aussi ennuyeux qu'impurs.

Baudelaire, qui est devenu le chef d'une famille, a eu lui-même ses ancêtres. On est toujours fils et petit-fils de quelqu'un ; seulement les caractères de race, au lieu de s'atténuer, vont ici en s'accentuant à chaque génération. Byron pose en dandy ; ce n'est encore que le désordre et le libertinage. La pose, chez Alfred de Musset, devient étalage, et le libertinage devient vice ; la débauche commence à s'appeler par son nom, à se trouver bon air, à prendre la place qu'occupaient autrefois le sentiment ou la passion. La ligne fléchit avec Théophile Gautier : Gautier pose, mais d'une autre manière que « l'enfant du siècle », en olympien ; il est plus immoral que Musset, mais d'une autre façon, immoral comme la Nature, simplement étranger à la distinction entre le bien et le mal. Avec Baudelaire, la ligne se relève, au contraire ; l'immoralité devient dépravation et le cynisme forfanterie : le mot est de M. Paul Bourget lui-même. Sommes-nous au bout? On n'est jamais au bout dans cette voie-là, et c'est sa condamnation. Les « Fleurs du mal » : pourquoi des fleurs? Pourquoi pas le mal tout cru? La poésie : pourquoi de la poésie? L'art : pourquoi pas la réalité, et, de préférence, la réalité répugnante? Assez de bergeries, donnez-nous la porcherie! Et nous l'avons eue, la porcherie. On assure que M. Zola a lui-même fait des disciples, lesquels l'ont relégué à son tour parmi les Berquins. Tant il y a que la société s'est vue obligée d'aviser. Le parlement a dû restreindre, par une loi, les franchises de l'obscénité. L'obscénité, il est vrai, a eu ses défenseurs, mais les gens qui ont des femmes et des filles l'ont emporté. J'avais toujours dit qu'une fois piquée du taon de la lubricité, la littérature était condamnée à aller jusqu'au terme, c'est-à-dire jusqu'au moment où ce qui reste de pudeur dans les civilisations les plus usées finit par se révolter.

Les Baudelairistes invoquent les précédents, citent des autorités, Régnier, Rabelais. Il faudrait pourtant s'entendre une fois sur Rabelais. Aimez-vous tout également de lui ? L'aimez-vous *quoique*, ou l'aimez-vous *parce que* ? Marchez-vous sur la pointe des pieds en traversant le cloaque, ou vous y arrêtez-vous avec délices ? Si tels sont vos goûts, à la bonne heure, tout est dit. Quant à Régnier, je suis comme Boileau, je ne puis admirer qu'il ait traîné les muses chez la Macette. Mais que tout ce passage de Boileau auquel je fais allusion est d'un singulier effet à le lire aujourd'hui ! Il y parle de « chaste lecteur » et « d'oreilles pudiques ». Il prétend que le lecteur français veut être respecté. A voir les auteurs de notre temps, on serait tenté de croire que le lecteur français veut être traité en vieillard polisson.

Les Baudelairistes allèguent le génie, le talent, qui a ses privilèges et dont la magie excuse tout. Je nie avec la plus parfaite conviction qu'on puisse faire une œuvre avec de la débauche. Il y a des livres, des poèmes éclatants, qui ont le ver de la pourriture au fond, mais comment ne pas voir qu'ils ne sont littéraires que dans la mesure où il y reste quelque chose de sain ? On peut avoir les mains sales et faire beau, mais on ne fait pas beau avec la saleté. Ce n'est point Baudelaire, dans tous les cas, qui prouverait le contraire. Il n'est pas de réputation, je le répète, plus surfaite que celle des *Fleurs du mal*. On n'y trouve pas même, dans l'absence de sentiment et d'idée, dans l'absence d'inspiration et de verve, la virtuosité technique d'un Théophile Gautier. C'est un martelage pénible et fatigant, un assemblage de tropes fausses jusqu'au burlesque, d'expressions dont l'impropriété ressemble à une parodie. L'image n'est jamais ni juste ni belle. La nuit devient une cloison, le ciel un couvercle. Il est des passages qui ont l'air d'une gageure ; on ne ferait pas plus cocasse en s'y appliquant. Le seul mérite de Baudelaire, sa seule force, c'est qu'il a le courage de son vice. Mais il paraît qu'il y a précisément là un attrait ; les Esquimaux eux aussi n'aiment le poisson que pourri.

Qu'on ne s'étonne pas de la vivacité avec laquelle je m'élève contre certaines tendances des lettres contemporaines. Il serait trop cruel de croire que leur abaissement représente l'état de la société française. Que nous sommes loin, bon Dieu, de « l'honnête homme » du xviiie siècle ! Hélas ! et même de « l'homme comme il faut » d'il y a cinquante ans ! Je conçois une littérature démocratique forte et incorrecte, sans goût et non sans sève, mais je me refuse à admettre que l'art ne puisse devenir peuple sans devenir cabotin. Et de même je conçois une littérature raffinée, aristocratique, si on veut l'appeler ainsi, cherchant des voies nouvelles selon une loi constante des choses littéraires, mais je ne puis me résoudre à regarder Baudelaire et le Baudelairisme comme une forme légitime de cette recherche.

Le Baudelairisme n'est pas la littérature d'une société destinée à vivre, c'est une littérature de... je n'ose pas écrire le mot, on le trouvera dans le prologue de *Gargantua*; je me contente de dire : la littérature d'une génération au sang vicié et au tempérament ruiné.

Tout ceci, — j'éprouve le besoin d'y insister en terminant, — tout ceci soit dit à l'occasion de M. Paul Bourget, et nullement pour lui. Il a été séduit un moment par Baudelaire, on ne le voit que trop, mais parmi ses *Aveux*, j'ai lu celui-ci :

> Ai-je assez usé ma vie,
>   Ma vie et mes pas,
> Sur la grand'route suivie
> Par ceux que je n'aime pas!

Quelque chose me dit que *les Fleurs du mal* doivent avoir été, pour M. Paul Bourget, l'un de ces compagnons de route avec lesquels on fait chemin pour un temps, que l'on admire d'abord parce qu'ils ont le verbe haut et sont dépourvus de préjugés, mais que l'on reconnaît bientôt aussi vides et aussi plats que mal embouchés.

Septembre 1882.

VI

ERNEST RENAN

A PROPOS DES SOUVENIRS D'ENFANCE ET DE JEUNESSE

Mémoires, Confessions ou Souvenirs, il y a toujours une certaine hardiesse à écrire sa vie. Les exemples ont beau en être nombreux et illustres, il faut quelque confiance en soi pour appeler si directement l'attention sur ce qu'on a fait et ce qu'on a été. Le succès, dans tous les cas, y est de rigueur. C'est une gageure qu'on soutient, une gageure qu'il serait fâcheux de perdre, mais qui, en revanche, n'a plus besoin de justification du moment qu'on la gagne. M. Renan a gagné celle-là comme toutes celles qu'il a soutenues jusqu'ici. Il a jugé que l'histoire de son enfance et de sa jeunesse était de nature à intéresser, et l'accueil fait à son volume lui a prouvé qu'il ne s'était pas trompé. On remarquera cependant qu'en m'exprimant ainsi, je m'écarte de l'explication que l'auteur a lui-même donnée de son entreprise. A l'en croire, on n'écrirait sa biographie que « pour transmettre aux autres la théorie de l'univers qu'on porte en soi ». Curieux exemple, pour le dire en passant, des généralisations dans lesquelles l'esprit de M. Renan se complaît. Curieux exemple aussi d'interprétation faite après coup. M. Renan fait comme le Tasse, dont la *Jérusalem* devait montrer les puissances de l'âme marchant à travers les passions et les erreurs à l'établissement de *la felicita civile!* La vérité est qu'on peut écrire ses Mémoires avec des intentions très diverses. Quand on a été mêlé à de grands événements, comme Retz ou Saint-Simon, on n'a pas même besoin de dire pourquoi l'on prend la plume. Saint Augustin écrira pour édifier les âmes par le récit de sa conversion, et Rousseau pour satisfaire son orgueil en défiant le jugement de Dieu et des hommes. Gœthe a fait œuvre d'art, Chateaubriand œuvre de vanité et de malignité. Quant à M. Renan, nature complexe, ses motifs auront été de plusieurs sortes. Artiste, il a vu dans les souvenirs de son enfance et de ses études l'occasion de gracieux récits et de piquants portraits ; théologien, il n'a pas été fâché d'expliquer pourquoi il avait été chrétien et ne l'était plus ; philosophe, enfin, je l'accorde, il a eu du plaisir à exprimer encore une fois la satisfaction sceptique avec laquelle, au total, il considère la vie. Mais pour ces nuances de pensée qu'il prétend avoir voulu marquer en écrivant son autobiographie, j'avoue ne les avoir pas découvertes.

Quelque intention, du reste, que l'auteur ait eue en prenant la plume, il a fait son propre portrait, cela est certain, et c'est ce qui importe. M. Renan est là, il y est tout entier, il y est dans des confessions d'une admirable sincérité, et il y est dans des aveux encore plus précieux par cela même qu'ils sont involontaires. La naïveté, j'allais dire l'inconscience, avec laquelle ces aveux sont faits en garantit l'authenticité. Rare et précieuse rencontre! Un illustre écrivain, un penseur discuté se livre ici au complet, caractère et talent; par son exemple, il nous invite en quelque sorte à le prendre pour sujet d'étude, en même temps que, par sa franchise, il nous autorise à y user de toute notre liberté.

On se reprocherait de prendre trop facilement au mot un homme qui, comme M. Renan, dédaigne, — et il a cent fois raison, — d'établir une conséquence rigoureuse entre ses affirmations; mais, en ce qui regarde le fond de sa nature intellectuelle et morale, nous ne courons guère de risque. Ce n'est pas une fois, c'est une demi-douzaine de fois, que, faisant allusion à l'origine méridionale de sa mère, l'écrivain nous déclare qu'il y a du Gascon aussi bien que du Breton en lui, et, ajoute-t-il, c'est le Gascon qui a pris le dessus. Il y aurait également mauvaise grâce, ce me semble, à récuser le témoignage de M. Renan lorsqu'il nous dit qu'il est resté prêtre, mieux que cela, qu'il était né prêtre comme d'autres naissent militaires ou magistrats, et lorsqu'il explique ses défauts par ce tempérament d'homme d'église qu'il a reçu avec la vie et sucé avec le lait. Notons enfin ce que le séminaire a ajouté au naturel, en particulier la direction et les limites que l'enseignement ecclésiastique a imposées à ses études. M. Renan n'avait pas appris les langues vivantes à Saint-Nicolas-du-Chardonnet, et il s'en console à sa manière, par un aphorisme : « L'homme ne doit savoir littérairement que deux langues, le latin et la sienne. » S'il est resté plus ou moins étranger à l'arabe, — une infériorité qui ne laisse pas d'être grave pour l'hébraïsant de profession, — c'est que son professeur de Saint-Sulpice, M. Le Hir, n'était pas fort en cette partie. Je suis tenté d'expliquer de la même manière une particularité qui m'a souvent frappé dans les écrits de M. Renan; c'est combien, malgré ses côtés de poète, il est peu familier avec la grande littérature poétique. Il citera Dante comme document historique, mais sans trahir aucun intime commerce avec la *Comedia*. Les souvenirs de Shakspeare ne viennent jamais sous sa plume, et, n'était *Caliban*, on pourrait croire qu'il ne l'a point lu. Là même où il est certain qu'il a lu et qu'il sait, il semble manquer de goût pour la langue des vers. A un ou deux symptômes, je le soupçonne de n'avoir qu'une médiocre admiration pour La Fontaine. Avouerai-je que je lui ai gardé rancune de ses articles sur Béranger? Un admirable morceau de morale rigoriste, mais, en somme, un péché littéraire. Passe pour la plupart des chansons qui visent à l'ode et qui sont à la fois guindées et prosaïques, mais il y a tout un Béranger gai et attendri que nous entendons conserver dans notre patrimoine gaulois. Voilà ce que, à défaut du prêtre nécessairement un peu scandalisé, le Gascon aurait pu et dû sentir. Et le prêtre lui-même, j'entends le prêtre légèrement déniaisé d'aujourd'hui, comment n'a-t-il pas reconnu une certaine parenté entre le Dieu des bonnes gens du chansonnier et « cette cause de tout bien » qui a ménagé à M. Renan une si charmante promenade à travers la réalité?

Le sang gascon d'une part, le prêtre et l'éducation du prêtre de l'autre, tels sont les traits, je le répète, que M. Renan nous offre comme la clef de son caractère. Ce que d'autres auraient à peine osé insinuer, il y insiste avec une bonhomie qui, encore une fois, met singulièrement le lecteur à l'aise. De quel droit, au bout du compte, serions-nous plus difficiles pour lui qu'il ne l'est lui-même? Ce qui ne signifie pas que nous le croirons toujours implicitement. Oui, sur l'article de la bonté. Tous ceux qui ont l'honneur et le bonheur de connaître l'écrivain le reconnaîtront sans peine lorsqu'il parle de son incapacité d'être méchant ou seulement de le paraître. En revanche, sur l'article des défauts, M. Renan nous paraît faire les honneurs de sa personne avec une sincérité outrée. N'était qu'il ne se frappe pas la poitrine et ne déteste qu'à moitié ses péchés, on dirait un pénitent à confesse, tant il trouve de plaisir à charger son examen de conscience. Je veux, puisqu'il l'affirme, que sa douceur vienne souvent d'un fonds d'indifférence, que, dans sa crainte de faire de la peine aux gens, il use à leur égard de réserves mentales. Mais, quant à un besoin maladif de dire à chacun ce qui peut lui faire plaisir, quant à ces lettres où la complaisance serait tout et le souci de la vérité ne serait rien, quant à cette politesse de prêtre et à ces restes d'éducation cléricale, comme il les appelle, M. Renan ne convaincra personne. Tout ce qu'il sera permis d'en retenir, c'est qu'habitué comme il l'est à considérer le côté relatif des choses, il ne se fait pas scrupule, selon l'occasion et les gens, d'adopter le sentiment le plus opportun.

Après tout, et quelle que soit leur démangeaison de franchise, les auteurs de Mémoires sont encore plus intéressants par ce qu'ils trahissent que par ce qu'ils montrent. Ce Gascon même que M. Renan se plaît à signaler chez lui, et qui sert à expliquer tant de changements dans sa façon de comprendre la vie, ce Gascon est surtout charmant là où il perce malgré lui. Et il perce partout. M. Renan, par exemple, affecte un grand dédain pour les études qui l'ont illustré; il était fait, dit-il, pour la physiologie et les sciences naturelles; il nous assure même qu'il avait anticipé les idées de Darwin. C'est à en donner le frisson, et nous l'avons échappé belle. M. Renan, je n'en doute pas, avait tout ce qu'il faut pour être un Darwin, mais Darwin, lui, ne nous aurait pas rendu notre Renan!

Il est d'autres passages, et ce sont les plus amusants, où le Gascon se fond avec le prêtre, ce qui ne les empêche pas de se moquer l'un de l'autre. Le premier glisse l'ironie dans l'éjaculation dévotieuse du second, et le tout forme une sorte de Méphistophélès paterne, bénisseur, d'une inimitable drôlerie. « Mon Dieu! s'écrie le saint homme, peut-être la littérature implique-t-elle un peu de péché; peut-être, à suivre d'autres voies, mon salut eût-il été plus assuré. » Il aime à se donner cet air d'être touché des intérêts de son âme. Les premiers temps du séjour à Paris furent terribles pour le jeune homme ; il en fut malade. « Selon les règles ordinaires, écrit M. Renan, j'aurais dû mourir ; j'aurais peut-être mieux fait. » Ailleurs, racontant sa sortie de Saint-Sulpice, il nous apprend que, si sa foi avait disparu, ses principes de conduite avaient survécu. « Telle est la force de l'habitude, dit-il ; le vide fait quelquefois le même effet que le plein. La poule à qui on a arraché le cerveau continue néanmoins à se gratter le nez ». Oh ! cette poule ! Est-elle assez terrible de vérité... et de cynisme !

Ce détachement de soi et de ses idées, cette gravité qui ne veut pas être prise tout à fait au sérieux, le mélange de la sincérité et de l'ironie, l'alliance du scepticisme et du dogmatisme, le doute universel enveloppé dans des habitudes de langage religieux, tout cela fait un genre à part à M. Renan. C'est proprement son originalité. Ajoutons qu'il n'y réussit jamais mieux que quand il finit par y être attrapé lui-même et par croire un moment à ses propres saillies. Tel, certain passage où il parle de sa mort. Il la veut noble et belle. S'il a quelquefois désiré être sénateur, dit-il, c'est qu'il y aura bientôt chance, à ce métier, d'être assommé ou fusillé. *Hoc detestabile omen avertat Jupiter!* Sur quoi, au nom du ciel, M. Renan fonde-t-il ses horoscopes ? On serait tenté de le tirer par la manche et de lui demander : « Tous les sénateurs en sont-ils ? » Mais, la valeur des conjectures mise à part, il reste la noblesse de l'inspiration. Quel héroïsme, n'est-ce pas? et avec quelle fermeté l'épicurien intellectuel que nous pensions connaître s'assied au besoin sur la chaise d'ivoire du père conscrit pour y attendre le glaive! A moins pourtant, — car il faut toujours prendre ses précautions avec M. Renan, — que le passage dont il s'agit ne soit de ceux contre lesquels il a pris la peine de nous mettre en garde. Bien des choses, la préface nous en prévient, ont été mises dans le volume pour qu'on en sourie; l'auteur lui-même aurait souvent voulu pouvoir écrire en marge: *cum grano salis*. On le voit; il serait possible à la rigueur que la soif d'un beau trépas au milieu d'un cataclysme révolutionnaire fût, sous la plume du subtil écrivain, l'un de ces « petits faux-fuyants littéraires, exigés en vue d'une vérité supérieure ou par les nécessités d'une phrase bien équilibrée ».

La distinction la plus nécessaire à faire dans la lecture des *Souvenirs*, est celle des temps. N'oublions pas que le Gascon ne prit le dessus qu'à la sortie du séminaire; le Breton jusque-là avait dominé sans partage. Il en résulte une grande différence de ton entre les pages où l'écrivain retrace ses sentiments d'autrefois et celles où il laisse percer la douce quiétude à laquelle il est arrivé aujourd'hui. Le volume que M. Renan vient de publier renferme un récit de la crise dans laquelle il a perdu la foi de son enfance. L'intérêt de ces chapitres est extrême; on y sent que l'écrivain s'est replacé pour un moment sous l'émotion des luttes par lesquelles il a passé. Il y a inséré, d'ailleurs, des lettres écrites au moment même du déchirement, et qui ne laissent aucun doute sur la vérité du drame intérieur qui nous est raconté après quarante ans. Drame d'autant plus poignant, qu'il peut passer pour l'image de celui qui s'accomplit dans la conscience du siècle même. Il y a là, en effet, quelque chose de nouveau et de considérable. L'incrédulité, méprisable lorsqu'elle n'est que le libertinage de l'esprit, a droit au respect lorsqu'elle est une conviction. Que répondre à des hommes qui n'ont pas seulement commencé par la foi, mais par la piété, la ferveur, l'abnégation, — à des prêtres, à des missionnaires, qui avaient mis toute leur âme dans leur croyance, consacré toute leur vie à ce qu'ils tenaient pour la vérité absolue, et qui sentent un beau jour cette vérité leur échapper? Comment dédaigner le témoignage de leur expérience personnelle, lorsqu'on les voit combattre jusqu'au dernier moment, à genoux et avec larmes, pour retenir des persuasions hors desquelles ils risquent de ne plus rencontrer qu'incertitude universelle, le silence glacial des espaces infinis? Ou, sans aller jusqu'à ces tragédies dont les exemples ne sont plus rares désormais, comment ne pas être touché de la bonne foi d'un séminariste tel que M. Renan à vingt ans, — apportant à l'étude de la théologie une foi naïve, une ardeur docile, mais aussi, ce qui n'est pas défendu apparemment, un esprit critique et des raisonnements exacts? Le malheur veut que, dans son zèle, le jeune homme se mette à suivre un cours facultatif d'hébreu, que la philologie sémitique le conduise à apprendre l'allemand, qu'armé des langues originales qui le mettent en contact avec le texte sacré, et des travaux germaniques qui lui font connaître les méthodes sévères, il entreprenne une étude attentive des livres saints. Hélas! on ne fait pas d'exégèse impunément. Il est impossible d'appliquer aux écrits de l'Ancien et du Nouveau Testament l'interprétation grammaticale et historique qu'on applique à tout autre livre de l'antiquité, sans y rencontrer à chaque pas des caractères incompatibles avec la notion d'une origine surnaturelle de ces productions. Tel ouvrage ne saurait être de l'auteur auquel il est attribué, le contenu de tel autre est manifestement légendaire, tous sont remplis de prodiges difficiles à admettre et, qui pis est, il y a souvent entre eux des contradictions que les artifices des commentateurs ne servent qu'à rendre plus manifestes. Qu'il faille de si grands tours de force pour concilier les récits évangéliques, cela devient la meilleure preuve qu'ils sont inconciliables. On comprend ce qui dut se passer dans l'esprit du jeune séminariste. La foi de son enfance s'émietta, s'écroula, rongée par l'évidence des faits que lui révélait la science, et plus encore, je le répète, par le scandale des violences que l'interprétation orthodoxe fait subir aux textes pour lever les difficultés. Le jour arriva enfin où il se trouva en face de cette terrible conclusion : si les livres saints ne sont pas exempts d'erreur, ils ne sont pas divinement inspirés, et, si l'inspiration disparaît, l'un des dogmes fondamentaux s'évanouit et, avec ce dogme, l'infaillibilité de l'Église. Dans ces conditions, on n'est plus catholique. M. Renan eut le courage de se le dire, et la droiture de conformer sa conduite à sa conviction ; il quitta le séminaire et, après une vaine tentative pour se raccrocher au protestantisme, il fut réduit à s'avouer qu'il n'y avait plus de place pour lui dans la communion des chrétiens.

Il justifia ainsi bien à contre-cœur le jugement qu'avait porté sur lui l'un de ses maîtres du séminaire d'Issy, M. Gottofrey. Inquiet de la fermeté de raisonnement dont le jeune élève faisait preuve dans ses dissertations latines, cet homme vénéré avait un jour pris Renan à part, lui avait dépeint les dangers du rationalisme, et avait fini par lui lancer ces mots d'un accent passionné : « Vous n'êtes pas chrétien ! » M. Gottofrey avait raison : qui dit foi dit foi d'autorité, et l'autorité n'admet ni la raison, ni même le raisonnement, car la discuter c'est déjà la révoquer en doute. L'autorité ne se prouve pas, ce serait une contradiction ; elle s'impose. Puissance de fait, on s'incline devant elle, on abdique, on se livre, mais l'examen est un péril et l'apologie même est une inconséquence.

Je l'ai dit, la partie du livre de M. Renan où il nous raconte la crise de sa vie morale est en même temps un chapitre de l'histoire de la société moderne. On ne sait pas combien, dans le catholicisme et le protestantisme, il y a aujourd'hui de ces infidèles qui le sont devenus par fidélité à la bonne foi, de ces incrédules dont le seul tort est de s'être rendus à l'évidence. L'abandon des croyances traditionnelles, non par éloignement pour elles, mais malgré l'amour qu'on leur portait, non pour se débarrasser des devoirs qu'elles impliquent, mais par obéissance à l'impératif catégorique de la sincérité, et, selon l'expression de Pascal, par le besoin du consentement de soi-même à soi-même, voilà le terrible fait avec lequel le christianisme a désormais à compter.

Mais quoi, est-ce sortir du christianisme que de sortir des Églises? Est-ce avoir rompu avec lui que de vouloir en saisir le vrai caractère dans ses origines, que de lui conserver un tendre intérêt, de s'y sentir sans cesse ramené comme au plus fécond sujet de recherches et de pensée? M. Renan n'a pas tant brisé l'enchaînement de sa vie qu'on pourrait le croire. « Les études que j'avais commencées au séminaire, dit-il, m'avaient tellement passionné que je ne songeais qu'à les reprendre. Une seule occupation me parut digne de remplir ma vie : c'était de poursuivre mes recherches critiques sur le christianisme par les moyens beaucoup plus larges que m'offrait la science laïque. » Saint-Sulpice se trouve ainsi avoir été le berceau du grand ouvrage que l'auteur terminait dernièrement après vingt années de travail.

II

Le christianisme n'est pas seulement l'un des faits capitaux de l'histoire des sociétés humaines, il en est en même temps le plus étrange. Quelle bizarrerie, quand on y pense, que la religion d'un petit peuple de l'Asie antérieure, d'un peuple obscur et méprisé, donnant naissance à des croyances qui constituent encore aujourd'hui le fond de la vie morale des nations civilisées ! Et le point de départ de cette propagande ! Jésus, le fondateur, à la fois si inconscient et si profond, tout ensemble si vraiment juif et dépassant si manifestement le judaïsme. Le dernier et le plus grand des prophètes, il représente l'élément universaliste de la foi de son peuple, il entre en lutte avec l'élément national du rite et du sacerdoce, il meurt victime de l'antagonisme des deux principes qui se sont disputé la possession d'Israël, et le supplice infamant qui semble consommer sa défaite devient le gage de sa victoire. Il a donné l'exemple du martyre, et c'est le martyre qui va conquérir le monde en offrant le spectacle de la dévotion passionnée à une espérance.

Patience ! nous ne sommes qu'au seuil des étonnements. Ce Jésus qui a fondé le christianisme, dont les historiens romains de son temps ont ignoré le nom, dont nous savons nous-mêmes si peu de chose, ce Jésus a laissé des disciples qui nous sont bien moins connus encore. Le seul des apôtres dont le caractère, l'enseignement et les efforts nous aient été conservés par des documents authentiques, Paul, un juif de l'Asie Mineure, n'était pas proprement un apôtre, car il n'avait jamais vu le maître ; il n'en est pas moins devenu, par son activité, son héroïsme, son génie, le second fondateur du christianisme. C'est lui qui a fait franchir à la prédication évangélique les limites du judaïsme, et, service non moins essentiel, c'est lui qui a le plus contribué à donner à l'enseignement chrétien la consistance dogmatique. Le Christ que Paul annonce n'est plus le Messie juif; c'est un homme qui s'est élevé du sépulcre au ciel, qui s'est assis à la droite de Dieu et qui y règne comme un être supérieur, comme le « Dieu second », selon la significative expression de Justin.

Mais voici une plus grande surprise encore. La première génération des disciples de Jésus disparaît, et l'histoire de la nouvelle doctrine, déjà si obscure, si incomplète, devient toujours plus incertaine. Les documents qui nous restent de cette époque sont en majeure partie d'une authenticité contestable, et ne jettent, dans tous les cas, que fort peu de jour sur un développement qu'il eût été si précieux de pouvoir suivre pas à pas. Nous arrivons ainsi à la fin du second siècle ou au commencement du troisième, et nous sommes étonnés de voir tout à coup à quel point la religion de Jésus ou même celle de Paul s'est transformée. Ce n'est pas encore l'Église catholique, il s'en faut de beaucoup, mais tous les éléments du catholicisme sont déjà là. Nous trouvons en pleine formation l'organisation, les rites et les dogmes; en termes plus nets : un sacerdoce, des sacrements et une mythologie. Ce n'est, d'ailleurs, qu'un commencement ; l'évolution ne s'arrête plus jusqu'au jour où elle aboutit, dans l'ordre dogmatique, aux formules métaphysiques des grands conciles d'Orient;

dans l'ordre sacramentel, au sacrifice de la messe ; dans l'ordre hiérarchique, à la papauté des Grégoire et des Innocent. Ajoutons que l'action de l'Église ne se borne pas à ce développement intérieur. De religion persécutée, le christianisme devient religion tolérée, puis religion privilégiée, et il finit par constituer cette puissante théocratie dont le treizième siècle fut le point culminant et dont les débris couvrent encore le sol de l'Europe moderne.

L'Église, en effet, qui a subi la loi des choses de ce monde en se développant peu à peu, a également subi cette loi en entrant en décadence le jour même où elle atteignait le plus haut degré de puissance, et en redescendant insensiblement des sommets auxquels elle s'était élevée. C'est là le dernier chapitre de son histoire, et non le moins dramatique, celui qui se déroule encore sous nos yeux, qui s'écrit jour par jour dans les événements contemporains, dont notre génération ne lira pas sans doute la terminaison, mais dont elle sait d'avance le dénouement. Trois schismes ont porté à l'Église trois blessures qu'elle a dissimulées tant bien que mal, mais dont elle n'a guéri aucune, et dont la dernière risque fort d'être mortelle. Le schisme grec, en lui ôtant l'Orient, a porté une première atteinte au prestige de l'universalité. Le schisme qui, au XVIᵉ siècle, a coupé en deux la chrétienté occidentale, a fait une plaie bien plus profonde encore au catholicisme, en lui enlevant une moitié de l'Europe, et en soustrayant des États de premier ordre à son autorité politique. Mais c'est la Révolution française qui a consommé la ruine en reconnaissant aux hommes le droit de ne pas croire, en distinguant, par suite, le citoyen du chrétien, en réduisant ainsi l'Église à une action purement spirituelle, à n'être qu'une croyance entre les croyances, qu'une secte entre les sectes. Le dépouillement ne saurait guère aller plus loin. Le catholicisme peut continuer à vivre, il subsistera longtemps encore, toujours peut-être, mais ce ne sera plus qu'à l'aide des forces de persuasion, des énergies morales qu'il tirera de lui-même. Son rôle social direct est fini. Toute la question est de savoir s'il saura se rendre compte de la situation que lui a faite la société moderne, et quelle forme il revêtira lorsqu'il devra se contenter d'être une influence.

Il y a plusieurs sujets, on le voit, dans le grand sujet dont je viens d'esquisser les contours. Mais ce sont les origines du christianisme qui devaient surtout tenter M. Renan à sa sortie du séminaire, soit parce que les origines renferment les vrais titres de la foi avec laquelle il se débattait encore, soit parce que les documents où nous puisons la connaissance du premier âge de l'Église offrent plus de questions de toute sorte à la curiosité critique et à l'érudition. Il n'y a donc point lieu de s'étonner que le jeune écrivain ait débuté dans les lettres, en 1849, par des articles sur Strauss, qu'il ait cherché le moyen de visiter, en 1861, le théâtre des récits évangéliques, et que, deux ans plus tard, il ait publié une *Vie de Jésus*. Ce livre, qui a été l'un des événements du siècle, était la réalisation d'un vœu formé, en quelque sorte, le jour où l'auteur quittait Saint-Sulpice.

Je persiste dans le jugement que je portais, il y a vingt ans, sur l'ouvrage auquel le nom de Renan restera attaché plus qu'à aucun autre. Les défauts en ont fait le succès autant que les qualités, mais les qualités en étaient réelles. Je range parmi les défauts des afféteries de style qui avaient un certain piquant en de pareilles matières et que l'auteur, du reste, semble condamner aujourd'hui[1]. Tout en reconnaissant combien cette manière romanesque de traiter le sujet devait lui donner d'attrait pour la masse des lecteurs, je ne puis non plus accepter comme légitime la méthode conjecturale d'où est sorti le livre dont nous parlons. Enfin, si j'ose le dire, la conception du caractère de Jésus que M. Renan hasarda alors, et à laquelle il est resté fidèle, me fait l'effet d'un contresens. J'ai de la peine à croire qu'il parle sérieusement, lorsqu'il attribue la belle humeur, voire la gaieté, à ce prophète courbé sous le poids des destinées de son peuple, lorsqu'il nous le représente souriant à son œuvre et s'en détachant au besoin, en homme distingué qu'il était[2]. Il est possible qu'un public frivole trouve du plaisir à ces excentricités, et j'en passe de pires[3] : l'homme de droit sens et l'homme de goût en gémissent. Ils les regrettent d'autant plus que ce manque de sérieux risque de faire méconnaître

1. *Souvenirs*, p. 355.
2. *L'Antechrist*, p. 102. *Les Évangiles*, p. 386.
3. *Marc-Aurèle*, p. 248.

les côtés considérables du livre. C'était une grande et salutaire nouveauté que d'enlever la vie de Jésus à la théologie et à la dévotion, pour la faire entrer dans l'histoire. Et que de sagacité, de profondeur même dans bien des aperçus ! Nul n'a eu comme M. Renan l'intuition du royaume de Dieu tel que l'annonçait le prophète galiléen, le sentiment de la douce et sublime vision que réalisa un jour la petite communauté des disciples : réhabilitation du pauvre, du pacifique et de l'opprimé, que la dure réalité ne pouvait, hélas ! ratifier ; saints efforts destinés à se briser contre la condition des choses humaines ; sublimes espérances que va traverser bientôt le pressentiment d'une catastrophe ; rêve immortel, « rêve si beau, nous dit l'écrivain, que l'humanité en a vécu depuis, et que notre consolation est encore d'en recueillir le parfum affaibli ».

M. Renan a plus tard corrigé, retravaillé sa *Vie de Jésus*. Depuis la treizième édition ce n'est plus tout à fait le même ouvrage. Les connaisseurs continueront, je crois, à préférer le premier jet. On ne refait pas les livres qui ont marqué dans leur génération. Leurs imperfections mêmes en font pour ainsi dire l'intérêt. Qu'importent quelques taches, de grosses même ? Remanier un écrit tel que celui dont nous parlons me semble un double tort : on prend le volume plus au sérieux qu'il ne mérite, j'entends comme valeur scientifique et définitive, et l'on méconnaît sa signification dans l'histoire des idées.

M. Renan, nous l'avons vu, s'est plu dans ses *Sou-*

venirs, à noter les traces de l'influence du séminaire sur son esprit et ses études. C'est à sa première éducation qu'il doit certainement l'un des traits de sa manière d'écrire l'histoire. Il ne s'est jamais affranchi d'un pli qu'il avait contracté sous MM. Le Hir et Garnier, ce que j'appellerai la tendance apologétique. Aussi longtemps qu'on s'est préoccupé des écrits apostoliques et des origines de l'Église dans l'intérêt de la théologie, l'érudition a naturellement pris l'attitude défensive. On était en possession et l'on n'avait qu'à s'y maintenir; on partait d'une tradition, et l'on s'efforçait d'en fortifier les points faibles et de repousser les attaques. Se voyait-on obligé à quelques concessions, on cédait le moins possible. Cette attitude n'est point celle qui convient à la recherche de la vérité, mais il n'était pas question de rechercher la vérité, on la possédait. On avait commencé par croire, et si l'on s'enquérait des raisons de la foi, c'était avec la résolution bien arrêtée de ne pas arriver à des résultats contraires au respect de la chose jugée.

Ajoutons que cette préoccupation de défensive et d'apologie avait amené avec elle des procédés analogues à ceux de la casuistique. Chaque question devenait un *cas*. On alignait les objections et les réponses, on accumulait les arguments, les comptant plus que les pesant, et s'efforçant d'arriver au moins à une opinion probable. M. Renan, qui reproche avec raison à l'école de Tubingue des excès d'audace, des défauts de tact et de mesure, n'a pas compris l'immense service que Baur et ses élèves ont rendu aux études religieuses en substituant les vues d'ensemble aux pratiques méticuleuses de la tradition théologique. Il s'en tient, lui, à ces pratiques, il se félicite même de la fidélité qu'il leur a conservée. Et c'est ainsi que s'explique, en effet, la position qu'il prend dans toutes les discussions. Il ne peut se persuader, ce qui est pourtant l'une des principales conquêtes de la critique moderne, que les légendes se forment, que les prodiges s'inventent et que les apocryphes se fabriquent de toutes pièces. Abandonne-t-il un fait ou un récit, il veut qu'il y reste un fond de vérité. Lazare n'est pas ressuscité, cela est sûr, mais il y a quelque chose là-dessous, et tout n'est pas clair dans la conduite de ces gens de Béthanie et de Jésus lui-même[1]. Les prodiges qui signalèrent la descente du Saint-Esprit sur les apôtres, le jour de la Pentecôte, s'expliquent par un orage. Si saint Jean n'a pas été plongé dans de l'huile bouillante, il a peut-être été plongé dans de l'huile qui ne bouillait pas[2]. Ces ménagements de M. Renan pour la tradition me font toujours penser malgré moi à une célèbre trouvaille de l'ancienne école rationaliste: Jonas et son séjour dans l'estomac d'un cétacé se réduisaient à la relâche du prophète dans une île dont l'auberge était à l'enseigne de la baleine.

Notre historien obéit aux mêmes tendances en ce qui concerne les écrits faussement attribués aux apôtres et aux premiers Pères. Il ne peut se résoudre à les lâcher

1. *Vie de Jésus*, 13ᵉ édition, p. 374, 510.
2. *L'Antechrist*, p. 193.

tout à fait. Quand il consent à quelque sacrifice, c'est à la condition qu'on lui laisse un résidu de l'opinion reçue. Dans les dernières éditions de sa *Vie de Jésus*, par exemple, il a renoncé à attribuer le quatrième évangile à l'apôtre Jean, mais il suppose que, « sous prétexte d'aider celui-ci à écrire ses souvenirs », des disciples peu fidèles auront tenu la plume et lui auront prêté leurs idées. Et ainsi pour tous les problèmes du même ordre. Si l'épître aux Éphésiens n'est pas de Paul, Timothée peut l'avoir fabriquée en amplifiant l'épître aux Colossiens, dont elle est en effet une reproduction. Si la deuxième à Timothée est d'un faussaire, rien n'empêche de supposer que le faussaire ait eu des détails originaux sur les derniers temps de la vie de Paul. Si les épîtres d'Ignace sont suspectes et plus que suspectes, on ne saurait nier absolument qu'elles aient été tirées en partie de lettres authentiques du saint évêque. M. Renan a un fort beau passage, dans ses *Souvenirs*, sur les « positions désespérées » de l'orthodoxie en lutte avec la critique. « Dans ces naufrages d'une foi dont on avait fait le centre de sa vie, écrit-il, on s'accroche aux moyens de sauvetage les plus invraisemblables, plutôt que de laisser tout ce qu'on aime périr corps et biens. » N'est-il pas étrange de voir les procédés de sauvetage persister comme habitude alors qu'au lieu d'un intérêt de l'âme, il n'y a plus que des curiosités de l'esprit?

Faut-il rapporter aux mêmes habitudes intellectuelles, aux mêmes dispositions contractées sur les bancs du sé minaire un autre trait, bien caractéristique aussi, de la manière historique de M. Renan? Je veux parler de sa répugnance à ignorer et à avouer qu'il ignore. On le tient pour un sceptique; je ne connais pas, quant à moi, d'intelligence plus réfractaire au doute. Il ne sait ce que c'est que suspendre son jugement. Son esprit a horreur du vide, et quand il rencontre le vide il le comble à tout prix. « Il y a des indices », « on pourrait croire », « on est tenté de supposer », « on raconte que », telles sont les formules au moyen desquelles notre historien se forme une conviction. On dirait, à le voir opérer, que deux suppositions font une affirmation et deux incertitudes une évidence. Mais voyez ce que c'est que le talent! N'était la tournure d'esprit dont il s'agit, l'auteur de la *Vie de Jésus*, au lieu d'une biographie, aurait écrit tout au plus l'histoire d'une semaine, quelques pages au lieu d'un volume. Conçu sur un plan plus sévère, le livre aurait justement emprunté sa signification à l'étendue des lacunes qu'il aurait constatées dans nos informations sur la carrière du grand martyr. Autant dire que nous n'aurions point eu l'ouvrage de M. Renan, et qui oserait prétendre que ce n'eût été grand dommage?

Six volumes ont succédé à la *Vie de Jésus* et ont conduit l'histoire des origines du christianisme jusqu'à la fin du règne des Antonins. Ces volumes, on ne saurait s'en étonner, n'ont pas eu la même vogue extraordinaire que le premier. Le public est frivole et commençait à avoir assez de questions si étrangères à ses préoccupations habituelles. On lut pourtant et l'on goûta le *Saint Paul*, où l'écrivain avait assez bien mis en saillie la physionomie morale du grand apôtre. Il avait fait plus, il avait donné une image exacte du « laid petit juif », comme il l'appelle : courte taille, fortes épaules, point de cheveux et grosse barbe, froideur de tempérament et ardeurs du cerveau, éloquence qui se dégageait d'une parole d'abord timide et embarrassée[1]. Le volume intitulé *l'Antechrist* éveilla également l'intérêt par le jour qu'il jetait sur les énigmes de l'Apocalypse, et plus encore par le portrait que M. Renan avait tracé de Néron. L'artiste, pour rendre le monstre, avait usé de procédés nouveaux. Il avait emprunté des secrets de style à la littérature romantique. Et avec quel succès pour un coup d'essai! M. Hugo a dû envier à cet intrus les ressources de vocabulaire qu'il déployait inopinément. Qui oubliera jamais, après avoir lu les pages auxquelles je fais allusion, le mélange du fou, du jocrisse et de l'acteur dans un homme chargé de gouverner le monde, le cabotin, le bobêche, « le spectacle obscène d'un monde épileptique, comme doit être une sarabande de singes du Congo ou une orgie sanglante d'un roi de Dahomey »? De si vives couleurs sont toujours sûres d'attirer l'attention. L'attention, en revanche, resta quelque peu distraite lorsqu'on l'appela sur l'histoire

---

1. Je me trompe, le portrait dont il s'agit n'est pas dans le *Saint Paul*, mais dans le volume intitulé *les Apôtres*, p. 176. Il faut y joindre une lettre, insérée dans le *Journal des Débats* du 9 avril 1879, et dans laquelle M. Renan défend son portrait.

de la rédaction des évangiles, sur les premières ébauches de l'organisation ecclésiastique, sur les sectes et leurs doctrines. Et pourtant le mérite de l'ouvrage, en somme, n'était point inférieur à celui de la *Vie de Jésus*. C'était, d'ailleurs, la même méthode. L'auteur renouvelait son sujet en le sécularisant ; il le faisait sortir du domaine des études spéciales pour l'encadrer dans un tableau du monde romain. Il y mettait l'intérêt humain, il lui communiquait la vie. Des pédants seuls ont pu parler, à ce propos, d'histoire ecclésiastique mise à la portée des gens du monde. Je ne dirai pas, par une exagération opposée, que ce fût un monument : les œuvres d'érudition n'ont jamais rien de définitif ; ç'a été une grande et belle entreprise, le fruit de longues études, une œuvre d'art, en même temps, et de la main d'un maître, enfin et surtout un livre plein d'idées. L'auteur, avec son coup d'œil laïque, a souvent plus vu et mieux vu qu'aucun de ses prédécesseurs. Il est entré plus avant dans l'esprit du monde qui finissait et de celui qui commençait. M. Renan a quelques-unes des meilleures qualités de l'historien, et, en particulier, le génie souple et sympathique nécessaire pour comprendre une création religieuse. Il y a, dans son dernier volume, sur l'esprit de la communauté chrétienne et sur les causes de la victoire du christianisme, des aperçus aussi remarquables par la justesse que par l'imprévu. Là, à vrai dire, est partout le principal charme de l'auteur. Ses écrits sont semés d'ingénieuses réflexions. Il a une manière d'envisager les choses, d'éclairer les faits, d'entrer dans les situations, puis de résumer ses vues en quelques paroles saisissantes, il a, en un mot, une façon de *penser* l'histoire qui n'est qu'à lui.

III

M. Renan, qui est un historien, est aussi un philosophe. On a de lui un article capital sur la métaphysique et des *Dialogues* qui traitent *ex professo* de Dieu et de l'universalité des choses. Il a d'ailleurs mis de sa philophie dans tous ses écrits. C'en est même le principal intérêt. La saveur d'un livre, pour le lecteur qui pense, n'est-elle pas la conception de la vie et du monde qui s'y exprime ou s'y devine?

« La grande question, selon M. Renan, est de savoir si la nature a un but. » M. Renan a raison ; une fois l'esprit éveillé, il n'existe plus qu'une question : le pourquoi de l'univers ; l'univers a-t-il un pourquoi?

Bien entendu que la raison d'être de l'univers serait en même temps la raison d'être de l'homme. Si nous sommes dans l'obscurité sur le sens de la nature, c'est que nous sommes dans le doute sur la signification de notre propre existence, *et vice versa*. Tout revient ainsi en définitive à la manière de concevoir le rôle, dans l'ensemble des choses, de ce « roseau pensant », comme Pascal nous appelle.

Le problème a reçu des solutions diverses. Frédéric

Amiel, par exemple, ramène tout à la lutte morale. « La question capitale est celle du péché, écrit-il dans ce *Journal intime* qui a révélé dernièrement une si belle intelligence et un si admirable écrivain. La trinité, la vie à venir, le paradis et l'enfer peuvent cesser d'être des dogmes, des réalités spirituelles, la forme et la lettre peuvent s'évanouir, la question humaine demeure. Qu'est-ce qui sauve? Comment l'homme est-il amené à être vraiment homme? La dernière racine de son être est-elle la responsabilité, oui ou non? » La préoccupation habituelle de Dieu et du devoir, l'effort soutenu vers la sainteté, le combat de l'esprit contre la chair, les imperfections de nature tenues pour trahisons de la volonté, la faute ressentie comme souillure et flétrie du nom de péché, telle est la notion héroïque et chrétienne de la vie. Je dis chrétienne, parce que, dans les philosophies et les autres religions, la lutte n'est pas aussi intense, le sentiment de la responsabilité n'est pas aussi tragique. Quant aux docteurs de cette sublime école, saint Paul et saint Augustin, les ascètes et les mystiques, la Réforme et Port-Royal, leurs noms font partie des gloires de l'humanité.

Une autre manière de répondre à la question qui se posait tout à l'heure, c'est l'aveu qu'on ne lui a pas trouvé de réponse, et la révolte contre des nécessités qui s'imposent sans se justifier. Chose curieuse! Les indignations de la raison qui cherche en vain le mot de l'univers n'ont jamais été exprimées avec plus d'éloquence que par un poète qui édifia longtemps les âmes pieuses. Le mystère de la vie obsédait Lamartine. Les premières *Méditations* trahissent déjà l'angoisse de son âme :

J'ai vu partout le mal où le mieux pourrait être.

Et dans la pièce intitulée *le Désespoir* :

Quel crime avons-nous fait pour mériter de naître ?

Il est vrai que ces emportements sont suivis d'une ode dans laquelle la Providence exhorte le rebelle à se soumettre sans chercher à comprendre. Il paraît que la mère du poète avait été choquée du premier morceau, et que Lamartine consentit à la rassurer par une sorte de rétractation. L'inquiétude n'en continua pas moins de ronger ce noble esprit et, dix ans après, dans les *Novissima Verba*, il donnait au doute une expression encore plus poignante :

Lorsque sentant en moi la stérile puissance
D'embrasser l'infini dans mon intelligence,
J'ouvre un regard de dieu sur la nature et moi,
Que je demande à tout : Pourquoi ? pourquoi ? pourquoi ?
Et que, pour seul éclair et pour seule réponse,
Dans mon second néant je sens que je m'enfonce,
Que je m'évanouis en regrets superflus,
Qu'encore une demande et je ne serai plus,
Alors je suis tenté de prendre l'existence
Pour un sarcasme amer d'une aveugle puissance,
De lui parler sa langue, et, semblable au mourant
Qui trompe l'agonie et rit en expirant,
D'abîmer ma raison dans un dernier délire,
Et de finir aussi par un éclat de rire !

Le pessimisme avait trouvé dans ces vers le langage le

plus pathétique qu'il pût tenir [1]. Restait la démonstration scientifique ; l'Allemagne s'en chargea. Ce fut la tâche de Schopenhauer, d'Édouard de Hartmann, et, tout récemment, de ce Bahnsen qui, mécontent de voir ses prédécesseurs laisser encore tant de logique et par conséquent de raison dans l'univers, s'est appliqué à découvrir en toutes choses la contradiction qui les mine et les détruit. Il est impossible de refuser à cette école le mérite, si c'en est un, d'avoir changé les conditions de la philosophie en la réduisant de plus en plus aux termes que nous indiquions plus haut : quelle idée se dégage de la contemplation des existences ? L'univers porte-t-il dans sa constitution et dans son histoire les traces d'une pensée morale, ou seulement les indices d'une intention, d'un but ? L'univers voit-il et veut-il ? A-t-il un œil et une âme ?

Par delà l'optimisme chrétien qui trouve le mot de l'univers dans la conscience de l'honnête homme, et le pessimisme, tour à tour emporté et ironique, qui nie la raison des choses, il est une troisième voie, celle qui consiste à ne pas réclamer de solution du tout, à ne pas même poser le problème, à regarder problème et solution comme faisant partie de ces agitations sans but qui

---

[1]. On a, dans Alfred de Vigny, la forme stoïque des mêmes protestations.

On me dit une mère, et je suis une tombe!

Tel est le langage qu'il prête à la nature, et il déclare

Qu'il ne répondra plus que par un froid silence
Au silence éternel de la divinité.

constituent la comédie humaine. Ayant déjà cherché à égayer et varier mon sujet par des citations, je m'en permettrai encore une. Je la tire d'un livre intitulé *John Inglesant*, qui a eu un moment de grande vogue en Angleterre il y a quelques mois, espèce de roman moitié historique, moitié religieux, les aventures d'un *cavalier*, du temps de Charles Ier, à la recherche de la véritable Église. Le puritanisme est trop dépouillé pour notre pieux aventurier, le catholicisme lui paraît trop sacerdotal et trop lié à la politique, et il finit par s'arrêter à l'anglicanisme. Tout cela est un peu long et fastidieux, sauf quelques morceaux assez forts, tel qu'une apparition du fantôme de Strafford au roi, et des pages assez fines sur l'Italie et la société italienne. Il est singulier que l'auteur, avec des convictions religieuses évidemment très faites, ait mis le meilleur de son talent et, pour ainsi dire, son tour le plus spécieux à faire valoir une manière de voir toute sceptique et mondaine. Le passage qu'on va lire a presque l'air d'une apologie de l'épicurisme qui élude les difficultés de la vie et de la pensée en évitant d'y appuyer.

John Inglesant va à Rome; il y fréquente des ecclésiastiques haut placés, de manières exquises, mûris par l'expérience du monde et qui se sont fait une sagesse : « La vie humaine, telle qu'elle se révéla alors à lui, lui sembla bientôt plus intéressante que les opinions et les théories... La vie sous toutes ses formes, lui assurait le cardinal avec lequel il s'était lié, était la seule étude digne de l'homme. Celui qui a appris à la considérer comme un spectacle, n'attachera point une importance exagérée aux incidents ; il regarde, il observe, et il évite d'entrer dans la pièce pour y jouer un rôle. Il va sans dire qu'il faut aimer son prochain, et qu'il est difficile de l'aimer et de l'approuver tel qu'il est ; mais l'étude de la vie humaine et le plaisir qu'on y trouve n'impliquent nullement le désir de travailler à l'amélioration, soit des individus, soit de l'espèce. C'est l'homme tel qu'il est, et non pas tel qu'il pourrait être ou devrait être, qui est un sujet d'intérêt pour notre tolérante philosophie. Le torrent coule, toujours le même, en dépit des moralistes et des théologiens. Et comment pourrions-nous lire cette histoire sans terme de l'humanité et y appliquer nos formules de blâme ? Comment pourrions-nous considérer ces fiévreuses palpitations de la vie, ces efforts infinis de la créature pour obtenir ce que réclame sa nature, avec un autre sentiment que celui du support et de la compassion, du support pour toutes les formes de l'existence sociale, de la compassion pour toutes les formes du travail et de la souffrance?... Croyez-moi, il n'est pas de solution de l'énigme de la vie qui vaille l'effort qu'on fait pour la déchiffrer. Vous commettez une grande erreur, celle de moraliser et de spéculer sur ce que la vie devrait être au lieu de la prendre comme elle est. »

Quelque opinion qu'on ait de cette philosophie, elle est bien dans les données du rôle. Qui peut douter, en effet, que le maniement des hommes, la pratique des affaires, la conduite des États, n'aient le plus souvent pour résultat, sur le retour et comme dernier mot de l'expérience, d'engendrer la sagesse légèrement profane, le pococurantisme délicat mis ici dans la bouche d'un prince de l'Église au XVIIᵉ siècle?

Ainsi la lutte du stoïcien contre le mal ou, mieux encore, du chrétien contre le péché, la révolte du pessimiste contre les obscurités de l'univers et les scandales de la Providence, l'intérêt, enfin, que l'egoïsme intellectuel trouve dans le spectacle du monde, voilà les attitudes diverses que les hommes ont prises en face de la grande énigme. Gardons-nous, toutefois, d'oublier que le privilège de la science est de transformer les problèmes en les déplaçant, de les déplacer en modifiant les termes dans lesquels ils se posaient. C'est ce qui est arrivé à celui qui nous occupe. Darwin, le darwinisme, et, en général, l'effort scientifique que ces noms représentent, ont tout doucement tourné les questions. La théologie a été mise hors de cour, en notable partie du moins, le jour où l'on a vu des effets et des adaptations là où l'on reconnaissait autrefois des intentions et un but. La métaphysique se trouve encore plus péremptoirement éconduite par le soin de s'attacher uniquement aux phénomènes, à leur enchaînement et à leur expression mathématique, au lieu de les rapporter à des principes cachés, à des entités supposées. La morale, enfin, n'a pas été moins transformée par une doctrine qui ramène les sentiments les plus spontanés, les plus instinctifs, à des habitudes d'esprit que le besoin a fait naître et que l'hérédité a transmises, — doctrine profonde, féconde, qui a fourni la conciliation entre la théorie utilitaire et l'hypothèse de la moralité innée. Mais cela même, que serait-ce auprès de la révolution subie par la psychologie et l'anthropologie tout entière, s'il était vrai que l'étude des mouvements réflexes permît de ramener la volonté et l'activité à l'irritabilité et ses réactions?

La conséquence de ces tendances scientifiques pour l'idée que nous avons à nous faire de la vie est manifeste. On ne songe plus, lorsqu'on a une fois contracté ces façons de penser, à demander pourquoi l'univers est ce qu'il est. Le fait est accepté dans sa souveraineté, et il est entendu que la réalité ne nous fournit aucun moyen de passer derrière pour voir quel en est l'envers. Qui empêche que l'univers ne soit *causa sui*, si l'on veut absolument placer ce non-sens métaphysique quelque part? Il n'y a de réel que le réel, et Darwin est son prophète. Voilà la pente sur laquelle glisse en ce moment le raison humaine et avec elle la société, au risque de laisser en route bien des choses qui ont fait sa force et sa joie. N'oublions pas, d'ailleurs, que, dans cet ordre d'idées, le pessimisme et l'optimisme perdent également leur signification, puisque l'un et l'autre ramènent également le fait à une règle subjective et arbitraire.

Revenons à la philosophie de M. Renan, et cherchons quelle est sa place parmi les diverses façons de comprendre le monde que nous avons passées en revue. Il faut commencer par rayer de la liste les méthodes exactes, et tout particulièrement celle qui résout les questions fondamentales par l'histoire naturelle de l'humanité. M. Renan a beau avoir anticipé les résultats de Darwin, il n'a, au fond, aucun goût pour les solutions de ce savant. M. Berthelot ne paraît pas avoir mieux réussi à convaincre son ami de la nécessité de ramener la science idéale, si l'on veut en avoir une, à des procédés empruntés aux sciences positives. La nature d'esprit de M. Renan répugne profondément à ce qu'on appelle aujourd'hui le phénoménisme. Derrière les faits il lui faut des forces, derrière les forces des substances, derrière les substances des êtres. Il a besoin d'une métaphysique, j'allais dire d'une mythologie. A moins que tout cela ne soit pour lui des symboles, ou même seulement des mots. Et le fait est, c'est une justice à lui rendre, qu'il n'a pas l'air d'attacher autrement d'importance à ses conceptions. Il ne songe, ni à nous les imposer, ni à se les imposer à lui-même. La seule chose à laquelle il tienne est la liberté du vagabondage spéculatif. Tenez-le quitte d'une exactitude scientifique qui le gênerait, permettez-lui de dire et de se contredire, et il sera le premier à abandonner les vues qu'il exposait tout à l'heure avec un air de conviction. Ce n'est pas comprendre ce génie, fait de souplesse et d'incartade, que de lui demander un système. M. Renan dédaigne d'être conséquent ; c'est son originalité, c'est sa force en un sens, c'est en même temps son attrait pour ceux qui savent le prendre comme il est.

Sauf l'exception qui vient d'être indiquée, M. Renan exprime tour à tour, et, l'on pourrait dire, tout à la fois, tous les sentiments divers que l'on peut rencontrer sur le monde et sur l'homme.

Les grands révoltés de l'Allemagne moderne ne sont

pas plus convaincus de l'athéisme de la nature que ne l'est l'auteur des *Dialogues philosophiques*. « Loin de révéler Dieu, la nature est immorale; le bien et le mal lui sont indifférents. Jamais avalanche ne s'est arrêtée pour ne pas écraser un honnête homme; le soleil n'a pâli devant aucun crime; la terre boit le sang du juste comme celui du pécheur. L'histoire de même est un scandale permanent au point de vue de la morale. Comme la nature, elle révèle des lois, mais pas plus que la nature elle ne révèle un plan tracé d'avance. »

Voilà l'affirmation; elle semble implacable dans sa cruauté : mais rassurons-nous, notre philosophe va y apporter des adoucissements. Si le monde n'a pas de plan, dit-il, il a pourtant un but. Si la nature est immorale, elle veut cependant que l'homme soit vertueux. Si l'univers est athée, cela n'empêche pas qu'il n'y ait un Dieu qui est l'âme des choses, et un Être suprême aux fins duquel il importe de se soumettre.

Il va de soi que M. Renan a une explication pour concilier des propositions si évidemment contradictoires. Conciliation originale! La nature, qui a besoin de la vertu de l'individu (on ne nous dit pas pourquoi), et qui sait en même temps que la vertu n'a pas de titres bien clairs à faire valoir, la nature a mis dans l'homme un instinct moral indomptable, des appétits de rectitude et de dévouement si impérieux, qu'il y sacrifie jusqu'à sa vie. C'est une fourberie de la nature; elle sait très bien, au fond, à quoi s'en tenir, et les hommes qui réfléchissent n'ignorent pas non plus « l'énorme duperie qu'implique la bonté »; mais c'est égal, nous sommes « pris à ces glus savantes »; nous sommes pieux et saints en dépit de la logique; conscients ou inconscients, « nous collaborons à la fraude qui est à la base de l'univers »; et c'est ainsi que la nature, sans valoir grand'chose elle-même, sans croire à la vertu et sans en user pour son propre compte, nous fait servir à des desseins dont elle n'a pas seulement pris la peine de nous donner l'explication !

Il faudrait être bien lourd ou bien naïf pour ne pas faire la part du paradoxe, de l'ironie même, dans la théodicée de M. Renan. Il ne serait pas tout à fait exact, d'un autre côté, de ne voir qu'une boutade dans les assertions qui viennent de nous passer sous les yeux. Je crois reconnaître une idée fondamentale de l'écrivain dans la contradiction qu'il établit entre l'indifférence morale de la nature et la loi de la conscience chez l'homme, ainsi que dans la façon dont il résout la difficulté. Sa pensée de derrière la tête, c'est que la vertu, pas plus que toute autre chose, ne supporte l'examen; on soulève le voile et, là comme partout, on découvre qu'il n'y a rien dessous; mais cela n'empêche pas que la vertu ne conserve sa valeur idéale, sa beauté, son utilité en même temps, et que le meilleur parti à prendre, par conséquent, ne soit de lui rester fidèle. M. Renan a donné la formule de ce système : « Faire le bien pour que Dieu, s'il existe, soit content de nous. » Ce n'est peut-être pas là un viatique très substantiel pour le voyage de la vie, mais qu'y faire? Nous vivons de l'ombre d'une ombre. L'essentiel c'est d'essayer de toutes les idées sans trop appuyer sur aucune, et surtout de mettre à tout cela beaucoup de bonne humeur. M. Renan en est arrivé à cette liberté envers lui-même, à ce degré de détachement de ses sentiments, qu'il ne prend plus au sérieux même son propre sérieux. Il se dit tour à tour épris de l'idéal et convaincu que l'idéal sonne creux. Il saute sans transition d'Épictète à Épicure. Il est plein d'une sincère admiration pour la pureté de Jésus, pour l'héroïsme des martyrs, pour la sainte folie de François d'Assise, et il n'en est pas moins d'avis que « la fête de l'univers manquerait de quelque chose, si le monde n'était peuplé que de fanatiques iconoclastes et de lourdauds vertueux ». Me trompé-je? C'est dans les passages tels que celui-ci que M. Renan livre le fin mot de sa pensée et exprime la disposition fondamentale de son être. Son sentiment, en dernière analyse, serait celui du cardinal qui exhortait John Inglesant à s'intéresser aux choses humaines au lieu de travailler à les réformer. Le monde est surtout un spectacle, un spectacle dans lequel les agitations de l'esprit, les obscurités des problèmes, les conceptions idéales, dans lequel les vains efforts de l'humanité, dans lequel la vertu même aux prises avec le mal, font partie du programme, et contribuent à l'intérêt de la représentation[1]. L'écrivain est là, dans sa loge, la lorgnette à la main, jugeant les acteurs, tour à tour ému

---

[1]. Les lecteurs de Tennyson se rappelleront ici *The Palace of Art*:

> I take possession of man's mind and deed,
>   I care not what the sects may brawl;
> I sit as God holding no form of creed,
>   But contemplating all.

et amusé. Il y a des moments où il a l'air de se passionner pour la fable qui se déroule, où il est sur le point d'oublier que tout cela n'est qu'un drame et tous ces hommes des comparses; il éprouve des velléités de monter sur la scène et de s'essayer lui aussi dans un rôle ; mais non, il revient vite à sa vraie vocation qui est de regarder, d'applaudir aux beaux passages et de jouir d'une soirée charmante. Et, de fait, quel critique plus éclairé et plus bienveillant l'auteur de la pièce pourrait-il avoir?

En résumé, il y a deux philosophies chez M. Renan. Une théorie qui a l'air de se tenir, qui est religieuse, voire mystique, où il est question de Dieu, de l'âme, de l'immortalité, du devoir. Puis un alambic du diable, où toutes ces idées se subliment et s'évaporent. La science est réduite à la recherche, la religion au sentiment religieux, l'idéal à un mirage, la morale à un stratagème de la nature, Dieu à la catégorie du divin, et la vie à venir à notre part dans l'œuvre éternelle du progrès. Ainsi soit-il! L'inconvénient c'est que ces créations idéales cessent de rendre service du moment qu'on les a reconnues ce qu'elles sont. « La société antique, a écrit quelque part M. Renan, s'aperçoit que tout est vain ; or, le jour où l'on fait cette découverte, on est près de mourir. » M. Renan, lui, qui a découvert la vanité universelle, et qui n'a pas envie de mourir, a essayé d'en faire l'un des éléments du spectacle, l'un des motifs de l'opéra. Mais, ô Némésis des déniaisés ! à se persuader que l'existence est là pour divertir les curieux, cette existence perd bientôt son intérêt et la curiosité son aiguillon. L'ironie se retourne contre elle-même et s'aperçoit de son propre néant. M. Renan exprimait jadis le vœu qu'on payât des prêtres et des moines, qu'on entretînt la fièvre et le désert, pour défendre Rome contre la banalité. Eh bien, non ; à subventionner le pittoresque, le dilettantisme ne fait pas ses frais. Ces moines gagés et cette fièvre de commande ne lui feraient point illusion puisqu'il les aurait payés de sa poche. Le monde est peut-être bien illusion et vanité, mais à celui dont cette persuasion se serait emparée tout de bon, il ne resterait plus qu'à s'exercer au Nirvana.

IV

L'embarras et le charme avec M. Renan, c'est qu'on n'est jamais parfaitement sûr d'avoir fait tout le tour, d'avoir saisi tout le secret de cette énigmatique nature. Ne serait-ce pas qu'au rebours de la plupart des écrivains, le fond chez lui n'est qu'une forme, et que la forme, au contraire, est le vrai fond ? M. Renan, en d'autres termes, ne serait-il pas avant tout un artiste ? Je n'ai garde de lui refuser aucune de ses solides qualités. S'il n'est peut-être pas inventeur en philologie, il est évidemment tout à fait au courant de la science dans son champ particulier d'études, les langues sémitiques. Si ses méthodes historiques n'ont pas toujours la rigueur et la précision nécessaires, il y supplée par la vivacité de l'imagination, et l'on ne peut lui refuser d'avoir écrit sur les origines du christianisme un ouvrage du plus grand intérêt. Si sa philosophie est encore moins sévère que son histoire, elle a également le mérite d'avoir rajeuni les sujets. M. Renan a touché à tout, à la politique, à l'instruction publique, aux lettres. Il a essayé de tous les genres, le livre, l'essai, la comédie shakspearienne. Ce qu'il sait de choses est prodigieux, et il n'écrit sur rien sans y montrer quelque compétence. Et, cependant, je ne puis me défendre de cette impression : philosophie, érudition, histoire, tout cela n'est chez lui que secondaire. Ce sont les matériaux de sa pensée, les instruments de son art. Ce sont les éléments dont la fusion a produit une œuvre considérable, mais une œuvre dont émerge quelque chose de plus considérable encore, un écrivain de premier ordre. Cet écrivain, dans ses *Souvenirs*, ne parle de la manière d'écrire qu'avec un certain dédain ; on dédaigne volontiers ce que l'on possède ; mais il n'en reste pas moins vrai que le public voit avant tout, et avec raison, dans M. Renan l'un des maîtres de la langue. Et pourtant combien n'est-il pas de ses qualités qui, par leur délicatesse, échappent à l'appréciation vulgaire ! Il vaudrait la peine, pour un écrivain jaloux d'apprendre son métier, d'étudier les procédés d'un pareil artiste. Il en reconnaîtrait l'exquise simplicité : une phrase d'allure naturelle, ni périodique ni hachée, sans convenu ni rhétorique, sans manière ni banalité, ne connaissant d'autre parure que le bonheur de l'expression, n'empruntant d'imprévu qu'à la nouveauté de la pensée, au tour spirituel qu'elle revêt, ou, çà et là, à quelque échappée d'imagination. Mais, s'il est des choses qu'on peut apprendre de M. Renan, il en est d'autres qu'il serait difficile de lui emprunter. Oh! la merveilleuse souplesse! l'ondoyante nature! On n'est pas plus fin, plus malin, plus détaché de soi, et, au besoin, plus convaincu et plus naïf. On n'est pas plus habile sous les dehors du naturel; on ne reste pas plus naturel avec les intentions, les recherches, les dessous de l'habileté. Cette sorte de rondeur et de bonhomie cache une science consommée; ces façons d'érudit dissimulent des raffinements infinis. N'ayez point peur de ses hardiesses : elles sont presque toujours tempérées par le goût. Toutes les cordes, toutes les notes : ici le ferme accent du bon sens, ailleurs le jeu de la fantaisie, parfois la vibration émue, la touche attendrie. Notre écrivain a des saillies qui, comme l'éclair, révèlent tout à la fois. Quant à la poésie, elle attend discrètement les occasions; ce n'est le plus souvent qu'un mot au détour d'une phrase; c'est quelquefois, cependant, un morceau tout entier, d'une beauté étrange, saisissante, comme la dédicace de la *Vie de Jésus* à la sœur de l'auteur ou l'hymne adressé à la vierge du Parthénon.

On ne saura jamais assez gré à M. Renan du mépris qu'il éprouve pour l'écrivasserie de nos jours. Il ne l'a dit nulle part, mais on sent partout ce qu'il pense de ces styles, prose ou vers, dont les seuls mérites sont l'étrangeté du mot, les effets de sonorité ou de pittoresque. J'ai entendu des artisans en ce genre professer la doctrine que la pensée et le sentiment ne sont rien, et la couleur ou la ciselure tout. Chez M. Renan, au contraire, les beautés du style sont surtout des clartés d'idées. L'écrivain charme parce qu'il pense et fait penser. Aussi a-t-on beau lui en vouloir de bien des choses, on ne cède jamais à un mouvement d'humeur contre lui sans être désarmé par l'évidence de son mérite. J'allais lui reprocher la faiblesse de sa critique, et il me ferme la bouche par l'intérêt de son exposition. J'étais fatigué de la désinvolture avec laquelle il dit le oui et le non, et il me réconcilie, me captive par la variété et l'imprévu des aperçus dont il sème ses pages. Je me sentais blessé d'une certaine affectation de frivolité, et voilà que tombent de ses lèvres les nobles leçons, fruit de l'expérience. La vérité est que M. Renan est insaisissable. C'est un Protée, *formas se vertit in omnes*, un dieu que personne n'a jamais pu lier pour lui faire dire son secret. Si tant est pourtant qu'il y ait un secret, un dernier mot, et qu'il faille, sous tant de faces diverses, chercher autre chose que la virtuosité d'un artiste pour qui la pensée même est un effet à produire.

On rapporte que Gray, le poète anglais, faisait consister l'idéal de la vie heureuse à être étendu sur un sofa en lisant un roman de Crébillon. Sans vouloir précisément trahir à mon tour ma notion du paradis, j'avoue ne pas connaître de plus délicieux passe-temps que de lire, les pieds sur les chenets, quelque nouveau volume de M. Renan. Bien entendu, du reste, que la comparaison s'arrête là, et que je laisse à Gray son goût pour les subtiles et malsaines saveurs d'une littérature en déclin. Tout au plus retiendrais-je une opinion qui, si je m'en souviens bien, est celle de M. Renan lui-même. On a calomnié, selon lui, les périodes de décadence; les civilisations vieillies sont les civilisations exquises, et les littératures doivent leurs fleurs les plus brillantes à la fermentation des sociétés qui se décomposent.

Mai 1883.

VII

LE « JOURNAL INTIME » D'AMIEL

Le second volume du *Journal* de Frédéric Amiel vient de paraître. Il est dû aux mêmes soins pieux, délicats et discrets que le précédent. Sauf les passages relatifs à la dernière maladie et à la mort de l'écrivain, on n'y trouvera pas davantage ces détails biographiques dont la curiosité moderne est avide, qu'elle avait réclamés, et qu'on a bien fait de lui refuser. Les éditeurs ont voulu donner l'histoire d'une pensée; ils ne l'ont pu faire sans laisser arriver au jour les infirmités du caractère et les agitations de l'âme de leur ami; de quel droit leur demanderait-on plus, et qu'auraient pu ajouter de menus renseignements personnels au drame intérieur dont le public s'est senti si vivement ému ?

Ce serait exagérer de dire que le livre d'Amiel a fait du bruit, ce ne l'est pas d'affirmer qu'il a été un événement pour plusieurs. Quelle rencontre, en effet, que ces volumes! Que de questions ils soulèvent ! Que de trouble à la fois et d'apaisement ils apportent ! Sont-ils philtre ou baume ? Désenchantent-ils l'existence ou possèdent-ils le secret du vivre et du mourir? Précieux, dans tous les cas, pour tout lecteur qui aime à trouver une âme unie à l'intelligence, un croyant dans le douteur, mais qui ne veut pas que le penseur ait clos trop vite et définitivement ses comptes sur aucun chapitre. Me trompé-je? Il est un âge et telles conditions d'esprit et d'expérience où l'on ne supporte plus que deux sortes de livres, ceux qui, comme Montaigne, connaissent le fin de la vie pratique et mondaine, et ceux qui, comme Amiel, ont touché aux bornes de la pensée.

Le *Journal intime* a trouvé plusieurs sortes d'admirateurs. Les hommes de goût ont tout de suite senti ce qu'il y avait ici de nouveau et de rare, quelque peu surpris, à dire vrai, qu'un étranger eût trouvé une pareille langue et se plaçât d'emblée au rang des écrivains qui ne meurent pas. Sans être moins éblouis de cette révélation littéraire, d'autres lecteurs ont trouvé un autre attrait aux pages d'Amiel. Ces confessions psychologiques, cette histoire d'une volonté trahie par l'élévation même et la délicatesse des sentiments, cette chronique des souffrances d'une âme qui ne peut se faire aux conditions de la réalité, ont éveillé de douloureux échos. Plusieurs s'y reconnaissant se sont émus de ces aveux qui donnaient une voix si éloquente à leurs tristesses, — confus tout ensemble et charmés qu'on eût compris leur mal et pénétré jusque dans ses plus subtils secrets le mystère de leurs contradictions. Mais les lecteurs auxquels Amiel est surtout devenu cher sont assurément les esprits de la même famille que le sien, rompus aux aventures de la pensée humaine et qui, de doute en doute, en sont venus à soupçonner que la science pourrait bien n'être qu'un tissu d'apparences ourdi par les conditions de notre subjectivité. Il n'y aurait, d'après eux, que des faits et des enchaînements de faits ; les croyances sont des hypothèses, et il ne sied pas aux hypothèses d'être trop sûres d'elles-mêmes ; la vie, une simple ondulation de l'être, ou, comme s'exprime Amiel, un geste dans le vide. Aussi l'intérêt qu'elle offre se réduit-il, pour ces intelligences désabusées, au mélancolique amusement qu'aurait un ruisseau à se voir couler lui-même. Je me trompe, les penseurs de cette espèce ont un autre plaisir, celui de rencontrer des confrères en désillusionnement. Tel est le besoin de sympathie de la nature humaine, que la dernière satisfaction dont soient susceptibles nos désenchantés, ils l'éprouvent à retrouver sur d'autres lèvres le calice de la vie épuisé ou brisé. Joie rare, car le nombre est petit des hommes qui ont la témérité de se pencher sur l'abîme et d'en interroger le silence. Mais plus ils se sentent isolés sur les âpres sommets, plus les rencontres y sont précieuses, et le livre d'Amiel leur a été une de ces rencontres. Ils ont reconnu en lui un penseur aussi revenu qu'eux-mêmes de l'illusion métaphysique, un esprit aussi libre, c'est-à-dire aussi dépouillé que le leur, enfin, avec un savoir des plus vastes, cette chose rare entre toutes, la sincérité qui ne se permet aucun subterfuge, que n'arrête aucune timidité et que ne limite aucun parti pris.

Aucune limite... est-ce tout à fait vrai? Et la foi religieuse qui s'exprime dans tant de pages d'Amiel? Et l'attachement au devoir qui y domine d'une façon bien plus décisive encore? Ne sont-ce pas là des bornes plus ou moins volontaires mises par l'écrivain à l'essor de ses spéculations? Je dirais plutôt que c'est l'effet de la diversité de ses besoins, de ses inquiétudes. Amiel, comme toutes les fécondes natures, est fait de contrastes. Il y a plusieurs hommes en lui, un croyant et un critique, l'âme amoureuse de symboles et l'intelligence qui les perce à jour, la foi au devoir et la contemplation dans laquelle le devoir se dissout, la résignation filiale qui dit : « Ta volonté soit faite ! » et l'idée spinoziste pour laquelle le Père céleste n'est que l'appellation théologique du destin.

On est très étonné, au premier abord, en lisant les volumes d'Amiel, du tour habituellement religieux de ses méditations. Religieux n'est même pas assez dire ; le ton de ces monologues est celui de la piété, d'une piété chrétienne et presque ascétique. Amiel prend l'imperfection humaine au sens tragique, lui donne le nom de péché, et fait de l'Évangile l'annonce d'un pardon et de l'existence une lutte. Il éprouve comme une satisfaction à entrer dans cet ordre de sentiments. Il met une visible complaisance à chercher dans des croyances reçues les formes de sa vie morale. Je dis formes, car il est difficile de supposer que ces croyances aient eu une autre valeur que celle du symbole, pour un écrivain à qui la critique historique était familière, que nous voyons réfractaire au surnaturel et qui inclinait à concevoir le divin comme la force et l'intelligence immanentes de l'univers. Mais là précisément est l'intérêt des habitudes de pensée qui s'offrent ici à nous. C'est le privilège des nations protestantes que d'avoir des croyances plus sentimentales que dogmatiques et, par suite, plus capables que ne serait une théologie rigoureusement formulée de se prêter aux évolutions de la raison. Loin d'y signaler une preuve d'infirmité logique, il convient de reconnaître dans cette élasticité un avantage spirituel, et en tout cas une garantie contre les trop brusques crises. Heureux les peuples qui, dans leur vie morale comme dans leurs institutions, savent procéder par accommodement graduel, par transformations insensibles ! On ne brise pas avec le passé sans y laisser le meilleur de soi. Et, pour revenir à Amiel, combien elle est touchante cette intelligence qui veut croire, cette foi qui sait douter, cette pensée qui des visions de l'éternelle vanité revient à la duperie semi-volontaire ! « Dans ton être ironique et désabusé, se dit-il à lui-même, il y a un enfant, un simple, un génie attristé et candide, qui croit à l'idéal, à l'amour, à la sainteté, à toutes les superstitions angéliques. »

On chercherait en vain, je crois, une histoire de la pensée d'Amiel dans les feuilles de son *Journal*. Je veux dire qu'il n'y a point chez lui de progression très apparente. On ne voit guère notre ami, comme il arrive d'ordinaire aux esprits actifs, se transformer avec les années, laisser tomber peu à peu les idées de sa jeunesse pour s'arrêter à quelque conviction qu'il croit mieux éprouvée, quitte à se remettre de nouveau en route pour n'arriver jamais. Les mêmes éléments sont toujours là, toujours en lutte, ce qui ne signifie pourtant pas que chacun y conserve la même place relative. L'intérêt du *Journal* est, au contraire, de nous laisser distinguer entre les tendances qui se disputent la possession de cette âme. On y voit se dessiner, comme en une ligne sinueuse, le jeu des forces auxquelles le penseur cède tour à tour. C'est une mêlée dans laquelle les conceptions avancent, reculent, se tiennent en échec, sans avoir toutes pour cela la même valeur ou le même rôle, et sans qu'il soit impossible de deviner à qui appartient en définitive le gain de la journée. Le croyant se voit la route barrée par la critique et la philosophie; il se débat, se dégage par un effort de volonté, se replie sur la conscience, s'attache à l'idée du devoir comme à la certitude immédiate, absolue, irréductible, comme au point fixe qui demeure lorsque tout le reste s'écroule. Trop confiant espoir! Amiel, sans doute, ne se relâchera jamais de l'effort un peu fébrile, un peu convulsif avec lequel il se cramponne au sentiment de l'obligation morale comme à la planche de salut; mais comment ne pas s'inquiéter de ce que devient le devoir dans cette intuition du néant universel dont l'intelligence de notre ami est le plus souvent obsédée?

Amiel, je l'ai dit, est chrétien. Il l'est, car il veut l'être. Il ne l'est pas seulement par la tradition, l'éducation, l'habitude; sa foi est bien à lui. Au besoin, il la défend. Il en veut à ceux qui défigurent l'Évangile, à M. Havet, qu'il accuse de ne pas assez distinguer la doctrine primitive des transformations que lui ont fait subir les Églises, à M. Renan, auquel il reproche d'avoir fait abstraction du péché alors qu'il s'agissait d'un message de salut apporté aux pécheurs. Il y a dans le *Journal*, à l'occasion des fêtes chrétiennes, le vendredi saint, le dimanche de Pâques, des espèces de méditations religieuses qui sont surtout remarquables par l'effort de l'écrivain pour rechercher le sens dernier de ces grands souvenirs, pour se l'approprier, et, comme je l'ai déjà dit, pour y retrouver, en quelque manière, l'expression de ses propres sentiments. Il est des jours, d'ailleurs, où cette mobile nature est plus religieusement disposée. Voici l'Ascension; on est au printemps. « C'est bien une renaissance, écrit-il. Je me sens renaître, mon âme regarde par toutes ses fenêtres; il y a de la joie dissoute dans l'atmosphère; mai est en beauté. » Les cloches annoncent l'heure du culte : sans le dédaigner, Amiel ne le fréquente plus guère, mais il aime à se représenter tous les peuples de la chrétienté qui adorent à ce moment, et toutes les nations honorant à leur manière la divinité. « Tous ont de la religion, dit-il, tous donnent à la vie un idéal, tous voient au delà de la nature l'esprit, au delà du mal le bien. Tous témoignent en faveur de l'invisible. Tous connaissent la souffrance et souhaitent le bonheur, tous connaissent le péché et demandent le pardon. » Arrivé là, Amiel a rencontré ce que j'appellerai le joint entre la pensée et la foi. Affamé d'idéal, d'idéal moral, le christianisme pour lui n'est pas autre chose que « le goût de la sainteté » et « la gratitude filiale ». « La Trinité, dit-il ailleurs, la vie à venir, le paradis et l'enfer peuvent cesser d'être des dogmes, des réalités spirituelles, la forme et la lettre peuvent s'évanouir, la question humaine demeure : Qu'est-ce qui sauve ? Comment l'homme est-il amené à être vraiment homme ? »

A la manière même dont ces questions sont posées, et quelque bonne volonté que mette l'écrivain à les résoudre dans le sens traditionnel, on sent que la croyance chez lui est entamée. Elle l'est, en effet, et de plusieurs côtés. En premier lieu, par la critique historique et scientifique. La foi de l'Église est d'une inexprimable consolation à l'affligé, l'idée d'une immortalité bienheureuse a été une force pour bien des générations, le théisme, en un mot, facilite la lutte pour l'existence ; « mais, se demande Amiel, l'étude de la nature laisse-t-elle debout les révélations locales qui s'appellent Mosaïsme, Christianisme, Islamisme ? Ces religions, fondées sur un cosmos enfantin et sur une histoire chimérique de l'humanité, peuvent-elles affronter l'astronomie et la géologie contemporaines ? L'échappatoire actuelle, qui consiste à faire la part de la science et de la foi, de la science qui dit non à toutes les anciennes croyances, et de la foi qui, pour les choses ultramondaines et invérifiables, se charge de les affirmer, cette échappatoire ne peut pas tenir toujours. Chaque conception du cosmos demande une religion qui lui corresponde. » Et, après avoir essayé les conciliations et, en les essayant, avoir achevé de constater les incertitudes : « Je *faséie* et divague, dit-il ; pourquoi ? Parce que je n'ai pas de credo. Toutes mes études posent des points d'interrogation, et pour ne pas conclure prématurément ou arbitrairement je n'ai pas conclu. »

Il y a, dans le second volume, bien peu de semaines avant la mort de l'écrivain, des lignes qu'on ne peut s'empêcher de lire comme une confession générale : « Depuis bien des années, le Dieu immanent m'a été plus naturel que le Dieu transcendant; la religion de Jacob m'a été plus étrangère que celle de Kant ou même de Spinoza. Toute la dramaturgie sémitique m'est apparue comme une œuvre d'imagination. Les documents apostoliques ont changé de valeur et de sens à mes yeux. La croyance et la vérité se sont distinguées avec une netteté croissante. La psychologie religieuse est devenue un simple phénomène... Toutes les convictions particulières, les principes tranchants, les formules accusées, les idées infusibles ne sont que des préjugés utiles à la pratique, mais des étroitesses d'esprit. L'absolu du détail est contradictoire. Les partis politiques, religieux, esthétiques, littéraires, sont des ankyloses de la pensée. »

A la bonne heure! Mais du naufrage de la foi ne sauverons-nous pas, du moins, les principes de conduite, les délicatesses de conscience, qui s'étaient formés sous la tutelle des pieuses traditions? Comment, pour me servir des expressions d'Amiel lui-même, conserver le tremblement intérieur, le besoin du pardon, la soif de la sainteté, tout en éliminant les erreurs qui leur ont longtemps servi de point d'appui ou d'aliment? L'illusion, se demande-t-il non sans perplexité, n'est-elle pas indispensable? On reconnaît ici la lutte, dont notre siècle a eu et aura de plus en plus souvent le dramatique exemple, entre le besoin d'idéal moral qui amène les belles âmes au pied de la croix, et le besoin d'une entière sincérité, qui ne permet pas au sens critique de sacrifier ses exigences. Le conflit de la piété et de la science devait être doublement aigu chez un homme qui, comme notre ami, avait parcouru en tout sens le champ des connaissances humaines et ignorait l'art de se satisfaire avec des demi-preuves. De là cet effort dont j'ai parlé, l'homme religieux se dégageant énergiquement, résolument, non pas, il est vrai, du doute historique, ni même de l'ontologie spinoziste, mais des conséquences qu'il en appréhende pour l'intégrité de sa vie intérieure. Il se réfugie des périls de la pensée dans le sanctuaire de la conscience. « N'y eût-il même point de Dieu saint et bon, s'écrie-t-il, n'y eût-il que le grand être universel, loi du tout, idéal sans hypostase ni réalité, le devoir serait encore le mot de l'énigme et l'étoile polaire de l'humanité en marche. » Et ailleurs, après le passage que j'ai déjà cité, et dans lequel il s'était plaint que ses études n'eussent abouti qu'au doute universel : « Mon credo a fondu, ajoute-t-il en protestant contre ses propres aveux, mais je crois au bien, à l'ordre moral, au salut; la religion pour moi, c'est vivre et mourir en Dieu, en tout abandon à la volonté sainte qui est au fond de la nature et du destin. »

On le remarquera: l'effort, dans ces dernières lignes, fléchit déjà. Au lieu du devoir, ce n'est plus que la soumission. Il n'en est pas moins vrai qu'Amiel avait compris le danger et le remède. A la dissolution de toutes les croyances dans le creuset de la science, il cherchait à opposer l'impératif catégorique et, comme Kant, à ressaisir, dans l'absolu des verdicts de la conscience, l'absolu métaphysique qui lui était échappé. Le devoir, en effet, la vigilance sur le corps et sur l'âme, la direction réfléchie de la vie, l'obéissance, le sacrifice sont l'affirmation par excellence de la personnalité. L'homme dans l'activité volontaire, et surtout dans la lutte contre ses penchants, devient une cause, se sent une entité, croit échapper à la fatalité des lois de la nature. Voilà ce que se dit Amiel, ce qu'il se dit même trop souvent, se battant un peu les flancs pour s'inciter à l'acte, et cherchant visiblement dans les exhortations qu'il s'adresse, la rançon de son scepticisme général.

Je n'ai garde de douter, du reste, qu'il n'y aille de bonne foi et même que, dans ce conflit, le devoir ne remporte la victoire. Et cependant, si le doute, chez Amiel, ne paraît pas avoir jamais entamé l'idée de l'obligation, il ne serait point exact de dire que la conception morale de la vie fût le dernier fond et, pour ainsi parler, l'habitude de sa pensée. Ce qui y domine bien plutôt, ce qui y revient sous toutes les formes et à tous les moments, c'est une façon de comprendre et de sentir pour laquelle notre ami ne trouve lui-même d'analogie que dans la spéculation indoue. Il a eu de bonne heure cette intuition de la vie universelle, cette notion abstraite de l'être, qui sont communes à la philosophie brahmanique et au bouddhisme. « Dès l'âge de seize ans, écrit-il, je pouvais regarder avec les yeux d'un aveugle fraîchement opéré, c'est-à-dire que je pouvais supprimer en moi l'éducation de la vue et abolir les distances. » Il a eu des espèces de visions : « Ne retrouverai-je pas quelques-unes de ces rêveries prodigieuses, comme j'en ai eu quelquefois : un jour de mon adolescence, à l'aube, assis dans les ruines du château de Faucigny ; une autre fois, dans la montagne, sous le soleil de midi, au-dessus de Lavey, couché au pied d'un arbre et visité par trois papillons ; une nuit encore, sur la grève sablonneuse de la mer du Nord, le dos sur la plage et le regard errant dans la voie lactée ; — de ces rêveries grandioses, immortelles, cosmogoniques, où l'on porte le monde dans sa poitrine, où l'on touche aux étoiles, où l'on possède l'infini ? Moments divins, heures d'extase où la pensée vole de monde en monde, pénètre la grande énigme, respire, large, tranquille, profonde comme la respiration de l'Océan, sereine et sans limites comme le firmament bleu ; visites de la muse Uranie, qui trace au front de ceux qu'elle aime le nimbe phosphorescent de la puissance contemplative et qui verse dans leurs cœurs l'ivresse tranquille du génie ; instants d'intuition irrésistible, où l'on se sent grand comme l'univers et calme comme un Dieu ? » Amiel s'est plu, dans une foule de passages, à noter les caractères de cette idiosyncrasie contemplative. Le penseur, à l'en croire, tend à se *dépersonnaliser :* « S'il consent à éprouver et à faire, c'est pour mieux comprendre ; s'il veut, c'est pour connaître sa volonté. Quoiqu'il lui soit doux d'être aimé et qu'il ne connaisse rien d'aussi doux, là encore il lui semble être l'occasion du phénomène plutôt que le but. Il contemple le spectacle de l'amour et l'amour reste pour lui un spectacle. Il ne croit pas même son corps à lui; il sent passer en lui le tourbillon vital qui lui est prêté momentanément et pour lui laisser percevoir les vibrations cosmiques. Il n'est que sujet pensant, il ne retient que la forme des choses. Il ressemble à un homme, comme les mânes d'Achille, comme l'ombre de Créuse ressemblaient à des vivants. Sans avoir été mort, je suis un revenant. Les autres me paraissent des songes et je parais un songe aux autres. »

Amiel est inépuisable dans cette analyse de son état spirituel; il trouve à chaque instant de nouvelles expressions pour la compléter : « Rentrer dans ma peau m'a toujours paru curieux, chose arbitraire et de convention. Je me suis apparu comme boîte à phénomènes, comme lieu de vision et de perception, comme personne impersonnelle, comme sujet sans individualité déterminée, comme *déterminabilité* et *formabilité* pures, et par conséquent ne me résignant qu'avec effort à jouer le rôle tout arbitraire d'un particulier inscrit dans l'état civil d'une certaine ville d'un certain pays. »

Ou encore : « Il y a des jours où je m'étonne du pupitre qui est sous ma main, de mon corps lui-même, où je me demande s'il y a une rue devant ma maison, et si toute cette fantasmagorie géographique est bien réelle. L'étendue et le temps redeviennent alors de simples points. J'assiste à l'existence de l'esprit pur, je me vois *sub specie æternitatis.* »

Amiel, dans le récit de ses visions de l'infini, s'élève parfois à des accents d'une étrange et merveilleuse poésie : « J'ai senti flotter sur moi l'ombre du mancenillier. J'ai aperçu le grand abîme implacable où s'engouffrent toutes ces illusions qui s'appellent les êtres. J'ai vu que les vivants n'étaient que des fantômes voltigeant un instant sur la terre, faite de la cendre des morts, et rentrant bien vite dans la nuit éternelle comme des feux follets dans le sol. Le néant de nos joies, le vide de l'existence, la futilité de nos ambitions, me remplissaient d'un dégoût paisible. »

J'ignore si beaucoup de lecteurs sentiront comme moi ; les images, sous la plume de l'écrivain, me semblent donner la contagion de l'hallucination. « La réflexion n'est plus que l'appareil enregistreur des impressions, émotions, idées qui traversent l'esprit. La mue se fait si énergiquement que l'esprit est non seulement dévêtu, mais dépouillé de lui-même, et, pour ainsi dire, *désubstancié*. La roue tourne si vite qu'elle se fond autour de l'axe mathématique resté seul froid, parce qu'il est impalpable et sans épaisseur. » Sensation et expression, tout dans cette dernière phrase a quelque chose de vertigineux.

Nous n'avons jusqu'ici qu'un phénomène intérieur et subjectif ; mais il ne faut pas croire qu'Amiel distingue entre sa pensée et la réalité. Si tout lui parait un rêve, c'est que le rêve est la substance même de tout : « L'univers n'est que le kaléidoscope qui tourne dans l'esprit de l'être dit pensant, lequel est lui-même une curiosité sans cause, un hasard qui a conscience de tout le grand hasard, et qui s'en amuse pendant que le phénomène de sa vision dure encore. »

Et ailleurs : « L'humanité tout entière n'est qu'un éclair dans la durée de la planète, et la planète peut retourner à l'état gazeux sans que le soleil s'en ressente seulement une seconde. L'individu est l'infinitésimale du néant. »

Ailleurs encore : « Qu'est-ce que la nature ? C'est Maïa, c'est-à-dire un phénoménisme incessant, fugitif et indifférent, l'apparition de tous les possibles, le jeu inépuisable de toutes les combinaisons. »

On a reconnu la philosophie du Vedanta : Maïa, le monde extérieur, celui de la diversité et de la succession, celui des sens et de l'apparence, le jeu que l'absolu joue avec lui-même, le feu d'artifice qu'il se tire, le spectacle qu'il se donne, et où, comme on l'a dit, tout est illusion, le théâtre, les acteurs et la pièce. Dernier mot de l'abstraction, idéalisme qui, en dissolvant tout, finit par se dissoudre lui-même. Rien n'a plus de signification, de raison d'être. « Maïa, écrit Amiel, amuse-t-elle quelqu'un, un spectateur, Brahma ? Ou Brahma travaille-t-il à quelque but sérieux, non égoïste ? » Mais surtout quelle fin peut se proposer la vie ? « Une fois qu'on a tâté de l'absolu, tout ce qui pourrait être autrement qu'il n'est vous paraît indifférent. Toutes ces fourmis poursuivant des buts particuliers vous font sourire. On regarde sa chaumière depuis la lune ; on envisage la terre des hauteurs du soleil ; on considère sa vie du point de vue de l'Hindou pensant aux jours de Brahma ; on contemple le fini sous l'angle de l'infini, et dès lors l'insignifiance de toutes ces choses tenues pour importantes rend l'effort ridicule et le préjugé bouffon. »

Cet enivrement mystique n'est pas d'ailleurs sans joie : « On ne sait avec quels mots rendre cette situation morale, car nos langues ne connaissent que les vibrations particulières et localisées de la vie, elles sont impropres à exprimer cette concentration immobile, cette quiétude divine, cet état de l'Océan au repos, qui reflète le ciel et se possède dans sa profondeur. Les choses se résorbent alors dans leur principe ; les souvenirs multipliés redeviennent le souvenir ; l'âme n'est plus qu'âme et ne se sent plus dans son individualité, dans sa séparation. Elle est quelque chose qui sent la vie universelle, elle est un des points sensibles de Dieu. Elle ne s'approprie plus rien, elle ne sent point le vide. Il n'y a peut-être que les Yoghis et les Soufis qui aient connu profondément cet état d'humble volupté, réunissant les fins de l'être et du non-être, état qui n'est plus ni réflexion ni volonté, qui est au-dessus de l'existence morale et de l'existence intellectuelle, qui est le retour à l'unité, la rentrée dans le plérôme, la vision de Platon et de Proclus, l'aspect désirable du Nirwâna. »

Oui, mais cette renonciation à toutes les conditions de

l'existence sociale, c'est l'incapacité pour l'action ; l'intuition de l'illusion fondamentale conduit à l'immobilité contemplative. Amiel en a conscience : « Celui qui a déchiffré le secret de la vie finie, dit-il en empruntant une image au bouddhisme, et qui en a lu le mot, échappe à la Grande Roue de l'existence, il est sorti du monde des vivants, il est mort de fait. Serait-ce la signification de la croyance antique, que soulever le voile d'Isis ou regarder Dieu face à face anéantissait le mortel téméraire ? L'Égypte et la Judée avaient constaté le fait, Bouddha en a donné la clef : la vie individuelle est un néant qui s'ignore, et aussitôt que ce néant se connaît la vie individuelle est abolie en principe. Sitôt l'illusion évanouie, le néant reprend son règne éternel, la souffrance de la vie est terminée, l'erreur est disparue, le temps et la forme ont cessé d'être pour cette individualité affranchie ; la bulle d'air coloré a crevé dans l'espace infini et la misère de la pensée s'est dissoute dans l'immuable repos du Rien illimité. L'absolu, s'il était esprit, serait encore activité, et c'est l'activité, fille du désir, qui est incompatible avec l'absolu. L'absolu doit être le zéro de toute détermination, et la seule manière d'être qui lui convienne, c'est le Néant. »

Il n'est que trop évident : avec des pensées habituelles de cette sorte, lorsque la conception de l'être universel a détruit, chez un homme, l'intérêt des choses visibles et prochaines, lorsque s'étant avisé de rechercher la raison suffisante de l'univers il a constaté son impuissance à trouver la cause dernière de rien, lorsque la réalité s'est réduite pour lui aux images qui traversent son cerveau, à la conscience de la conscience et de ses modifications, et, par conséquent, à l'illusion qui se connaît, lorsque le penseur, en un mot, s'est reconnu lui-même pure existence phénoménale, l'activité alors est atteinte dans sa source. Amiel se plaint de ne pouvoir vouloir, il explique les défaillances de sa nature par des besoins de trop bien faire et les délicatesses morbides de son sentiment de l'idéal; mais est-il nécessaire de chercher si loin, et ne faut-il pas, dans tous les cas, faire une large part au trouble qu'a produit en lui la fatale découverte? Il a soulevé le rideau, il a reconnu qu'il n'y avait rien derrière, et le ressort de la vie s'est brisé en lui. On s'étonnait autour de lui, on se scandalisait de la stérilité de ses talents; les forts, les heureux, qui ne demandent pas plus à la vie qu'elle ne saurait donner, dédaignaient cette nature renfermée, malhabile, souffrante. Et combien Amiel souffrait, en effet, de ses inaptitudes, nous le savons aujourd'hui, mais nous en savons aussi le secret. Dans la bataille pour l'existence, il avait apporté des visions de l'infini et la découverte que cet infini pourrait bien être égal à zéro, ce qui n'est pas précisément le moyen de se faire sa place dans le monde. Il est vrai que son infortune n'a pas été sans fruit. Ses visions et ses douleurs, une fois rentré chez lui, le soir, Amiel les racontait dans son *Journal* en des pages sublimes, des pages impérissables. Pourquoi faut-il que l'œuvre qu'il accomplissait ainsi, il l'ait ignorée? Que n'a-t-il su les sympathies qu'il devait éveiller, les admirations qu'il allait inspirer ? Mais non, les eût-il connues, sur cela aussi, comme sur tout le reste, après le premier moment flatteur, il aurait indubitablement passé la sentence : *nada*, néant !

VIII

LA CRISE ACTUELLE DE LA MORALE

Sous ce titre, M. Beaussire a récemment publié, dans la *Revue des Deux-Mondes*, un article digne de son excellent esprit, un article sage, mesuré, réfléchi, et dont le seul défaut est d'être un peu resté à la surface du sujet. L'auteur avait compris qu'il avait affaire à un grave problème, mais il se contentait de signaler l'affaiblissement des mœurs et des principes, la disposition à tout justifier par des paradoxes, le scepticisme qui mine aujourd'hui les convictions. On rencontrait là-dessus, dans le travail de M. Beaussire, nombre de considérations qui avaient leur justesse et leur valeur, et qui, en somme, reproduisaient bien le désarroi des consciences dans la société moderne ; ce qu'on n'y trouvait pas, en revanche, et ce qu'on eût aimé y trouver, c'est la part de la pensée dans la crise dont l'auteur décrivait les symptômes. Il avait l'air de supposer que la théorie n'y était pas pour grand'chose, tandis qu'en réalité elle a été une cause énergique de destruction, agissant par en haut et d'abord sur une élite, puis s'infiltrant peu à peu et gagnant la multitude. M. Beaussire a montré comment le sentiment du devoir s'est affaibli, il n'a pas montré comment l'idée morale elle-même a été entamée, quelles ruines se sont faites dans les esprits, de quelle révolution spirituelle le monde est menacé, et menacé de tous les côtés, directement et indirectement, par les tendances et les systèmes, par la faiblesse des tentatives de rescousse autant que par la vigueur des attaques, ici par la science et la raison, là par cette espèce de désintéressement universel que produisent les désabusements de l'âge, l'expérience d'un monde vieilli.

Comme les manières de sentir changent avec le temps, comme les idées se retournent, comme les thèses se succèdent en se détruisant l'une l'autre! Pendant combien de siècles l'apologétique religieuse n'a-t-elle pas trouvé ses preuves favorites des perfections divines dans les merveilles de la création et dans les voies de la Providence! Hélas! ce qui était hier démonstration triomphante, n'est plus aujourd'hui que doute ou difficulté. L'univers n'a-t-il point de message pour nous? S'il a une voix, que dit-elle? Qu'enseigne-t-elle sur son auteur, son origine, son but? Rien! Le silence éternel de ces espaces infinis effraye l'âme profonde de Pascal. Et la Nature? Peu s'en faut qu'elle ne nous soit en scandale. Nous avons beau recourir aux éloquentes considérations sur ses soi-disant harmonies, notre conscience se trouble à la pensée de ce régime de sang et de larmes qui s'appelle la lutte pour la vie. Et sans parler même de la lutte, que de douleurs du corps et de l'âme, que d'existences frappées dès le premier jour du sceau de la malédiction, que d'ignominies et de tristesses, que de langueurs et de tortures! Et cela du haut jusqu'en bas, du ciron jusqu'à l'homme, dans toute la série des êtres capables de sentir. Le tigre déchire la gazelle, et ces os qui crient sous la dent du fauve ont je ne sais quelle éloquence d'athéisme. Cela est si vrai que la pensée a de tout temps cherché des réponses aux doutes affreux qui l'envahissaient en présence de ce monde que saint Paul lui-même nous a représenté soupirant et gémissant. Les Livres saints sont pleins des angoisses que la contemplation de la nature jette dans les esprits méditatifs; la théologie et la philosophie, de leur côté, ont écrit de gros volumes pour défendre l'honneur du Créateur compromis par la création; mais peut-on dire que la théodicée, avec tous ses efforts, ait réussi à étouffer dans la poitrine du genre humain le gémissement exprimé en un vers sublime :

Oh! pourquoi la souffrance et pourquoi la laideur !

La Providence s'en tirera-t-elle mieux que la création? L'univers, avec les douleurs qu'il porte en ses flancs, a-t-il du moins une raison d'être, et cette raison d'être est-elle le bien? Le navire, sur l'océan des siècles, vogue-t-il vers un port qui s'appelle raison et justice? L'histoire, pour tout dire, est-elle plus morale que la nature? Elle l'est encore moins, et précisément parce que ce sont des forces spirituelles qui y sont en jeu. L'histoire est le produit d'une rencontre de la chose qui est aveugle et de la raison qui cherche à pénétrer la chose. Il s'en dégagera donc quelque protestation contre la tyrannie du fait. Mais, bon Dieu, que cette protestation est faible, que l'issue de la lutte est incertaine, et combien l'intérêt qui est en cause ne sert-il pas à rendre plus manifestes, plus poignantes les défaites de l'idéal! Les gloires de l'humanité en sont bien plutôt les laideurs ; le succès couvre tout; les héros ce sont les rusés et les forts, et ceux qu'on appelle grands sont les grands contempteurs de l'humanité, un César, un Napoléon, un Frédéric.

Je me suis demandé quelquefois pourquoi la doctrine qui regarde l'univers comme l'œuvre de deux principes opposés, n'a pas plus de sectateurs ? En est-il aucune, à ne chercher qu'une hypothèse destinée à expliquer les énigmes de la nature et les problèmes de l'existence, qui tienne mieux compte des faits et s'y applique aussi exactement? Bayle a-t-il si grand tort lorsque, avec son air de bon apôtre, il insiste sur les embarras que ce « faux dogme », habilement manié, pourrait susciter à l'orthodoxie ? Ahriman vaut Satan, et le manichéisme ne demande pas plus d'effort à la raison que le péché originel.

Non moins inquiétants pour la morale que la vogue actuelle des conceptions pessimistes de l'univers, sont les progrès du déterminisme. La morale suppose la responsabilité, la responsabilité implique la liberté, et bien que la liberté semble être une donnée invincible de la conscience, nul doute que cette foi ne puisse être ébranlée par le raisonnement. Or, n'est-il pas certain que, le jour où le libre arbitre aurait été réduit à la valeur d'une illusion psychologique, ceux qui auraient fait cette découverte ne jugeraient plus leurs actions et celles de leurs semblables comme ils l'avaient fait jusque-là?

Les progrès du déterminisme tiennent à deux choses, à la diffusion plus générale de l'esprit scientifique et à une analyse plus précise des actes volontaires.

La science ne connaît que des rapports de causes et d'effets, sa mission est de tout ramener à des faits constants, et l'âme de ses recherches est la foi, à l'universalité du règne de la loi. Mais le règne de la loi, c'est le régime de la nécessité; le principe de la raison suffisante et la conception mécanique de l'univers n'ont point de place pour cette liberté humaine dont le propre est justement d'échapper à la causalité universelle et de constituer une multiplicité de commencements indépendants et absolus. Si la science ne peut démontrer que la liberté n'est pas (on ne démontre pas une négation), l'esprit scientifique, cela n'est que trop manifeste, répugne à admettre des exceptions à l'ordre de la nature.

Une simple prévention, après tout. On révoque en doute ce qui est précisément en discussion. Mais le déterminisme a attaqué la question plus directement. Ses procédés étaient autrefois quelque peu grossiers. Au système de la liberté, il opposait que l'homme, en prenant une décision, cède au motif le plus fort, et qu'il n'est point par conséquent le maître de ses choix; la volonté devenait une balance dont les plateaux obéissaient aux lois de la pesanteur. Le déterminisme a renoncé, de nos jours, à ces notions à la fois abstraites et grossières; il trouve mieux son compte à rappeler que, derrière l'attribut, il y a un sujet, derrière la volition, une personne, derrière ma liberté, moi-même. Mais ce moi, poursuit-il, est quelque chose de concret, un être vivant, une nature donnée; ce qui fait que je veux telle fin, que j'agis de telle façon, c'est en définitive, et de quelque manière qu'on le retourne, la satisfaction que j'y trouve, et cette satisfaction dépend de mes penchants naturels, lesquels dépendent à leur tour du tempérament que j'ai apporté au monde. L'éducation que j'ai reçue des hommes et des événements peut avoir modifié ce fond, et mes propres actes volontaires en ont certainement confirmé ou redressé les instincts, mais il n'en est pas moins vrai que je suis avant tout un fait de nature, et que ma liberté ne saurait par conséquent avoir le caractère transcendant que lui supposent les moralistes. La liberté, selon une définition qu'avait entrevue Spinoza et qui a été complétée depuis, la liberté est l'illusion inévitable d'un être qui est à la fois un produit et un agent, un effet et une cause, et qui a conscience de soi comme cause, mais non pas comme effet.

L'acte déterminé par un motif, le motif tendant à la satisfaction, la satisfaction dépendant du caractère, ce caractère résultant d'une nature, cette nature, enfin, donnée par les accidents de la naissance et de l'hérédité, tels sont les éléments dont se compose un acte de volonté, et il faut avouer qu'il est difficile d'y trouver place pour la liberté métaphysique dont la plupart des moralistes estiment ne pouvoir se passer. Quelques-uns d'entre eux, à la vérité, ont cherché à concilier ces exigences de la morale avec les résultats de l'analyse psychologique, mais n'est-ce pas, en somme, une confirmation de l'exactitude de ces résultats que les vains efforts d'un esprit profond et d'une âme élevée pour concilier le déterminisme du caractère avec la responsabilité des volitions? J'ai en vue, en m'exprimant ainsi, un ouvrage d'un extraordinaire intérêt, le volume posthume de T. H. Green, intitulé *Prolegomena to Ethics*[1]. Green était tout ensemble un chrétien convaincu, un penseur exercé et un noble caractère; il croit de tout son cœur à la responsabilité humaine et, par conséquent, à la liberté, une liberté qui se confond pour lui avec le fait que l'agent est l'auteur conscient de ses actes; mais quoi, cette conscience n'est-elle pas liée à un caractère donné, et n'est-elle pas, par conséquent, elle-même un fait de nature? Non, répond Green, la conscience n'a pas d'origine, elle n'a jamais eu de commencement, car elle est la condition de tout commencement et de toute fin, qui ne sont tels que par rapport à elle. En d'autres termes, la conscience, la personnalité humaine, pour Green comme pour Kant, appartient à

---

1. Oxford, 1883.

ce monde intelligible qui, placé en dehors du temps et de l'espace, possède cet avantage qu'on n'en peut rien savoir, ni, par suite, le prouver ou le renverser. Ce n'est autre chose qu'un *postulat* de la raison, c'est-à-dire, au fond, l'hypothèse d'une philosophie aux abois, qui, ne sachant comment concilier ses doctrines avec les faits, prend le parti de chercher la solution du problème en dehors des conditions de la connaissance.

On devine que les recherches de la physiologie ne seront pas plus rassurantes pour les honnêtes gens que les constatations de la psychologie. La physiologie est tout bonnement en train de revenir à l'automatisme de Descartes, et avec cette aggravation qu'elle l'applique à l'homme aussi bien qu'à l'animal. Tout le monde sait ce qu'on entend depuis quelques années par un mouvement réflexe : l'action d'un nerf moteur sous l'excitation du nerf sensitif correspondant, le mouvement en retour provoqué par une cause extérieure et étrangère à la volonté ou même à la conscience. Un animal à qui on a enlevé les lobes cérébraux peut continuer à remplir certaines fonctions de la vie, un cadavre même peut répondre par des mouvements à l'attaque du scapel, et, sans aller si loin, l'éternuement nous offre un type familier de l'action réflexe. Jusqu'ici rien que d'innocent ; mais ne s'est-on pas avisé de faire rentrer toute l'activité de l'homme dans cet ordre de phénomènes? Le mouvement réflexe ne s'entendait à l'origine que du mouvement inconscient ou involontaire : on supprime maintenant cette distinction et l'on n'est pas éloigné de faire de la vie entière, y compris l'intelligence et la conduite, un système d'actions et de réactions nerveuses. Et, en effet, une fois le principe posé, on arrive par des transitions insensibles aux conséquences les plus inattendues. J'éternue malgré moi, je voudrais en vain m'en empêcher, c'est un acte qui se passe en moi, mais sans ma participation ; il n'en est déjà plus tout à fait de même lorsqu'un bon mot me fait rire ou qu'un récit touchant me fait pleurer. Ces larmes, ce rire sont à la vérité des phénomènes physiologiquement caractérisés, des mouvements involontaires, mais des mouvements que je m'approprie, si l'on peut s'exprimer ainsi, que je fais miens parce qu'ils répondent à ma disposition, et dont je me regarde comme l'auteur parce que j'y consens. Il y a en outre cette circonstance qu'au lieu d'être produits par une cause extérieure et matérielle comme l'éternuement, le rire ou les larmes dont je parle ont été produits par une émotion, et que cette émotion à son tour a été causée par une représentation intellectuelle. D'où il résulte qu'une idée, c'est-à-dire une image qui se réfléchit dans le cerveau, est une cause de mouvement, que nos actions sont les effets de nos idées, et qu'il n'y a d'autre différence entre ces opérations et le mouvement réflexe proprement dit que l'intervention de la volonté. Je me trompe, car la volonté elle-même, dans cette suite de déductions, n'est plus qu'un mot pour désigner le caractère spécial de ce mécanisme compliqué, ou même seulement la conscience de ce qui se passe au sein de l'organisme. « La liberté, demandait déjà Maine de Biran, serait-elle autre chose que la conscience d'un état de l'âme tel que nous désirons qu'il soit? » « On n'a pas, écrit Huxley, le droit de dire qu'une volition soit la cause d'un mouvement corporel, il est extrêmement probable, au contraire, qu'elle en est seulement l'accompagnement. » Et M. Th. Ribot : « L'acte volontaire diffère du réflexe simple, en ce qu'il est le résultat d'une organisation nerveuse tout entière, laquelle reflète elle-même la nature de l'organisme tout entier. Il suppose la participation de tous les états conscients et inconscients qui constituent le moi à un moment donné. »

Ce serait faire injure au lecteur que de prendre la peine de lui signaler les conséquences qu'aurait une pareille manière d'envisager l'homme et son activité, si, comme elle a tout l'air d'en prendre le chemin, elle parvenait à s'établir dans les esprits. On ne peut se figurer un renversement plus complet des notions qui passaient jusqu'ici pour élémentaires. La conscience humaine en serait altérée dans son fond même, dans son principe. L'homme moral, l'être responsable aurait disparu pour faire place à un produit de la nature. Il ne serait plus ce qu'il doit, mais ce qu'il peut. Il n'agirait plus, il se regarderait agir. Il ne voudrait plus, il se verrait vouloir. La seule différence entre lui et l'animal serait qu'il se sent vivre, aimer, souffrir, et qu'il sait qu'il le sent. Là, et non plus, ainsi qu'on l'avait pensé jusqu'ici, dans l'activité libre, résiderait cet élément irréductible de la personne humaine qu'il faut bien placer quelque part, et qu'on ne saurait expliquer parce qu'on ne saurait le comparer à rien d'autre. Mais qui ne voit qu'ainsi entendue, la personnalité est sur le point de s'évanouir? Elle n'a plus que la valeur d'une impression. L'entité humaine, le moi substance, l'*ego* a disparu. La vie ressemble à une flamme qui se saurait lumineuse et ardente, mais on souffle la bougie et où est la flamme?

Ces considérations sont-elles troublantes, j'en sais qui sont plus perfides encore, qui arrivent d'autant mieux à leur fin qu'elles y arrivent de biais. Je veux parler des théories qui, au lieu d'expliquer la morale par l'analyse physiologique, se contentent d'en retracer la genèse. C'est le propre des genèses, en effet, c'est leur séduction à la fois et leur danger, que d'éliminer le mystère des choses en montrant comment celles-ci se sont faites, le mystère, dis-je et le prestige. Preuve en soit la nouvelle histoire naturelle de l'homme, celle qui porte le nom de Darwin, et la façon dont elle a bouleversé tous les départements du savoir humain. Je ne vois dans la philosophie que l'esthétique à laquelle on n'ait pas encore appliqué la méthode dont il s'agit, et il faudra bien que l'esthétique se renouvelle à son tour en cherchant à la même source l'explication des questions sur lesquelles elle s'acharne depuis si longtemps avec de si minces résultats. On ne se lasse pas, en attendant, d'admirer comment le darwinisme a résolu les plus gros problèmes de la métaphysique et de la morale, non de front, mais en les tournant, et par la seule application du principe de l'expérience accumulée et de l'habitude héréditaire. Pauvre Kant! Il se doutait peu, en poursuivant sa merveilleuse analyse des formes à priori de la pensée, que la raison n'est qu'un produit de la nature, et que, si elle correspond à la réalité, c'est parce qu'elle s'est formée en s'y adaptant. Et j'ajoute : Pauvre Kant! qu'il était loin de prévoir, lorsqu'il proclamait le caractère absolu de l'obligation morale, que le jour viendrait où ce sentiment sublime s'expliquerait par des règles d'utilité devenues habitude, et par l'habitude héréditaire transformée en instinct profond, en spontanéité irréfléchie! Car telle est la théorie : à l'origine, une prescription ou une prohibition dictée par les nécessités de la vie commune, ces prescriptions passant avec le temps à l'état de sentiment inné, cette transmission séculaire enfin revêtant le précepte d'une autorité quasi naturelle. Séduisante explication, il faut l'avouer, et en cela surtout qu'elle semble fournir la conciliation si longtemps cherchée de la morale utilitaire avec celle qui en appelait jadis à un principe spécial dans l'homme, mais explication, il faut le reconnaître aussi, qui fait descendre l'impératif catégorique des régions de l'absolu dans le domaine du contingent et du relatif.

Nous n'avons eu affaire jusqu'ici, parmi les forces conjurées contre la morale, qu'à des doctrines particulières, et par conséquent à des groupes déterminés d'opinions. Darwinisme, automatisme, déterminisme, autant d'enseignements qui, pour avoir plus ou moins cours, n'ont pourtant qu'un nombre de partisans limité par la nature des études qu'ils supposent. J'arrive maintenant à quelque chose de plus subtil et par suite de plus insinuant, de plus général et, par là, de plus grave, — une manière de raisonner et une manière de sentir qui gagnent tous les jours, et qui semblent l'une et l'autre également contraires aux noblesses de l'âme. La doctrine que je veux dire est celle qui a pris le nom de positive, et la disposition d'esprit que j'ai en vue est celle qui ferait de l'univers, selon l'expression d'Alfred de Musset « un spectacle dans un fauteuil. »

Le positivisme est plus qu'une doctrine; on pourrait presque dire, tant il a pénétré la masse des esprits, qu'il est la forme de la pensée contemporaine. En se répandant, toutefois, il s'est tout ensemble simplifié et précisé. Il a abandonné une notable partie du bagage comtiste. On n'entend plus parler de la prétention d'interdire toute voix au chapitre à qui n'a point parcouru l'encyclopédie des sciences; l'importance attachée par l'école à sa classification des connaissances humaines est tenue pour exagérée, et, quant à la fameuse distinction des trois phases du développement intellectuel de l'humanité, elle est si juste et si évidente que chacun s'imagine l'avoir trouvée lui-même, et qu'on n'en fait plus honneur à l'inventeur. Le positivisme, à l'état diffus et latent qu'il a revêtu aujourd'hui, s'est concentré sur un point de l'enseignement d'Auguste Comte, les bornes de la connaissance humaine. Il a même changé de nom en se simplifiant ainsi, et il s'appelle désormais *agnosticisme*. L'agnostique est un homme qui limite l'activité de la pensée aux connaissances vérifiables, éliminant tout ce qui n'est pas susceptible de preuve, et à plus forte raison tout ce qui, par sa définition même, échappe à l'intelligence. Nous ne pouvons, dit-il, savoir le commencement ni la fin de rien; une cause première n'a pas de sens; l'absolu et l'infini sont des mots mal faits qui prêtent une objectivité à des notions purement négatives. L'agnostique, au surplus, se tient sur la défensive; il n'a garde de nier non plus que d'affirmer la réalité des assertions relatives à un monde supra-sensible; il attend qu'on lui en fasse la démonstration, et jusque-là il se contente de hausser les épaules, il ignore. Ce n'est pas sa faute, si la métaphysique et la théologie, si le travail de la spéculation et les croyances de la piété se sont évanouis devant l'exception d'incompétence qu'il a soulevée.

Je viens de dire le côté populaire, la forme élémentaire et abrégée de l'agnosticisme; mais l'agnosticisme n'est pas sans avoir trouvé son expression philosophique. Satisfait le plus souvent d'opposer aux croyances l'absence de preuves directes et de vérification possible, il ne dédaigne pas toujours d'étayer ses négations d'une théorie de la connaissance. C'est ainsi qu'il a repris en sous-œuvre Hume et Kant, en les aiguisant un peu plus encore, et qu'il constitue, sous le nom de phénoménisme, une véritable critique de la Raison.

Le phénoménisme part de la nature de l'homme. Nous ne pouvons, selon lui, connaître que des faits et des enchaînements ou groupes de faits. Savoir, c'est faire rentrer une chose dans l'analogie de l'expérience; expliquer, c'est ramener un fait à sa cause, et assigner une cause, c'est simplement constater un rapport constant entre deux faits. On distingue le moi et le non-moi, et on en a le droit, mais à la condition de ne pas oublier que le non-moi lui-même ne nous est connu que par des modifications du moi, et qu'en réalité, ce sont ces modifications seules que nous connaissons. La distinction entre le phénomène et la chose en soi est encore plus insidieuse ; à appliquer ainsi les catégories de la réalité et de l'apparence, on commet une pétition de principes, on soulève des questions qui, en vertu de la subjectivité de nos conceptions, n'ont pas même le droit de se poser. Parler comme si la nature était un rideau derrière lequel il y a quelque chose, — autant supposer qu'on pourrait se mettre à la fenêtre pour se regarder passer dans la rue. Si le ciel tombait, disait cet autre, nous attraperions des alouettes !

Le phénoménisme a fort à faire pour ramener à leur stricte valeur le nombre considérable de notions que nous devons à d'invincibles tendances de notre esprit. C'est ainsi que nous animons tout en prêtant à tout notre personnalité. Chaque fois que, dans l'étude de la nature, nous parlons de grandeur et de petitesse, de cause et d'effet, de tendance et d'action, de force et de résistance, de but et de hasard, de bien même et de mal (je suppose que c'est un phénoméniste qui parle), que faisons-nous, si ce n'est transporter dans les objets des données empruntées aux conditions de notre propre existence ? Autre source d'erreur non moins féconde : les termes généraux, les abstractions du langage tendent à devenir des substances, des êtres, et, comme on dit dans l'école, des entités. Ou bien, un fait étant donné et sa cause nous échappant, nous en supposons une qui n'est que l'assertion du même fait sous une autre forme. Ces mots qui ont l'air de tout expliquer, la nature, la vie, les facultés de l'esprit, les propriétés des corps, ne représentent, au fond, que des collections de faits. On dit : la vie, mais la vie n'existe pas ; il n'y a dans le concret que des êtres vivants. On dit : la mémoire, mais il n'est rien qui réponde à ce mot, il n'y a que des souvenirs. Le phénoménisme ne craint pas de citer l'âme et le moi lui-même comme exemples de ce paralogisme. Qu'est-ce que l'âme, dira-t-il, si ce n'est le *substratum* imaginaire de nos émotions ? Et qu'est-ce que le moi, sinon le sentiment du moi ? Un sentiment a-t-il un autre contenu que ce sentiment même ? La conscience peut-elle donner autre chose que le fait de conscience ? Imaginer derrière elle une substance, un être, un moi hypostatique qui se perçoit, c'est faire comme l'auteur de la Divine Comédie, qui expliquait la vue par un *spirto visivo*, et la voix par un *spirto vocale*. L'âme est une tautologie[1].

On sent, à ce mot, que nous sommes arrivés au fond de l'abîme. L'agnosticisme avait fait de l'univers la

---

1. Doch wer Metaphysik studiert
Der weiss dass wer verbrennt nicht friert,
Weiss dass das Nasse feuchtet,
Und dass das Helle leuchtet.
SCHILLER.

grande inconnue ; avec le phénoménisme la formule se transforme et nous avons $x = o$.

La conséquence du phénoménisme, dans la pratique de la vie, serait l'acquiescement. Le fait est souverain, et il n'y a qu'à se soumettre ; le fait est ce qu'il peut, et il est vain de se demander s'il pourrait être autre qu'il n'est. Le plaisir ou la souffrance qu'il nous apporte restent plaisir et souffrance, mais la reconnaissance et la révolte sont également déplacées dans un système qui ne voit là qu'un détail, le côté subjectif de choses qui en elles-mêmes ne sauraient être bonnes ni mauvaises ; elles sont, voilà tout ce qu'il y a à en dire. On devine, d'ailleurs, ce que sera la morale du phénoménisme. Purement subjective aussi ! Il pourra y avoir des motifs d'éviter le mal comme il y en aura d'éviter la douleur, mais le mal, en définitive, ne sera qu'un fait comme tous les autres, et ayant le droit d'être aussi bien que la vertu. Ayons le courage de le reconnaître : la morale ne peut se passer de transcendance, et par conséquent de métaphysique ; or le phénoménisme est la négation de la métaphysique.

Et, cependant, avec le phénoménisme même il y a encore moyen de s'entendre, tout au moins de discuter. Il croit au raisonnement, puisqu'il raisonne ; il croit au vrai, puisqu'il cherche à établir quelque chose ; l'homme sur lequel l'idée du devoir, le sentiment de l'obligation, la voix de la conscience a le moins de prise, n'est pas le phénoméniste ou l'agnostique, c'est celui qui tient le monde pour « une ample comédie en cent actes divers ».

Celui-là n'a point aboli la distinction entre la vertu et le vice, entre le dévouement et la scélératesse ; il a fait pire, il s'est habitué à y voir les données d'un spectacle. Il prend parti pour le héros et contre le traître de la pièce, mais c'est bien d'une pièce qu'il s'agit pour lui. Il ne se défendra pas d'éprouver l'horreur et l'admiration, mais comme on fait au théâtre, pour un moment et sans y mettre autrement du sien. Que si la contemplation de la vie humaine ne va pas sans révéler des difformités repoussantes, sans ouvrir parfois des jours effrayants sur les bas-fonds de la société, on en est quitte pour détourner un instant la vue, et le monde, en somme, le voudrait-on très différent de ce qu'il est ?

La sagesse, selon l'épicurisme intellectuel que je décris, consiste en ces deux choses, s'intéresser au spectacle du monde et s'en désintéresser. Prendre la vie telle qu'elle est au lieu de tant la retourner ; y voir un art à exercer plutôt qu'une tâche à remplir, et un produit naturel encore plus qu'un art ; la considérer dans son inépuisable variété, au lieu de s'attarder à moraliser à son sujet ; se maintenir tolérant pour toutes ses formes, curieux de tous ses aspects, prêt à toutes ses surprises, sans se donner le tort d'y soupçonner une énigme et encore moins le ridicule de prétendre changer les hommes : tel est le point de vue. Controverse, propagande, philanthropie, toutes choses à laisser aux gens qui se croient sérieux et qui ne sont que solennels. Le vrai sujet d'étude, c'est l'homme tel qu'il est, non tel qu'il pourrait ou devrait être. Que ne perdrions-nous pas au change si nous parvenions à le rendre semblable au type que nous nous plaisons quelquefois à rêver ! Il n'est pas jusqu'au mal, si nous osions l'avouer, qui ne fasse partie de notre jouissance artistique, et l'existence perdrait la moitié de sa signification, ou, si l'on veut, de son amusement, si nous étions, soit des êtres sans moralité, soit des moralistes trop sérieux.

On comprend maintenant pourquoi j'ai dit que l'homme qui du monde fait un spectacle me semble plus qu'aucun autre imperméable à l'idée morale. Que lui parlez-vous d'obligation et d'effort, de péché et de conversion ! Ce qui vous paraît à vous les choses profondes de l'âme, les intérêts supérieurs de l'humanité, n'est pour lui que le ragoût d'un plaisir. N'insistez pas, de grâce, la bonne humeur est la grande affaire en ce monde, et vous finiriez par troubler sa bonne humeur.

J'ai dit les ennemis de la morale ; mais n'a-t-elle point d'amis, de défenseurs ? Elle n'en a que trop. Ce qu'il y a de plus éprouvant pour la foi religieuse, de plus fatal, en bien des cas, ce ne sont pas les objections des incrédules, c'est la faiblesse des réfutations, et, plus encore, l'air de parti pris qui s'y attache ; on sent qu'on n'a pas devant soi la liberté de la science, mais le plaidoyer de l'apologétique. Il en va tout pareillement en morale, en particulier quand la morale dégénère elle-même en théologie. Lorsque Kant, après avoir dissous, au creuset de sa dialectique, les idées de cause première, de liberté et d'immortalité, les rétablit par une seconde

10.

opération, comme autant d'exigences de la raison pratique, peut-on s'empêcher de soupçonner qu'il y a mis de la bonne volonté ? Sa déduction a-t-elle le caractère d'une genèse naturelle ou celui d'une construction laborieuse ? S'impose-t-elle à l'esprit avec les caractères de l'évidence ou n'est-elle qu'une hypothèse mise tant bien que mal sur ses pieds ?

Kant a provigné. La plante, après une mort apparente, a tout à coup, et sous nos yeux, poussé de rares mais vigoureux rejetons. Les tentatives de MM. Renouvier et Secrétan ont surtout cela d'intéressant que ces philosophes représentent à peu près seuls aujourd'hui l'absolu dans la morale. Or, je l'ai déjà dit, qu'est-ce que la morale réduite au relatif ? Et toute la crise dont j'ai esquissé l'histoire ne revient-elle pas à ceci, que l'impératif a cessé d'être catégorique ? Reste à voir, il est vrai, comment les deux émules s'y sont pris pour lui rendre son autorité.

M. Secrétan a d'autant plus de droit à être nommé ici qu'il vient de nous redonner son système sous une forme perfectionnée[1] : un bien remarquable, mais énigmatique livre, où l'indépendance native s'est pliée à travailler sur un thème donné, où la génialité spéculative sert les besoins d'une cause, où la noblesse des convictions n'exclut pas l'amertume sectaire, et où les hauteurs du dédain dissimulent imparfaitement la faillite définitive de l'opération. Tout cela dans un des plus

---

1. *Le principe de la Morale*, par Charles Secrétan, 1884.

beaux styles, dans une des plus larges manières philosophiques de notre temps. Quant à la méthode, c'est bien, au total, celle de Kant. M. Secrétan part de la distinction du bien et du mal qui se prononce en toute conscience d'homme ; l'idée du bien implique l'obligation de s'y conformer, et cette obligation suppose à son tour la possibilité de le faire : voilà la liberté établie et la morale fondée. Après quoi et ainsi déduite la morale va servir, à son tour, de premier échelon à toute une série de conséquences. On nous démontre que toute morale est nécessairement religieuse, ce qui nous donne Dieu, et l'on n'a pas de peine à prouver que, si les hommes ont le libre arbitre, ils n'en font pas toujours bon usage, ce qui nous donne le péché ; mais le péché, c'est le besoin de salut, le besoin de salut, c'est le besoin d'un Sauveur (avec une grande lettre), et ce Sauveur il n'y a plus qu'à le chercher dans l'histoire. M. Secrétan a assez de confiance dans nos connaissances historiques pour ne pas se donner la peine de nous dire à qui appartient cette auguste désignation, et il se hâte de compléter le cercle de ses déductions en y faisant entrer le surnaturel, la prière, l'Église même. On est tenté, en arrivant à la dernière page, d'y inscrire un *quod erat demonstrandum*. L'auteur, en effet, ne nous avait pas laissé ignorer le terme auquel il entendait aboutir : « conclure de la vérité morale à la vérité théologique ». Kant, selon M. Fouillée, a été le plus sublime et le dernier des Pères de l'Église ; on pourrait dire avec non moins de raison que MM. Secrétan et Renouvier sont les derniers des scolastiques. Grand appareil de raisonnements, grands semblants de démonstration pour établir des propositions qu'on avait acceptées d'avance et à des titres qui n'ont rien de commun avec la science.

Me trompé-je en soupçonnant que la méthode qui consiste à « postuler » (c'est le terme technique) les croyances positives comme des conséquences de la foi au devoir, est plus faite pour inquiéter les consciences que pour les rassurer ? Pour être une très grande et noble chose, le sentiment moral n'offre-t-il pas une base trop étroite à un édifice qui va jusqu'au ciel ? Le point d'appui a beau être solide, le poids qu'on lui fait porter paraît démesuré. On se demande malgré soi si l'on n'est pas victime de quelque tour de prestidigitation. Et je parle des plus indulgents, de ceux qui seraient trop heureux de voir l'opération réussir. Quant aux penseurs qui, sans révoquer aucunement en doute le caractère sacré de la conscience, n'admettent pas la prétention de soustraire le sentiment moral à la discussion ni le libre arbitre à l'examen, la méthode kantienne ne sera jamais pour eux qu'une fin de non-recevoir. Il leur paraît qu'on pose en principe ce qu'il fallait démontrer et qu'on répond à la question par la question. Ces écoles, dit M. Fouillée, « critiquent toutes choses, hormis le devoir, et finissent par croire parce qu'elles veulent croire, *sit pro ratione voluntas* ».

Je sais bien avec quelle hauteur on envoie promener ceux qui éprouvent ces scrupules ou qui hasardent ces objections : discuter l'obligation, c'est déjà la nier, leur dit-on ; or ceux qui la nient sont de malhonnêtes gens, et nous ne nous soucions pas d'avoir affaire à eux. Ce qui revient à dire : ceux qui pensent autrement que nous ne méritent pas qu'on s'en occupe. — A la bonne heure, mais ne se pourrait-il pas faire que ces procédés de controverse, par cela même qu'ils sont si faciles, contribuassent à rendre suspecte toute la méthode ? Et, pour en revenir à M. Secrétan, n'a-t-on pas quelquefois avec lui le sentiment que l'à priori de la conscience est un bien commode instrument de discussion ?

Le système de M. Secrétan se heurte à une autre difficulté, et celle-ci plus grave encore et touchant au cœur même des questions soulevées, j'entends le problème du mal moral dans le monde. La conscience nous a fait admettre d'une part un créateur saint et bon, et de l'autre un homme coupable et malheureux. Comment concilier ces deux faits ? Il y a l'explication orthodoxe, et l'on devine d'avance que M. Secrétan s'y rangera, mais le péché originel n'est pas lui-même sans avoir besoin d'explication. Nous ne sommes plus au temps où Dante et Pascal trouvaient un argument pour la foi, dans l'opposition même de nos idées de justice à la justice divine, telle que la révélation nous la fait connaître[1]. M. Secrétan a dû chercher autre chose, et il a eu recours à la solidarité humaine. Oh ! bien timidement, et en reconnaissant avec une parfaite bonne grâce qu'il n'est

---

1. Dante, *Paradiso*, IV, 64 et suiv. Pascal, *Pensées*, 2ᵉ édit. Havet, I. 115 et 153.

pas de système où l'on ne rencontre quelque grain de sable sous la dent, quelque mauvais pas à franchir. « Il faut, bon gré mal gré, dit-il quelque part, s'élever au-dessus des vérifications possibles, il faut risquer des affirmations transcendantes. » L'affirmation transcendante, malheureusement, se résout ici en une contradiction. Le dogme de la chute n'est jamais sorti de ce dilemme : ou le péché est affaire de solidarité, et alors c'est un fait naturel qui exclut la responsabilité, et il ne saurait être question de péché ; ou le péché est un acte libre, imputable, et alors il est un fait personnel, et ne saurait tenir à l'hérédité. C'est bien ainsi, dans le fond, que le comprennent le kantisme moderne et ses velléités d'orthodoxie ; seulement ils font comme la chauve-souris et nous opposent tantôt l'une, tantôt l'autre des deux faces de la question : le fait moral pour satisfaire la conscience et la solidarité naturelle pour contenter la théodicée.

M. Fouillée se propose, nous dit-il, d'ajouter un jour une partie positive à sa critique des systèmes de morale, en déterminant sur quelles bases il croit possible d'établir le devoir[1]. En attendant un travail si digne de son talent, M. Fouillée nous a déjà fourni, dans la préface et dans la conclusion de son volume, quelques indications sur la manière dont il concevait sa tâche. Est-il besoin de dire avec quel empressement j'ai lu, avec

---

1. *Critique des systèmes de morale contemporains*, 1883.

quelle attention j'ai relu ces pages ? L'écrivain qui avait soumis les pensées des autres à une si pénétrante analyse devait avoir mis la même rigueur au contrôle des siennes. Nous allions donc enfin savoir à quoi nous en tenir en cette palpitante question, et ce qu'il était permis d'espérer ! Eh bien, non, et j'en suis encore à attendre le mot du problème. J'avais de la peine tout à l'heure à risquer les affirmations transcendantes que me proposait M. Secrétan, mais j'avais au moins, au bout de l'aventure, la satisfaction de retrouver le devoir avec le caractère absolu sans lequel je ne le reconnais plus ; M. Fouillée, lui, me tient quitte du péché originel aussi bien que de la liberté d'indifférence ; il ne demande d'acte de foi ni au début ni au terme ; il n'exige de moi aucun *salto mortale* ; mais, en revanche, une fois arrivé au bout, je m'aperçois que j'en ai pour mon argent ; ayant eu la sagesse de ne rien risquer au jeu, je m'en retourne chez moi aussi dépourvu que devant.

M. Fouillée part du principe que toutes nos connaissances sont relatives, d'où il suit que l'égoïsme, par lequel un homme s'érige en absolu et agit comme tel, est contraire à la raison. Il y a hors de nous d'autres êtres, d'autres hommes qui sont pour nous des x, mais des x dont nous n'avons pas le droit de faire des *zéros*. De là une attitude de suspens et d'abstention, qui est la justice. Que si cette attitude vous semble trop réservée, ajoutez-y « une spéculation sur le sens du mystère universel et éternel », et vous aurez la bonté, la fraternité, l'amour, c'est-à-dire « la valeur la plus rapprochée de la suprême inconnue », une aventure, pour ainsi parler, dont « la sublimité lui vient de son incertitude même ».

Tout cela très curieux, très intéressant, très beau même comme un effort désespéré de la conscience et de la raison pour ne pas se laisser définitivement séparer, mais tout cela combien peu rigoureux !

Le droit d'autrui et nos devoirs envers lui ne viennent pas, comme le suppose M. Fouillée, de ce que notre semblable nous est inconnu ou imparfaitement connu ; ils se fondent, au contraire, sur ce que nous savons qu'il y a d'autres hommes et qu'ils nous ressemblent. C'est la connaissance et non l'ignorance qui fonde la justice. D'ailleurs, si la connaissance que nous avons des autres existences fonde nos rapports avec ces existences et devient la source de la justice, je ne vois rien là qui ressemble au sentiment de l'obligation, et qui puisse par conséquent servir à la construction d'une morale. Ayant affaire à des êtres pareils à moi et qui élèvent les mêmes prétentions, je suis forcé de les ménager, pour qu'ils me ménagent moi-même, et nous ne sortons point, avec le principe dont il s'agit, de la recherche de l'utilité, ni par conséquent de l'égoïsme. M. Fouillée, enfin, après avoir, d'une manière légèrement subreptice, doué son principe négatif d'une valeur positive, l'élève au rang d'*idée*, et reproduit les considérations ingénieuses que nous avons déjà rencontrées dans son livre sur le *Déterminisme*, et d'après lesquelles l'idée, par cela seul qu'elle a pris place dans l'esprit, tend à se réaliser. Ayant conçu l'image d'une société dont tous les membres seraient frères, nous travaillons spontanément à modeler sur ce type nos rapports avec nos semblables. Rien de mieux ; mais M. Fouillée n'a eu garde de nous le dissimuler : l'idée n'est pas impérative, mais seulement persuasive. Ce qui revient à dire qu'elle n'agit que sur les esprits bien disposés. L'inconnaissable par lui-même peut aussi bien avoir pour conséquence l'exploitation des uns par les autres que l'amour de tous pour tous; si les hommes me sont x, je puis aussi bien les supposer *zéro* que quelque chose ; cela est même plus conséquent. Le fait est que nos penseurs ne parviennent pas à secouer les vieilles habitudes; ils ont beau se cantonner dans le phénomène, soutenir le caractère relatif de nos connaissances, imposer l'incognoscible aux métaphysiciens, ils n'échappent pas à la tentation de changer tout doucement ce rien en quelque chose, cette négation en une affirmation, cette inconnue en une réalité, et de lui faire ensuite jouer un rôle dans les controverses. Mais c'est en vain; l'incognoscible ne peut donner ni une religion comme le veut M. Herbert Spencer, ni une morale comme le désire M. Fouillée; il ne justifie qu'une position, celle qui consiste à s'en tenir au fait sans prétendre regarder dessous, sans même se demander s'il y a lieu d'y distinguer un dessous et un dessus.

L'*idée* du devoir, que M. Fouillée tire des entrailles de l'inconnaissable, nous a paru insuffisante pour fonder l'obligation : à plus forte raison devrons-nous en dire autant de la prétention du dilettantisme littéraire qui croit suffisamment assurer les intérêts de la morale en la faisant entrer, avec la religion et l'art, dans la catégorie de l'idéal. Le bien ici, se confond avec le beau, et la conduite de la vie devient œuvre d'artiste. Séduisante pensée, je l'avoue, et à laquelle il est difficile de refuser une part de vérité ! Que de fois, dans l'ébranlement général des croyances et des principes, n'ai-je pas moi-même estimé heureux celui qui restait homme de bien parce qu'il était homme de goût ! La délicatesse des sentiments serait-elle sans rapports avec celle de l'esprit? L'éthique, n'est-elle pas une sorte d'esthétique supérieure ? Mais enfin, et quelque spécieux que soient ces rapprochements, ils ne nous donneront pas ce que nous cherchions, à savoir : une règle applicable à tous, l'autorité souveraine qui permet de dire à chacun : « Tu dois ! Il faut ! »

Sachons voir les choses comme elles sont : la morale, la bonne, la vraie, l'ancienne, l'impérative, a besoin de l'absolu ; elle aspire à la transcendance ; elle ne trouve son point d'appui qu'en Dieu.

La conscience est comme le cœur : il lui faut un au delà. Le devoir n'est rien s'il n'est sublime, et la vie devient chose frivole si elle n'implique des relations éternelles.

M. Secrétan ne s'y est pas trompé ; il a compris que la morale, au sens élevé qu'il voulait lui conserver, tenait à tout cet ensemble de choses infinies et paradoxales, le libre arbitre, la prière, le miracle, qu'elle n'allait pas sans une métaphysique, qu'elle avait son débouché nécessaire dans la théologie.

On a donné bien des définitions de la religion. M. Réville, avec ses scrupules de savant qui veut réunir tous les éléments et embrasser toutes les manifestations, s'arrêtait dernièrement à une formule selon laquelle la religion serait « la détermination de la vie humaine par le sentiment d'un lien unissant l'esprit humain à l'esprit mystérieux dont il reconnaît la domination sur le monde et sur lui-même, et auquel il aime à se sentir uni ». Ma définition, à moi, est plus simple : la religion, c'est le surnaturel. Et j'ajoute : la morale de même, car la morale n'est rien si elle n'est pas religieuse. Je l'écrivais, il y a plus de vingt-cinq ans, « le surnaturel est la sphère naturelle de l'âme », et je ne vois pas de raison pour changer d'idée[1].

La seule chose que j'y ajouterais aujourd'hui serait cette réflexion mélancolique qu'on peut réclamer l'absolu sans être sûr pour cela de l'obtenir. L'enfant aussi demande la lune, dont il a vu l'image dans un puits.

Mais enfin, me dira-t-on, où voulez-vous en venir, et de quel côté vous rangez-vous, du côté des croyances dont vous avez l'air de déplorer l'affaiblissement, ou du côté des objections que vous avez eu la bonne foi de présenter dans toute leur force ? Je réponds que je n'ai pas à répondre. Je me trouve ici dans la même situation que naguère lorsque, dans un écrit sur la démocratie, je cédais à l'évidence des progrès de l'égalitarisme sans

---

[1]. Voir un volume intitulé *Mélanges de critique religieuse*. Genève, 1860.

parvenir à rencontrer dans la certitude de ces progrès un motif de les juger charmants et désirables. Je vois aujourd'hui disparaître une grande partie de ce que l'humanité tenait jadis pour ses titres de noblesse; ce mouvement me paraît inévitable, les tentatives faites pour l'arrêter me semblent vaines, mais la fatalité avec laquelle il s'accomplit ne fait pas que j'en éprouve plus de satisfaction. Affaire de position peut-être. On appartient à deux civilisations, celle qui vient et celle qui s'en va, et comme on a l'habitude de la première on est mal placé pour juger et goûter la seconde. Ce qui me paraît certain dans tous les cas, c'est qu'on prend trop facilement aujourd'hui tout changement pour une amélioration ; on confond l'évolution et le progrès; mais le déclin, la sénilité, la mort même, c'est encore de l'évolution, et les sociétés n'échappent pas plus que les individus à la loi de la décadence. Après Rome, Byzance. De sorte que la question est de savoir si la crise morale dont il a été question dans ces pages n'est pas précisément l'un des éléments ou des agents d'une transformation générale dans le sens de la médiocrité et de la vulgarité : la religion, réduite à des rites passés en habitude ou à des pratiques superstitieuses, une morale à la Confucius, une littérature de mandarinat, l'art tournant au japonisme, point de ciel au-dessus des têtes, point d'héroïsme dans les cœurs, mais un certain niveau de bien-être, de savoir-faire et d'instruction, l'égalité et l'uniformité d'un monde où les forces en s'usant se sont équilibrées. « Toute vallée sera comblée, annonçaient déjà les prophètes d'Israël, et toute montagne sera abaissée. » Ainsi soit-il ! Le monde, de ce train, ressemblera un jour à la plaine Saint-Denis. Et dire ce qu'il en aura coûté de cris et d'écrits, d'encre et de sang, d'enthousiasme et de sacrifices pour réaliser cet idéal !

Août 1884.

IX

GEORGE ELIOT

I

Le nom de George Eliot pourrait servir à mesurer la distance qui sépare la France de l'Angleterre. Un auteur dont on publie la vie en trois volumes, cette volumineuse biographie lue avec avidité par tous les Anglais, discutée et commentée par tous leurs journaux, faisant diversion à de douloureuses préoccupations politiques, et le nom de cet écrivain que nos voisins entourent de tant d'admiration, à peine connu chez nous, n'y éveillant ni souvenir ni intérêt, n'est-ce pas là un grand sujet d'étonnement?

Étonnement qui deviendrait peut-être de l'humeur et de l'incrédulité si nous ajoutions : Ce George Eliot, si profondément ignoré en France, a été l'un des plus beaux génies de notre temps; c'est à la femme qui avait adopté ce pseudonyme qu'était réservé l'honneur d'écrire les romans les plus parfaits qu'on eût encore vus.

La biographie de George Eliot, que M. Cross vient

de publier, a donc été un événement pour nos voisins. Mais a-t-elle répondu à l'attente qu'elle avait excitée? Mérite-t-elle l'intérêt avec lequel elle a été accueillie? Je ne sais trop qu'en dire. Si j'ai mis à cette lecture une curiosité trop avide pour y trouver des longueurs, j'ai bien l'impression, au total, qu'il faut, dans ces trois volumes, chercher les matériaux d'un livre à faire plutôt que ce livre lui-même. La cause en est dans le plan suivi par M. Cross, plan nouveau, et le seul sans doute qui convînt à un mari retraçant la vie de sa femme. A l'exception d'un petit nombre de passages explicatifs, l'ouvrage se compose tout entier de lettres que George Eliot écrivait à ses amis, et de fragments d'un journal intime dans lequel elle consignait des événements et des pensées. L'éditeur a tiré de ces manuscrits les passages qui lui ont paru de nature à être mis sous les yeux du public, et ces passages se trouvent former une histoire continue, l'histoire d'un bien beau talent et d'une bien belle âme.

Voilà donc qui est entendu : ni une biographie au sens ordinaire du mot, c'est-à-dire la relation complète d'une existence, ni une correspondance comme nous en possédons beaucoup et de précieuses, des lettres imprimées telles qu'elles ont été écrites et trahissant le fort et le faible d'un caractère. M. Cross se borne à laisser parler des lettres, et ces lettres, il n'a garde de les livrer tout entières, il nous prévient qu'il n'y prend que ce qui va à son dessein, et l'on peut être sûr d'avance qu'il n'aura laissé passer aucune de ces révélations involontaires, de ces indiscrétions bénies qui font la joie du lecteur et le profit du psychologue. D'où il ne faudrait pas conclure assurément que M. Cross, malgré ses propres réticences et celles qu'il a imposées à George Eliot, n'ait pas publié un livre du plus haut prix. Comment en aurait-il été autrement, lorsque George Eliot tenait la plume et nous parlait d'elle?

Mary Ann Evans était née en 1819. Son père, charpentier de son état, mais d'une instruction supérieure à sa condition, avait peu à peu fait son chemin et était devenu l'homme d'affaires d'un grand propriétaire du comté de Warwick. Il vivait à la campagne — un intérieur à la fois aisé et rustique — dans une partie de l'Angleterre d'ailleurs médiocrement pittoresque. Mary Ann avait un frère plus âgé de trois ans, dont elle partageait les jeux et pour lequel elle éprouvait l'attachement et la déférence qu'elle a décrits plus tard dans de ravissants sonnets. On ne peut s'empêcher de reconnaître dans cette soumission passionnée un besoin d'affection et d'appui qui distingua toujours George Eliot et qui explique plus d'un incident de sa vie. Le jour où Isaac eut un cheval, sa sœur ne put plus le suivre à travers champs; le temps était, du reste, venu de l'envoyer aux écoles. Elle y apporta une santé délicate, un tempérament timide, la vivacité de l'intelligence, la passion de la lecture, le goût de se donner de la peine et le don de se faire aimer. Elle y trouva, en retour, des influences religieuses auxquelles elle s'abandonna avec l'élan d'une nature à la fois affectueuse et idéaliste. Mary Ann devint un modèle de piété, et, plus tard, lorsqu'elle quitta l'école, un modèle de bonnes œuvres, fondant des réunions de prière, travaillant pour les pauvres, visitant les malades. Son biographe nous a conservé un certain nombre de lettres de cette période de foi et de ferveur, et il a bien fait, précisément à cause de leur insignifiance, j'allais dire de leur platitude. Autant il est intéressant de voir la jeune fille, engagée dans les combats spirituels où se forme l'âme, pousser la conscience jusqu'au scrupule et le devoir jusqu'à l'ascétisme, autant il est curieux de l'entendre parler ce langage convenu de la piété protestante qu'une femme d'esprit a appelé « le patois de Chanaan ». Pas un trait de génialité à travers ces pages de dévotes exhortations, pas même, je dois le dire, un accent d'émotion personnelle. Çà et là, en revanche, des symptômes qui, aux yeux d'un directeur spirituel éclairé, auraient probablement justifié des craintes sur la durée d'un si beau feu. Mary Ann lit trop et lit trop toute sorte de choses. Elle a déjà appris le français, l'allemand et l'italien, et elle fait des lectures dans toutes ces langues, prose et poésie, livres de science et romans. Elle a de l'ambition et souffre à la pensée qu'elle n'accomplira jamais rien d'important. Sa mère est morte, et elle lui a succédé dans les soins du ménage ; elle s'en acquitte admirablement, mais sa pensée travaille tandis qu'elle fait la cuisine ou manie l'aiguille, et bien des questions commencent à se poser dans son esprit. A ces questions, et c'est là le pire, elle apporte une parfaite sincérité, le besoin de se satisfaire pleinement, ce qui fait qu'elle rencontre souvent le doute. Ajoutons que sa nature est riche, mobile, complexe, et, en se prêtant tour à tour à tous les aspects des choses, la prépare à cette fâcheuse découverte que notre savoir est relatif. Vienne quelque lecture un peu hardie qui se rencontrera en son chemin, et, avec de pareilles dispositions, il est impossible de prévoir jusqu'où sa droiture la conduira. Ce qui est sûr, en revanche, c'est que cette belle âme ne se retournera jamais agressivement contre les croyances de sa jeunesse; sans affecter, comme quelques-uns, de regretter la foi qu'elle n'a plus, heureuse, au contraire, de se sentir désormais en pleine harmonie avec elle-même, elle conservera une certaine tendresse pour le souvenir des saintes luttes, du naïf enthousiasme. George Eliot est un exemple du sentiment religieux, aussi bien que des délicatesses de la conscience, survivant au naufrage théologique le plus complet qui se puisse imaginer.

Sortie de la crise, en 1848, elle écrivait : « Toutes les créatures qui muent, changent de peau, ou vont subir une métamorphose, sont dans un état de maladie. Il en a été de même pour moi, mais aujourd'hui que je me sens délivrée de cette espèce d'irritation produite par le poids d'une dépouille usée, j'entre dans une nouvelle période d'existence, d'où je regarde en arrière mon passé comme quelque chose de singulièrement pauvre et misérable. J'éprouve un calme, une force, une ardeur que je n'avais jamais éprouvés auparavant, et cependant je n'avais jamais senti aussi pleinement mon insignifiance et mon imperfection. » Il n'y a encore ici que la joie de la délivrance; bientôt, je le répète, elle sera plus tendre pour son passé.

Mary Ann avait été assistée dans son « changement de peau », non seulement par les livres qui lui étaient tombés sous la main, mais par la connaissance qu'elle avait faite de quelques libres esprits, hommes et femmes, dans la ville de Coventry, près de laquelle son père s'était retiré. C'était un M. Bray, fabricant de rubans et phrénologue, son beau-frère, Charles Hennel, l'auteur de *Recherches sur l'origine du Christianisme*, les femmes et les sœurs de ces messieurs, tous joignant la distinction des sentiments à une hardiesse de vues assez rare à cette époque en Angleterre. Miss Evans passa huit années de bonheur dans la société de ces amis. Elle y trouvait ce qu'elle avait tant désiré, les études communes, les discussions qui précisent et aiguisent la pensée, ce besoin féminin d'intimité qui caractérisait une nature à d'autres égards si virile, et qu'elle reconnaissait elle-même en se comparant au lierre. En revanche, et au logis, des frottements. Le vieux père, tory en politique et orthodoxe en religion, voyait avec peine sa fille favorite prendre les chemins de traverse. Il se fâcha pour de bon lorsque, dans une première ferveur d'hérésie, elle crut devoir cesser d'aller à l'église. Il y eut une rupture qui ne dura pas, et que Mary Ann sut se faire pardonner ensuite à force de tendres soins, sans abdiquer sa liberté toutefois, et je me demande ce que dut penser l'excellent vieillard, lorsqu'il apprit que sa fille traduisait la *Vie de Jésus* de Strauss. Ce fut son début littéraire. Elle y mit deux ans et s'acquitta de sa tâche à la satisfaction de l'auteur ; mais si elle avait, en entreprenant ce travail, obéi à sa conviction qu'il ne fallait reculer devant aucun examen, elle était loin pourtant d'épouser tous les jugements du critique. « Tout va bien, dit-elle, quand je trouve que Strauss a raison, mais je trouve qu'il a souvent tort, ce qui est inévitable du reste lorsqu'un homme veut poursuivre dans les détails une idée générale, et faire une théorie complète de ce qui n'est qu'un élément de la vérité. » Jusqu'au bout de son travail, la traductrice resta ainsi partagée entre l'attrait d'un auteur qu'elle trouvait « si clair et plein d'idées » et le regret de cette dissection impitoyable qui s'attaquait aux plus belles légendes, aux plus sacrés souvenirs. Une de ses amies rapporte que, arrivée à l'histoire de la crucifixion, la jeune femme ne se consolait de tant de sécheresse qu'en regardant le crucifix d'ivoire qui pendait au-dessus de son pupitre. Récit légèrement suspect, mais qu'on peut regarder comme le symbole d'une vie dans laquelle la rigueur de la probité intellectuelle n'a jamais exclu la sensibilité religieuse.

Les passages suivants montrent à la fois la profondeur des impressions que certaines lectures faisaient sur l'âme de Mary Ann et la liberté d'esprit avec laquelle elle jugeait les écrivains qui l'avaient le plus émue. L'un de ces passages semble confirmer une anecdote que j'ai lue il y a deux ou trois ans dans un volume de souvenirs sur Emerson. Ce dernier, visitant l'Angleterre en 1848, avait rencontré miss Evans à Coventry et avait été frappé de sa conversation. « Elle a, disait-il, l'âme calme et sérieuse. » Lui ayant demandé un jour, tout à coup, quel était le livre qu'elle aimait le mieux, Mary Ann répondit sans hésiter : « Les *Confessions* de Rousseau. » Emerson ne put cacher sa surprise, car il en était de même pour lui. Passe pour Emerson, mais une femme, presque une jeune fille? Les volumes de M. Cross nous apportent l'explication qui, je l'avoue, m'avait paru nécessaire. « Sachez-le bien, lisons-nous dans une lettre de cette époque précisément (février 1849), les écrivains qui ont exercé sur moi la plus profonde influence ne deviennent pas pour cela mes oracles. Il peut arriver que je ne partage pas une seule de leurs opinions et que je désire donner à ma vie une direction absolument différente de celle qu'ils ont suivie. Il me serait fort indifférent, par exemple, que quelque bonne âme entreprît de me démontrer que les vues de Rousseau sur la vie, sur la religion et le gouvernement des hommes étaient pitoyables, et qu'il s'est rendu coupable de quelques-unes des pires bassesses qui dégradent l'homme. Je pourrais admettre tout cela, et il n'en resterait pas moins vrai que le génie de Rousseau a lancé à travers tout mon être intellectuel et moral une vibration électrique, qu'il a éveillé en moi de nouvelles facultés, qu'il a fait de l'homme et de la nature pour moi un nouveau monde de pensée et de sentiment. Et cela, non pas en m'inculquant quelque croyance nouvelle : c'est uniquement le souffle puissant de son inspiration qui, vivifiant mon âme, l'a aidée à prendre conscience de ce qui n'avait été jusque-là pour elle que des pressentiments; le feu de son génie a fondu au creuset mes vieilles idées, mes préjugés et m'a mise en état d'en faire sortir de nouvelles combinaisons. »

Le jugement de miss Evans sur l'auteur des *Lettres d'un Voyageur*, de *Lelia* et de *Jacques* n'est pas moins remarquable. Elle venait de lire ce dernier roman. « Je ne songerai jamais à donner les écrits de cet auteur comme un code de morale ou comme un manuel d'éducation. Peu m'importe que je sois ou non d'accord avec elle sur le mariage, que j'approuve ou non le but de son livre, à supposer qu'elle ait un but quelconque et qu'elle n'ait pas écrit, comme je le crois plus probable, selon que l'esprit la poussait et en s'en remettant à la Providence pour son dénouement. Il suffit, pour que je m'incline avec une éternelle reconnaissance devant elle et devant la grande puissance de Dieu manifestée en elle, que je ne puisse lire une demi-douzaine de ses pages sans reconnaître le don qui lui a été accordé, celui de retracer les passions humaines et leurs suites, ou même tels de nos instincts moraux et leurs tendances, et de les retracer avec tant de vérité, tant de finesse et de clairvoyance, tant de puissance tragique, et, en même temps, avec un si tendre et si aimable esprit, que l'on pourrait vivre un siècle livré à soi-même et en apprendre moins que ne suggèrent ces quelques pages. »

Cette même lettre, où l'on vient de lire l'apologie de *Jacques* et des *Confessions*, se termine par l'expression du bonheur qu'éprouve Mary Ann à posséder l'*Imitation de Jésus-Christ*. Elle vient de se la procurer en latin, avec de vieilles et caractéristiques gravures sur bois. « On respire dans ce livre, dit-elle, comme l'air calme des cloîtres, on soupire après la vie sainte, on voudrait la mener pendant quelques mois. Oui, vraiment, cette piété a ses fondements dans les profondeurs divines et humaines de l'âme. »

Nous n'aurions pas une image complète du travail qui s'accomplissait dans l'esprit à la fois viril et féminin de miss Evans, vers cet âge de vingt-huit ans, lorsqu'elle traduisait Strauss, lisait *Lelia* et se délectait dans l'*Imitation*, si nous ne tenions point compte de son enthousiasme pour la révolution française de 1848. Elle en est amusante. Nous sommes « la grande nation ». Arrière ceux qui ne savent reconnaître ce qui est noble et magnifique sans faire des réserves ou hasarder des doutes ! Elle aurait volontiers donné une année de son existence pour voir les hommes des barricades se découvrant devant l'image de ce Christ qui le premier enseigna la fraternité au monde. Les actes de Lamartine sont dignes d'un poète. En Louis Blanc, miss Evans vénère l'homme qui a écrit cette phrase sublime : « L'inégalité des talents doit aboutir non à l'inégalité des rétributions, mais à l'inégalité des devoirs. » Et Albert, l'ouvrier ! Quel dommage qu'on ne puisse se procurer son portrait ! Quant à Louis-Philippe, il sera temps d'avoir pitié de lui, lorsqu'il n'y aura plus sur la terre des millions d'ignorants et d'affamés, et quant à l'Angleterre, aucun espoir qu'elle ait à son tour sa révolution : les troupes, dans ce pays-là, ne fraternisent pas avec les citoyens !

Trois mois se passent, les journées de juin sont arrivées, et la chère enthousiaste ne sait plus que soupirer : « Paris, pauvre Paris, hélas! hélas! » On ne risque guère de se tromper en supposant que la leçon ne fût pas perdue pour cette nature dans laquelle la raison suivait de près l'impulsion. La politique, du reste, ne tient presque pas de place dans les lettres de Mary Ann. Elle ne prenait aucun intérêt au jeu de la machine parlementaire, ni aux luttes des partis. Les armes de ces luttes, le charlatanisme et la violence, lui répugnaient. Sa pensée allait au delà, aux grandes révolutions sociales que son optimisme ne pouvait s'empêcher d'attendre. Mais, à cet égard même, elle avait appris à moins compter sur les mouvements désordonnés des multitudes que sur les lentes réformes morales, sur le progrès des caractères en sérieux et des âmes en tendresse.

Miss Evans perdit son père au mois de mai 1849, après une maladie pendant laquelle elle l'avait soigné avec le plus entier dévouement. Elle se trouvait, à l'âge de trente ans, libre de ses actions, mais sans intérieur et obligée de travailler pour vivre, car une petite pension de 2 ou 3,000 francs qui lui revenait aurait difficilement suffi à ses besoins. Elle ne prit pourtant pas de parti tout de suite, et, soit pour se donner le temps de la réflexion, soit pour rétablir une santé ébranlée et qui resta toujours délicate, soit enfin par nécessité d'économie, elle alla passer l'été et l'hiver suivants à Genève. Elle s'y mit en pension dans une famille de mœurs simples et d'esprit cultivé, où elle trouva le calme dont elle avait besoin. « Je suis devenue, écrivait-elle, passionnément attachée aux montagnes, au lac, aux rues de la ville, à ma chambre même, et par-dessus tout à mes chers hôtes... Tout ici est si bien en harmonie avec mon état moral, que je pourrais presque dire n'avoir jamais senti de bien-être plus complet ». Il ne lui manque rien, si ce n'est un peu plus d'argent pour n'avoir pas à lésiner sur le feu, car l'hiver est exceptionnellement froid cette année. Et elle ajoute : « Je ne puis penser sans trembler à retourner en Angleterre ; c'est pour moi le pays de la tristesse, de l'ennui, de la platitude. Il est vrai que c'est en même temps pour moi le pays du devoir et des affections. Le seul désir ardent que j'éprouve quant à l'avenir, c'est de rencontrer quelque tâche féminine à remplir, la possibilité de me dévouer et de faire le pur calme bonheur de quelqu'un ». A noter, ce besoin de rendre heureuse une existence qu'elle partagerait. Du reste, aucun projet encore. Miss Evans se repose, à sa manière bien entendu : une dose de mathématiques tous les jours « pour empêcher le cerveau de s'amollir », le cours de physique expérimentale de M. de la Rive, la lecture de Voltaire. Elle hésite à reprendre une traduction de Spinoza qu'elle avait commencée pendant la maladie de son père, et qu'elle a achevée plus tard ; elle sent bien que de pareils livres ne se traduisent pas. « Ceux qui lisent Spinoza dans son propre texte trouvent dans son style le même genre d'intérêt que dans la conversation d'une personne de vaste intelligence, qui aurait vécu dans la solitude et qui exprimerait, en le tirant du fond de son âme, ce que d'autres répètent par cœur. »

En revenant de Suisse, miss Evans passa plusieurs mois avec ses amis de Rosehill, près de Coventry, faisant de temps à autre des séjours à Londres, et apparemment occupée pour de bon maintenant à se faire une carrière. C'est alors qu'elle écrivit son premier article pour la *Revue de Westminster*, recueil qui, après avoir représenté Bentham et l'utilitarisme, était en train de devenir plus spécialement l'organe des doctrines positivistes. L'article de miss Evans, qui avait pour thème un ouvrage sur « le progrès intellectuel », était caractéristique, car, s'il proclamait la vanité des efforts que l'on fait pour retenir les croyances et les institutions du passé, il reconnaissait que ces formes ont été vivantes une fois, qu'elles ont offert des symboles appropriés à une certaine période de développement, et qu'elles restent encore aujourd'hui liées à ce qu'il y a de meilleur chez les hommes. C'est également à Rosehill que miss Evans fit la connaissance du libraire libre penseur Chapman, qui allait justement acquérir la *Revue de Westminster*, en renouveler la rédaction et essayer d'en accroître l'influence. Il avait besoin d'un éditeur ou, si l'on veut, d'un sous-éditeur pour cette œuvre, et il n'eut pas de peine à se convaincre que Mary Ann était juste ce qu'il lui fallait. Ses offres furent acceptées, elle entra en pension dans la famille même de Chapman, et occupa pendant deux années, 1852 et 1853, les fonctions, inusitées pour une femme, de directrice d'un recueil périodique important, tout bardé de philosophie et de sociologie, plein de mérite d'ailleurs, à la fois pesant et brillant, doctrinaire et novateur, agressif et gourmé.

Miss Evans eut fort à faire dans ses fonctions de chef de rédaction. Elle corrige des épreuves, et quelquefois « littéralement du matin jusqu'au soir ». Sa table gémit sous le poids des livres qui s'y accumulent. Elle est spécialement chargée de ce compte rendu des nouvelles publications, qui forme encore aujourd'hui l'une des parties les plus intéressantes de la *Revue de Westminster*, mais qui exigeait de notre pauvre directrice d'immenses et rapides lectures. « Je n'ai rien fait depuis lundi, écrit-elle, et maintenant il faut travailler, travailler, travailler. » De grands articles de critique, elle n'en a fourni qu'une dizaine au recueil de M. Chapman, et, sauf un seul, ils datent tous des années suivantes, lorsqu'elle n'eut plus à remplir la tâche matérielle de la revision et de la correspondance. L'exception dont je parle a, du reste, des droits particuliers à l'intérêt, puisque cet article traite des femmes qui ont écrit des romans. George Sand y tient naturellement le premier rang. « Pour l'élégance et la profondeur du sentiment, aucun homme ne l'approche. » Et sur son style : « Les idées brillent à travers la diction comme une lumière à travers un vase d'albâtre. Telle est la mélodie rythmique de sa phrase, que Beethoven, on ne peut s'empêcher de le croire, aurait écrit ainsi, s'il avait exprimé en paroles la passion musicale qui le possédait. » Nous savons par les volumes de M. Cross que miss Evans était plus frappée des défauts que des beautés de *Jane Eyre*, et l'article dont nous parlons confirme cette impression. Mais ce sont les Allemands qui s'en tirent le plus mal : « La palme du mauvais roman leur appartient. »

La maison Chapman était le rendez-vous, non seulement des rédacteurs de la *Westminster Review*, des disciples de l'école positiviste et de la libre pensée, mais en général d'une nouvelle génération littéraire en train d'arriver à la notoriété. On y recevait toute sorte de monde. Il s'y donnait des soirées. Mary Ann regrettait quelquefois les champs, aurait voulu aller chercher des forces au bord de la mer. « N'allez pas croire pourtant, dit-elle, que je ne jouisse pas de mon séjour ici. J'aime voir de nouvelles figures, et je crains que la campagne ne me paraisse un peu monotone après cela. » Elle fit beaucoup de connaissances, Carlyle, miss Martineau, Grote, Mill, Huxley, Mazzini, Louis Blanc. Elle eut une fois une visite de deux heures de Pierre Leroux, arrivé à Londres avec femme et enfants, cherchant à donner des conférences pour ne pas mourir de faim. La conversation fut amusante : « Il m'exposa toutes ses idées. Il n'appartient ni à l'école de Proudhon, qui représente seulement la liberté, ni à celle de Louis Blanc qui représente seulement l'égalité, ni à celle de Cabet qui représente la fraternité ; le système de Pierre Leroux est une synthèse des trois principes. Il a trouvé le *pont* qui doit unir l'amour du moi à l'amour du prochain. Quant à l'origine du christianisme, il trouve Strauss insuffisant parce qu'il n'a pas su montrer l'identité de l'enseignement de Jésus avec celui des Esséniens. C'est là l'idée favorite de Leroux. L'essénisme le conduit à l'Égypte, l'Égypte à l'Inde, le berceau de toutes les religions, etc., etc. Tout cela débité avec une onction amusante. Il était déjà venu une fois à Londres, à l'âge de vingt-cinq ans, cherchant de l'ouvrage comme imprimeur. Tout le monde était alors en deuil de la princesse Charlotte. « Et moi, s'écriait-il, qui me trouvais avoir « un habit vert-pomme ! »

Parmi les personnes avec qui miss Evans se lia à Londres, étaient deux hommes qui exercèrent une profonde influence, l'un sur sa pensée, l'autre sur sa vie. Herbert Spencer la connut chez Chapman, et devint tout de suite de ses amis. Spencer était à peu près du même âge qu'elle. Il venait de publier son premier grand ouvrage, la *Statique sociale, ou des conditions essentielles du bonheur humain*. Il avait reconnu la supériorité d'intelligence qui distinguait Mary Ann ; elle, de son côté, jouissait du commerce d'un homme de tant de savoir et de facultés spéculatives incontestables. Dans les régions tout impersonnelles où ils se rencontraient, les deux penseurs n'avaient pas à tenir trop servilement compte des usages. « Nous sommes tombés d'accord qu'il n'y avait point de raison pour ne pas nous voir aussi souvent qu'il nous plairait, écrit miss Evans. Il est bon, il est charmant, et je me sens toujours meilleure après avoir été avec lui. » Et dans une autre lettre, également de 1852 : « Le point brillant de mon existence, après mon affection pour mes anciens amis, est l'amitié nouvelle et délicieusement calme que j'ai trouvée dans Herbert Spencer. Nous nous voyons tous les jours, et nous avons en toute chose une charmante camaraderie. N'était-ce pour lui, ma vie serait singulièrement aride. » Quelques mois plus tard, Spencer n'était pas devenu moins cher, mais une autre affection était née de celle-là et allait prendre une bien plus grande place encore dans la destinée de Mary Ann. Elle avait déjà quelquefois rencontré George Lewes dans le monde littéraire, lorsque Spencer l'amena un jour chez elle, dans l'hiver de 1851. La connaissance en resta longtemps là ; on se voyait avec plaisir, avec intérêt, rien de plus. « Nous avons eu une agréable soirée mercredi, raconte Mary Ann à la fin de mars 1853 ; Lewes y était original et amusant comme toujours. » Et, quinze jours après : « Tout le monde est très bon pour moi. M. Lewes, en particulier, est aimable et attentif, et m'a tout à fait gagnée, bien que j'eusse été d'abord fortement prévenue contre lui. Il est du petit nombre de ces individus dans le monde qui valent beaucoup mieux qu'ils ne paraissent. C'est un homme de cœur et de conscience sous un masque de fatuité et de faconde (l'intraduisible mot anglais : *flippancy*). » Comme de la prévention elle a passé à l'estime, elle va passer de la connaissance à l'intimité. Lewes rédigeait un journal intitulé *The Leader*, mais il était paresseux, et miss Evans corrigeait ses épreuves pour lui ; ou bien il était malade, se donnait des vacances, et elle le suppléait et faisait double besogne. Il est vrai qu'avec lui disparaissaient aussi les plaisirs, et une fois qu'il était allé reprendre des forces à la campagne : « Plus d'Opéra ni d'amusement pendant le mois qui vient, s'écrie-t-elle. Heureusement que je n'aurai pas le temps de le regretter. » Bientôt d'autres indices viennent s'ajouter à ceux-là. Elle a résilié ses engagements avec Chapman ; elle parle d'un voyage sur le continent ; bref, le lecteur n'est qu'à moitié étonné lorsque, au mois de juillet 1854, il la voit partir pour Weimar avec Lewes, après avoir annoncé à ses amis qu'elle se tient et veut être tenue désormais pour sa femme.

II

Nous touchons ici à la crise de la vie de George Eliot, une crise dont l'effet immédiat fut de la jeter dans une position équivoque et presque de la déclasser, mais une crise qui ne fut pas non plus sans effet pour son bonheur et pour sa carrière littéraire, puisqu'elle lui donna la vie domestique et un judicieux conseiller. L'étonnement où a démarche de miss Evans jeta ceux qui ne l'avaient pas suivie de près dans les dernières années fut sans bornes, et cet étonnement subsiste encore en quelque mesure pour nous. Il semble que Lewes fût l'un des hommes les moins propres à captiver une femme telle que Mary Ann. Si son âge était assorti puisqu'il avait deux ans de plus qu'elle, son extérieur n'était rien moins que prévenant : barbe et cheveux en désordre, toute la personne négligée, et, sinon l'air précisément bohème, le contraire du moins de la distinction. Doué d'une grande curiosité d'esprit et de beaucoup de facilité, Lewes avait tout appris et fait tous les métiers : il avait écrit des romans, des biographies, des ouvrages de philosophie, un drame. Il avait été journaliste, conférencier, acteur même. La seule chose qu'il ne sût faire, disait quelqu'un, était de peindre, et encore ne lui aurait-il fallu qu'une semaine pour l'apprendre. Thackeray prétendait qu'il ne serait point surpris s'il rencontrait quelque jour Lewes dans Piccadilly, à cheval sur un éléphant blanc. Avec cela, infatigable parleur, un puits de faits et d'anecdotes, sachant également intéresser et amuser ; un grand fond de gaieté, malgré une mauvaise santé ; de l'honnêteté, malgré la vie errante ; la bonne humeur, enfin, et cette égalité de caractère qui fait pardonner tant de défauts. Singulier contraste, au total, avec une femme timide, réservée, éminemment sérieuse, et qui éprouvait une aversion particulière pour cette variété de l'espèce littéraire qui s'appelle l'amateur.

Mais il y avait dans le mariage dont nous parlons quelque chose de plus surprenant que l'hétérogénéité des caractères, il y avait le fait que Lewes était déjà marié, que sa femme vivait encore, qu'il ne pouvait par conséquent offrir à miss Evans qu'une union de la main gauche, et qu'elle n'allait changer de nom qu'en usurpant celui d'une autre. Ajoutons pour comble d'étrangeté que miss Evans, en contractant son union avec Lewes, ne paraît avoir cédé à aucun entraînement. Elle était, semblait-il, sinon étrangère à toute passion, du moins trop dominée par la raison et le raisonnement pour être capable d'un coup de tête. Son âge, d'ailleurs, ainsi que celui de Lewes, était déjà mûr. Force est donc de s'en tenir à ceci : avec son besoin de tendresse et d'intimité, avec le bonheur qu'elle trouvait à être un objet de soins et de dévotion, touchée des attentions et sans doute aussi des infortunes de son ami, ayant reconnu en lui des qualités solides sous des dehors fantasques, et se promettant d'achever de le polir et de le moraliser, miss Evans ne crut pas devoir se refuser au bonheur, quelque inattendue et équivoque que fût la forme sous laquelle il se présentait. Qui sait, d'ailleurs, si l'effort même qu'il lui fallut pour vaincre ses hésitations ne contribua pas à lui en donner la force ? Elle dut se dire qu'elle faisait acte de dévouement à l'homme dont elle allait réparer la vie aux dépens de la sienne, et acte de fidélité à ses propres convictions en les suivant en dépit de l'opinion mondaine.

De scrupules proprement dits, de réclamations de la conscience, il ne pouvait guère y en avoir pour miss Evans. Lewes avait été abandonné par sa femme, son premier mariage était virtuellement dissous, et, s'il ne pouvait l'être légalement, il n'y avait rien dans cette circonstance en quelque sorte fortuite qui fût de nature à intéresser le sentiment moral. Il est vrai que l'empêchement légal rendait du même coup impossible la célébration religieuse, que l'union dont nous parlons était par conséquent condamnée à se passer de toute sanction, à rester, pour ainsi dire anonyme, pure affaire de consentement mutuel. Mais quoi, n'est-ce pas là après tout, l'essence du mariage, n'en est-ce pas même la définition canonique? Les hésitations que miss Evans eut certainement à surmonter, les doutes qu'elle eut à vaincre étaient d'une autre sorte, et ceux-là, tout nous prouve qu'elle les éprouva dans toute leur force. Elle allait s'exposer aux interprétations fâcheuses, scandaliser beaucoup de ses amis, se placer pour la vie dans une fausse position. Elle violait des lois sociales dont elle ne méconnaissait pas l'importance, et elle devait penser qu'en les violant elle donnait un regrettable exemple à ceux qui n'avaient pas les mêmes excuses et n'étaient pas retenus sur la pente par les mêmes principes. L'idée qu'on pût interpréter sa démarche comme un caprice à la George Sand, comme une adhésion à la doctrine de l'amour libre, dut être atroce à cette âme pure. Que si elle passa outre, c'est qu'elle se promit de réfuter par sa vie les commentaires que sa conduite allait autoriser. Cette promesse, hâtons-nous de le dire, elle la tint, et, sa gloire littéraire aidant, elle finit par fermer la bouche à la médisance. L'Angleterre, lorsqu'elle mourut, avait depuis longtemps excusé, oublié; mais que de courage n'avait-il pas fallu pour tenir la gageure!

Dans une lettre écrite un an plus tard, en explication de sa conduite, miss Evans s'exprime ainsi : « S'il est un seul acte que j'aie accompli, s'il est une relation que j'aie formée sérieusement dans ma vie, c'est mon union avec M. Lewes. Il est assez naturel, cependant, que vous vous fassiez là-dessus bien des idées fausses, ne connaissant pas le véritable caractère de M. Lewes, et ignorant peut-être les changements qui se sont accomplis chez moi. Il est difficile de se mettre d'accord par lettres sur un pareil sujet, mais il est une chose, du moins, que je puis vous dire : ne croyez pas que j'admette soit en théorie, soit en pratique et pour mon compte, les liens formés à la légère et susceptibles d'être rompus de même. Les femmes qui trouvent leur satisfaction dans ces liens-là n'agissent pas comme je l'ai fait. Qu'une personne élevée au-dessus des opinions du monde, libre de toute superstition et au fait des réalités de la vie, déclare immorales mes relations avec M. Lewes, cela ne peut s'expliquer que par la subtilité et la complexité des influences qui façonnent l'esprit public. Je n'ai garde de l'oublier, et c'est pourquoi je n'en veux pas à ceux qui nous condamnent, alors même que nous avions le droit d'attendre d'eux un jugement différent. Quant au grand nombre, nous n'avons, bien entendu, jamais compté sur autre chose que la réprobation. Nous ne menons point une vie d'agrément, sauf que, étant heureux l'un par l'autre, nous trouvons tout aisé. Nous travaillons diligemment pour pourvoir aux besoins des autres[1] plus abondamment que nous ne faisons pour les nôtres, et nous nous efforçons de remplir tous les devoirs dont nous nous sommes chargés. La légèreté et l'orgueil ne suffiraient pas pour une pareille existence. » Et plus tard, en 1857 : « Si je vis encore quelques années, le résultat positif d'une vie consacrée

---

1. C'est-à-dire aux besoins de la femme et des enfants de Lewes.

au vrai et au bien contre-balancera l'avantage négatif qui serait résulté de n'avoir scandalisé personne, et, quant à l'avenir, je ne puis rien imaginer qui me fasse repentir du passé. »

Lord Acton, dans un bien remarquable article du *Nineteenth Century*, estime que George Eliot se trompait, lorsqu'elle croyait savoir le prix dont elle avait payé son bonheur avec Lewes. « Ce qu'elle sacrifia en réalité, selon lui, ce fut la liberté de la parole, le premier rang parmi les femmes de son temps et un tombeau à Westminster. »

Je m'étonne qu'on n'ait pas davantage remarqué le jour que le second mariage de George Eliot jette sur le premier. Moins de dix-huit mois après la mort de Lewes, et à l'âge de soixante ans, elle épousa un homme digne d'elle par les sentiments, ainsi que le prouve la biographie qui nous occupe, mais qui était beaucoup plus jeune qu'elle, de sorte qu'elle eut, non plus, sans doute, à braver l'opinion, mais certainement à l'étonner de nouveau. George Eliot, cette fois-ci encore, n'avait pas su se refuser aux douceurs de la vie à deux.

Notons, enfin, avant de quitter ce sujet, l'influence qu'exerça plus tard, sur les romans de George Eliot, la crise qu'elle avait traversée en s'attachant à Lewes. Bien loin que la fausse position où elle s'était placée eût eu pour conséquence de faire baisser de ton la moralité de ses ouvrages, c'est le contraire qui arriva; on pourrait presque dire qu'elle devint plus jalouse, en chaque occasion, de donner l'avantage au devoir sur la passion, de rappeler le danger d'entrer en conflit avec l'ordre, fût-ce un ordre de convention. Et de même, en ce qui la concernait personnellement, il n'est pas une situation dans ses écrits, pas un mot, qui puisse être regardé comme une apologie de sa conduite. On sent qu'elle y tient la main; elle en est méticuleuse.

Lewes et miss Evans s'éclipsèrent après l'annonce de leur union; ils partirent pour l'Allemagne vers la fin de juillet 1854, donnèrent trois mois à Weimar, et passèrent l'hiver à Berlin. Le choix de ces deux villes n'était pas affaire de prédilection ou de caprice. Lewes cherchait, dans l'une, des impressions et des matériaux pour une *Vie de Gœthe*, et il devait trouver dans l'autre des secours pour les études physiologiques dont il commençait à s'occuper. Le séjour de Weimar fut très agréable, — des hommes distingués, des rapports faciles, beaucoup de bonne musique. Avant tout les grands souvenirs littéraires. Notre voyageuse ne visita pas sans émotion les maisons des deux célèbres poètes. « Au milieu de ces reliques, écrit-elle, la respiration se coupe et les larmes montent aux yeux. » Elle s'assura avec regret qu'aucun portrait de Schiller n'est ressemblant. Rauch disait qu'il avait un misérable front, et Tieck, le sculpteur, prétendait que toute sa personne faisait penser à un chameau. Les Lewes entendirent beaucoup de Wagner, à Weimar, toutefois sans parvenir à le goûter. Ils firent, en revanche, bonne connaissance avec Liszt, qui dirigeait l'orchestre de l'Opéra, et dont la conversation était aussi amusante que son jeu était extraordinaire. Il racontait qu'ayant rencontré madame d'Agoult après la publication de *Nélida*, il lui avait demandé : « Mais pourquoi donc avez-vous tant maltraité ce pauvre Lehmann ? »

Berlin parut à nos voyageurs froid et prosaïque après Weimar. Ils y reprirent leurs travaux, Lewes achevant sa biographie, et son amie écrivant des articles pour la *Westminster* ou poursuivant sa traduction de l'*Éthique* de Spinoza. Avec cela une foule de lectures, allemandes surtout. Elle goûte particulièrement Lessing, son cher Lessing, comme elle l'appelle. Gœthe ne l'enchante pas toujours ; ses épigrammes (les *Xenien*) l'amusent par le manque de trait, et les *Wanderjahre* lui arrachent ce cri : « A mourir d'ennui ! » Parmi les connaissances qu'elle fit à Berlin, Rauch, le statuaire, lui parut l'homme à tous égards le plus distingué, et Gruppe le plus curieux. Gruppe devait convenir à Lewes, car, s'il n'avait pas fait tous les métiers, il avait essayé de tous les genres de littérature ; on a de lui des poésies lyriques, cinq épopées, une pièce de théâtre, des ouvrages d'histoire littéraire et de critique, des études érudites sur l'antiquité, des livres de philosophie. En outre, professeur à l'Université et passionné pour la chasse au sanglier. Mary Ann le décrit, vêtu d'une robe de chambre qui avait été autrefois paletot d'hiver, son bonnet de velours sur ses cheveux gris, lisant avec enthousiasme ses propres œuvres, bon et naïf d'ailleurs, et, ce qui est curieux, avec toute cette prodigieuse productivité plutôt lent d'esprit et trouvant plaisir à de pauvres jeux de mots. « A propos de plaisanteries, ajoute-t-elle, nous avons remarqué que, pendant tout le temps de notre séjour en Allemagne, nous n'avons pas entendu de la bouche d'un Allemand un seul trait d'esprit, pas même une idée ou une expression heureuse. »

Après la pesanteur germanique, la tête de linotte française. Les voyageurs, dans l'un des salons de Berlin, rencontrent un de nos compatriotes qui s'émerveillait du talent avec lequel Meyerbeer, dans les *Huguenots*, avait saisi l'esprit de l'époque de Charles IX. « Lisez les chroniques, » s'écriait-il. « ... De Froissart ? » interrompt une voix malicieuse. « Oui, quelque chose comme ça, ou bien les chroniques de Brantôme, de Mérimée, et vous trouverez que Meyerbeer a parfaitement exprimé tout cela ; du moins c'est ce que je trouve, moi. »
— « Mais peut-être, Monsieur, est-ce votre propre génie qui a mis ces idées-là dans la musique ? » Sur quoi l'aimable étourdi de se défendre modestement.

Varnhagen, chez qui les Lewes allaient souvent, revenait sans cesse à l'antipathie que lui avait inspiré Carlyle, lorsque après avoir longtemps correspondu, ils en vinrent à se rencontrer. Varnhagen, qui n'était pas sans admirer quelques-uns des ouvrages de l'humoriste anglais, avait été confondu de son goût pour le despotisme et, en général, de sa manière paradoxale et tranchante. Un joli mot de lui, cependant. Dans un dîner qui lui fut donné à Berlin, on parlait de Gœthe, et quelques-uns des convives affectaient de déplorer que le grand poète eût eu si peu de religion ; Carlyle, pendant ces discours, était visiblement mal à son aise, chiffonnait sa serviette; il éclata enfin : « Connaissez-vous, Messieurs, s'écria-t-il, l'histoire de cet homme qui injuriait le soleil parce qu'il ne pouvait y allumer son cigare ? »

Le jugement final de Mrs. Lewes, au départ, fait honneur à son impartialité. Elle a été fort ennuyée du luxe pesant, des habitudes bruyantes, de la fumée de tabac répandue partout, « mais, en somme, dit-elle, on peut encore assez bien vivre en Allemagne, et, s'ils manquent de goût et de politesse, les Allemands, en revanche, sont exempts des préjugés et de l'exclusivisme des Anglais. »

De retour en Angleterre, les époux abordèrent sérieusement la vie qu'ils avaient prévue et acceptée. Ils louèrent, à Richmond, près de Londres, une modeste maison, où ils n'avaient que le salon pour chambre de travail, et que cette chambre de travail pour eux deux. Lewes devait subvenir aux besoins de sa première femme, tombée fort bas, ainsi qu'à l'éducation de ses trois fils alors en pension. C'était beaucoup de bouches à nourrir et à nourrir avec un métier peu lucratif. Mary Ann, avant son départ pour l'Allemagne, avait publié la traduction du livre de Feuerbach sur l'*Essence du Christianisme*, mais elle ne pouvait attendre grand profit d'un ouvrage alors déjà quelque peu vieilli et mal adapté, dans tous les cas, au méridien intellectuel de la Grande-Bretagne. La traduction de Spinoza, qu'elle avait achevée à Berlin, promettait encore moins et, de fait, n'a jamais été imprimée. Mrs. Lewes revint donc à la littérature périodique. Sa santé, malheureusement, était médiocre et lui causait de fréquentes interruptions. En revanche, le bonheur domestique, l'union qu'elle avait contractée avait réussi. On en trouve, dans ses lettres et son journal, les preuves les moins suspectes. Elle sent, dit-elle, sa considération et son affection pour Lewes croître tous les jours. « Je suis très heureuse, écrit-elle après trois ans d'expérience, heureuse de la plus grande félicité que la vie puisse nous donner, la sympathie et l'affection complètes d'un homme dont l'esprit stimule le mien et encourage chez moi une saine activité. » Ce n'est pas seulement l'activité, c'est le talent aussi qui, dans ce contact bienfaisant, se développa chez notre écrivain. Comme la plupart des natures fortes et profondes, Mrs. Lewes n'arriva que tard à la conscience et à l'exercice de ces dons. Elle avait trente-six ans, lorsque ses articles de la *Revue de Westminster* commencèrent à sortir de la moyenne d'ailleurs élevée où ils s'étaient maintenus jusque-là, et à attirer plus vivement l'attention. Lewes racontait que c'est en lisant l'un de ces morceaux, satire mordante sur les rêveries apocalyptiques d'un prédicateur populaire, qu'il eut pour la première fois l'intuition du génie de sa femme. Deux autres beaux articles, l'un sur Young, l'auteur des *Nuits*, l'autre sur Heine et l'esprit allemand, durent fortifier chez lui cette impression. Mrs. Lewes se trouvait, du reste, à ce moment même, à l'entrée d'une voie où elle était destinée à susciter bien d'autres étonnements.

L'histoire des débuts de George Eliot dans le roman est assez mémorable pour que nous lui laissions le soin de la raconter elle-même. « Le mois de septembre 1856, écrit-elle dans son *Journal*, a fait époque dans ma vie, car c'est alors que j'ai commencé à écrire d'imagination. J'avais toujours vaguement rêvé qu'une fois ou l'autre, je pourrais faire un roman, et l'idée de ce que pourrait bien être ce roman avait naturellement changé d'une phase de ma vie à l'autre; je n'avais cependant jamais été plus loin dans l'exécution qu'un chapitre d'introduction dans lequel je décrivais un village du Staffordshire, les fermes du voisinage et les mœurs de leurs habitants. Les années s'écoulèrent et, habituée à désespérer de tout dans la vie, je perdis l'espoir de jamais réaliser mon dessein. J'avais toujours pensé que je manquais de la faculté dramatique, soit pour construire une fable, soit pour conduire un dialogue, mais je sentais que je serais à l'aise dans la partie descriptive. Le chapitre d'introduction dont je parle, bien qu'il renfermât les éléments d'un récit à développer, était une simple description. Il se trouva que je l'avais emporté avec mes autres papiers dans notre voyage d'Allemagne, et que, à Berlin, je fus amenée à le lire à George (Lewes). Il fut frappé du relief de ma peinture, et il en conclut que je pourrais peut-être écrire un roman, quoiqu'il doutât, ou plutôt révoquât en doute que j'eusse la force créatrice. Il n'en conserva pas moins l'idée que je devais m'essayer, et il abonda de plus en plus dans cette idée, lorsque nous fûmes revenus en Angleterre et lorsque j'eus réussi dans d'autres genres au delà de ce qu'il avait jamais attendu. Il faut tenter d'écrire une histoire, me dit-il enfin, et un jour, à Tenby

(pendant une excursion dans l'Ouest de l'Angleterre), il me pressa de commencer. Je remettais, cependant, comme il m'arrive d'ordinaire pour tout travail qui ne s'impose pas absolument, lorsqu'un matin, comme je me demandais quel pourrait être le sujet de mon premier conte, mes pensées se changèrent en une sorte de rêvasserie, et je me vis écrivant une histoire dont le titre était : *Les tristes aventures du révérend Amos Barton*. Je sortis bientôt de ce demi-sommeil et je dis à George ce qui m'était arrivé. « Oh ! l'admirable titre ! » s'écria-t-il, et, depuis lors, je résolus que ce serait là mon premier récit. George me répétait : « On ne peut rien dire ; peut-
» être échouerez-vous, et n'êtes-vous pas faite pour le
» roman ; peut-être votre essai sera-t-il tout juste assez
» bon pour vous encourager à faire une autre tentative ;
» peut-être, enfin, dès le premier coup, sera-ce un chef-
» d'œuvre. » Son impression dominante était que je ne pouvais guère écrire un roman tout à fait médiocre, mais que je n'y apporterais pas les plus hautes qualités du genre, la plasticité dramatique. « Vous avez, disait-il,
» l'esprit, le don de la description, la philosophie ; ce
» sont bien des éléments de succès, et il vaut la peine
» d'essayer. » Nous résolûmes, si ma tentative en valait la peine, que nous l'enverrions à Blackwood (grand libraire d'Édimbourg, et l'éditeur d'un *Magazine* qui publiait des romans). » De retour à Richmond, Mrs. Lewes se mit enfin au travail, et, au bout d'une semaine, elle put lire à son mari la première partie d'*Amos Barton*. Les craintes de Lewes furent aussitôt dissipées. « Il reconnais-

sait, continue-t-elle, que j'avais le don au sujet duquel il avait éprouvé tant d'incertitude; plus de doute, je pouvais réussir dans le dialogue; la seule question qui restât était de savoir si j'aurais le pathétique, et pour cela il fallait attendre le dénouement. Un soir, George alla en ville tout exprès pour me laisser travailler, et, quand il revint, je lui lus la mort de Milly. Les larmes nous vinrent aux yeux à tous les deux, il se leva, m'embrassa et me dit : « Vous savez encore mieux faire pleurer « que faire rire. »

La nouvelle terminée, il fallait la publier, et la publier, bien entendu, sans trahir le sexe ni le nom de l'auteur. L'anonyme devait ajouter l'attrait de la curiosité au mérite du récit, et la position de Mrs. Lewes recommandait d'ailleurs le secret. Ce fut son mari qui se chargea de la négociation. Il envoya le manuscrit d'*Amos Barton* à Blackwood comme l'ouvrage d'un de ses amis, et sans cacher l'admiration que lui avait inspiré ce récit. D'autres histoires devaient suivre, sous le titre commun de *Scènes de la vie cléricale*, expression qui nous avertit déjà de la difficulté de traduire en français des écrits tels que ceux de George Eliot, les mots d'Église et de clergé ayant pour nous un sens tout opposé à celui qu'ils comportent dans un pays où le ministre de la religion a le droit de sentir et de souffrir, d'aimer et de se marier comme un autre homme. Blackwood reconnut tout de suite la valeur de l'histoire qui lui avait été envoyée : « Il y a longtemps, disait-il, que je n'ai rien lu de si nouveau, de si plaisant à la fois et de si touchant. » La première partie d'*Amos* parut dans le *Magazine*, en janvier 1857, et, le succès ayant encouragé l'écrivain, elle donna deux autres récits, après quoi le tout fut réimprimé en volumes sous le nom de George Eliot. Mrs. Lewes, continuant de conserver l'incognito, avait cru devoir adopter un pseudonyme: Le secret fut admirablement gardé. Blackwood lui-même fut bien des mois sans savoir à qui il avait affaire. Les amies les plus intimes de l'auteur, sauf une seule qui devina à première vue, éprouvèrent un profond étonnement lorsqu'elles découvrirent la vérité. Quant au public, les conjectures se donnèrent carrière, et elles s'égaraient encore lorsqu'un autre ouvrage, *Adam Bede*, avait déjà succédé aux *Scènes de la vie cléricale*. On discutait principalement et à perte de vue sur le sexe du nouveau romancier. M. Montégut, en France, examinait longuement la question, pesait le pour et le contre, et finissait par pencher pour le sexe masculin. « En réalité, disait-il, l'auteur semble tenir de l'homme et de la femme ; or, comme les ecclésiastiques seuls jouissent, par une faveur spéciale des circonstances, du privilège d'androgynéité, nous prendrons sur nous d'avancer qu'à notre avis, l'auteur est un ministre de l'Église établie. » Un journal anglais, *the Saturday Review*, était plus précis dans ses déductions : le nom de George Eliot devait cacher quelque clergyman ami de l'étude, qui avait pris ses degrés à Cambridge, qui vivait ou avait passé la plus grande partie de sa vie à la campagne, père d'une nombreuse famille, de tendances sacerdotales prononcées (*High church tendencies*), et passionné pour les enfants, les tragiques grecs et les chiens. Le soin avec lequel George Eliot garda son secret pendant plus de deux ans eut une conséquence imprévue. Un habitant de Nuneaton, où Mary Ann avait été à l'école, abusant des souvenirs locaux qui s'étaient glissés dans les nouvelles de l'écrivain, donna à entendre qu'il était l'auteur de ces ouvrages, et intéressa si bien le voisinage à son génie caché et à sa pauvreté, qu'on ouvrit une souscription en sa faveur.

Dickens fut plus avisé que la majorité des critiques. Ayant reçu un exemplaire des *Scènes de la vie cléricale*, il remercia l'auteur inconnu dans une lettre qui respirait la plus franche admiration, mais où il ne dissimulait pas les conclusions auxquelles son tact littéraire l'avait conduit. « Mon cher Monsieur, écrivait-il, j'ai été si vivement affecté par les deux premières histoires du livre que vous avez eu la bonté de m'envoyer, que vous me permettrez, je l'espère, de vous exprimer mon admiration du talent extraordinaire dont elles témoignent. Je n'ai jamais vu une vérité et une délicatesse aussi exquises que celles de ces récits, et cela tant dans le plaisant que dans le pathétique. Telle est l'impression qui m'en est restée, que je trouverais fort difficile de vous la dépeindre si je me hasardais à l'essayer. Je suis obligé, ce me semble, en vous adressant mes remerciements, de vous donner le nom qu'a pris l'auteur des récits, mais, si j'avais eu à consulter mon propre sentiment, j'aurais été fortement tenté de parler à l'écrivain comme à une femme. Il y a, dans ces touchantes fictions, des traits si féminins, que le témoignage du titre n'est pas parvenu à me convaincre. Si ces histoires ne sont pas d'une femme, jamais homme, je le crois, depuis le commencement du monde, n'a eu l'art de se transformer ainsi à la ressemblance de la femme. Ne pensez point que j'éprouve le vulgaire désir de pénétrer votre secret ; j'en parle, non par simple curiosité, mais parce qu'il y a là une question d'un vif intérêt pour moi. Que s'il entrait jamais dans vos convenances ou dans vos désirs de me laisser voir les traits de celui ou de celle qui a écrit de si charmantes choses, ce sera pour moi un événement mémorable ; mais, s'il en est autrement, je conserverai toujours un attachement et un respect affectueux pour ce personnage invisible, et j'attendrai tout ce qui viendra de lui à l'avenir avec la certitude d'en être rendu plus sage et meilleur. »

Ayant acquis la conscience de son génie, encouragée par d'universels suffrages, et ayant en même temps rencontré une veine de production littéraire qui promettait d'amener l'aisance dans son modeste intérieur, George Eliot avait à peine achevé ses trois *Scènes de la vie cléricale,* qu'elle aborda un ouvrage de plus longue haleine. *Adam Bede* fut commencé dès la fin de 1857. Le second volume en a été écrit à Munich et à Dresde. Les Lewes aimaient passionnément les voyages, et la vente du précédent ouvrage avait été assez avantageuse, l'accueil fait par le public à ces histoires assurait assez l'avenir pour qu'on se permît de faire connaissance avec de nouvelles contrées. On se promettait d'ailleurs de travailler, et l'on se tint parole. « Munich, écrivait George Eliot, regorge de professeurs de toute sorte, tous *gründlich*, cela va sans dire, et, dans le nombre, deux ou trois de grande valeur. Celui qui nous a le mieux plu est Liebig. » Bodenstedt dut faire penser nos voyageurs à leur ami Gruppe, de Berlin, par la multiplicité des aptitudes et la variété des productions. Bodenstedt, en effet, a été voyageur, journaliste, professeur et directeur de théâtre; il a fait des traductions du persan, du russe et de l'anglais; il a écrit un grand ouvrage sur les peuples du Caucase, il s'est spécialement occupé de Shakespeare, il est l'auteur de drames, de romans, d'un volume de poésies qui a eu près de cent éditions, enfin, il a couronné le tout par l'histoire de sa vie. « Énormément instruit à la façon des Allemands, écrit George Eliot, mais avec cela pas du tout stupide. » La traductrice de la *Vie de Jésus* eut le plaisir de rencontrer Strauss à Munich. « Impression très agréable; il parle en termes choisis, comme un homme qui cherche à rester tout à fait vrai dans ce qu'il dit. » George Eliot aimait les arts, la musique surtout, mais la peinture aussi, et elle donnait naturellement une partie de son temps aux galeries. Elle admirait peu l'école allemande moderne. « Les grandes compositions de Kaulbach ne sont que d'immenses charades. Sa *Destruction de Jérusalem* est un véritable casse-tête de symbolisme. Kaulbach est assurément un homme de grand talent, mais dévoyé, à ce que j'imagine, par l'ambition de produire des *weltgeschichtliche Bilder* (des tableaux symbolisant l'histoire du monde), qui fassent pâmer d'admiration les critiques allemands. Il commença par la bataille des Huns, la plus frappante de ses grandes productions ; il l'avait peinte tout simplement sous l'inspiration de ce beau mythe des guerriers tués dans le combat, mais se relevant et poursuivant la bataille dans les airs. Là-dessus, voilà les critiques qui bourrent leurs pipes de l'horrible tabac qu'ils appellent l'esthétique, qui déclarent que nous avons là *ein weltgeschichtliches Bild*, et voilà Kaulbach voué depuis lors à la fabrication de peintures dans lesquelles, au lieu de saisir un moment de la réalité en lui laissant la valeur symbolique que la nature dégage elle-même de ce qu'elle fait, il entreprend de résumer dans une seule composition un ensemble d'événements, chacun représenté par un groupe qui peut signifier tout ce qu'il vous plaira. » L'écrivain aurait pu ajouter qu'il en va ainsi des autres arts ; que les Allemands, ne les goûtant guère que par la tête, veulent toujours y faire entrer un élément de science ; que la poésie même les satisfait davantage quand ils y trouvent matière à interprétation et à commentaire. Le culte dont Gœthe est l'objet chez ses compatriotes est moins dû à ses ouvrages vraiment parfaits, à ses créations réellement immortelles, qu'au champ sans limite qu'il a ouvert à la pédanterie des glossateurs. Est-il un savant germanique qui ne se sente plus attiré par le second Faust que par le premier ?

Nos voyageurs, à Dresde, résolurent de ne faire aucune connaissance et de travailler sans autre distraction que la galerie des tableaux, les concerts en plein air et la promenade. « Nous avons été heureux comme des princes... ne le sont pas, George écrivant dans le grand salon, et moi, à mon pupitre, dans ma chambre, toutes portes fermées. C'est là que j'ai achevé le second volume d'*Adam Bede*, dans les longues matinées que nous nous procurions en nous levant à six heures. » Le troisième volume fut écrit en Angleterre, au retour du voyage, et d'un trait ; c'était la manière de l'auteur, ainsi que je me rappelle le lui avoir entendu dire à elle-même. Une fois qu'elle possédait pleinement son sujet ou plutôt qu'elle en était possédée, elle rédigeait avec une grande rapidité. Le premier volume d'*Adam Bede* ne subit presque pas de retouches, et les conseils de son mari, auxquels George Eliot attacha toujours un grand prix, n'eurent guère pour objet que des changements de mots.

Le manuscrit du livre porte une dédicace qui ne témoigne pas seulement de la reconnaissance due à une collaboration utile. « Je donne à mon cher mari, G. H. Lewes, le manuscrit d'un ouvrage qui n'aurait jamais été écrit sans le bonheur que son affection a mis dans ma vie. » George Eliot en a fait de même pour tous ses ouvrages ; elle a inscrit sur l'autographe de chacun d'eux l'expression touchante de sa gratitude et de sa tendresse pour le compagnon de son existence.

III

Les lecteurs de George Eliot sont, je crois, d'accord pour reconnaître que les *Scènes de la vie cléricale* renferment en germe les beautés des ouvrages suivants de l'auteur ; mais *Adam Bede* était un véritable roman, et sous cette forme agrandie, il remplissait, il dépassait l'attente qu'avaient éveillée les débuts de l'écrivain. C'est à la seconde tentative, d'ailleurs, qu'on envoie d'ordinaire le nouveau venu dans les lettres pour se convaincre que le premier succès a été autre chose qu'un heureux accident. Aucun doute ici n'était possible. On était en face d'une irrécusable puissance. On ne savait qu'admirer davantage, l'intérêt pathétique des aventures d'Esther Sorrel ou le sel rustique des saillies de Mrs. Poyser, l'une de ces créations qui, dès le premier jour, prennent place dans la littérature nationale. *Adam Bede* avait à peine paru depuis quelques semaines, qu'un orateur de la Chambre des communes citait l'un des mots de la joviale fermière, en homme sûr d'être compris de tous ses auditeurs. Le bruit que faisait le nom de George Eliot eut des échos jusqu'en France. M. Montégut, je l'ai déjà dit, parla d'*Adam Bede* aux lecteurs de la *Revue des Deux-Mondes*. Dans cet article, que George Eliot estimait le meilleur de ceux qui eussent été consacrés à son roman, notre confrère ne dissimulait pas son enthousiasme. « Oh ! l'agréable et délicate lecture ! disait-il en rappelant les *Scènes de la vie cléricale*. Cela remplissait l'âme comme un parfum suave et pieux. On n'était pas séduit, on était gagné ; on n'était pas ému, on était attendri. » Puis, passant à *Adam Bede*, et après avoir vanté la finesse à la fois et la précision de l'observation, le style souvent délicieux, l'impartialité sympathique et en quelque sorte lumineuse qui éclaire également tous les personnages mis en scène : « Douze cents pages, disait-il, employées à raconter la séduction d'une jeune fermière par un *squire* adolescent, les infortunes amoureuses et les félicités conjugales d'un pauvre charpentier des campagnes ! C'est beaucoup, direz-vous. Eh bien ! je vous assure qu'après les avoir lues, j'ai à peine trouvé que c'était assez. C'est un gigantesque bouquet champêtre que l'auteur vous présente, plein de richesses odorantes et colorées, un de ces bouquets comme vous en avez maintes fois rapporté dans votre jeunesse de vos excursions à travers champs, et que vous aimiez à conserver plusieurs jours dans un large vase comme un souvenir de quelques belles heures d'activité étourdie : branches épineuses d'églantier sauvage arrachées aux haies vives, ronces en fleur, grosses branches de lilas cassées sans scie à l'arbre favori du printemps, grandes herbes barbues, ajoncs dorés ! »

Je me plais d'autant plus à rappeler l'étude de M. Montégut, qu'elle est restée assez isolée dans la critique française. C'est à peu de chose près le seul article de louange cordiale dont l'illustre femme ait reçu l'hommage chez nous. La plupart des jugements qui, de loin en loin, ont paru dans nos revues sur ses ouvrages ont laissé percer ou le dédain d'un goût blasé, ou, ce qui est pis encore, les répugnances de l'envie, de l'envie féminine en particulier, à reconnaître une supériorité près de laquelle, en effet, la banalité courante paraît encore plus banale.

Dickens fut de nouveau des premiers à exprimer son admiration. La lecture d'*Adam Bede*, écrivait-il à l'auteur, avait fait époque dans sa vie. Herbert Spencer était dans l'enthousiasme, assurant qu'il se sentait meilleur pour avoir lu ce livre. La tête de George Eliot ne lui tournait pourtant pas. « Je chante tout bas mon *Magnificat*, disait-elle, et j'éprouve une grande joie, une joie profonde et silencieuse ; mais peu d'écrivains, je le crois, ont moins connu que moi le transport et le sentiment de triomphe qu'on décrit comme l'effet du succès. » Elle contracta dès lors cette répugnance à parler et à entendre parler de ses livres, qui devint caractéristique de sa vie littéraire, et qui lui avait fait confier à Lewes le soin d'arrêter au passage les louanges comme les critiques des journaux. « Si les gens bourdonnaient autour de moi leurs observations ou leurs compliments, je perdrais le calme d'esprit et la probité du travail sans lesquels on ne saurait rien écrire de bon et de sain. Causer de mes ouvrages, c'est pour moi comme si je causais de mes sentiments intimes ou de ma religion. » Elle sentait d'ailleurs que le succès oblige, et s'inquiétait d'un nouveau roman déjà commencé. « La fortune d'*Adam*, disait-elle à son libraire, fait que j'écris avec plus d'anxiété que jamais. Quelque sentiment de responsabilité, j'imagine, joint à beaucoup d'orgueil. »

Nous ne poursuivrons pas l'histoire des ouvrages de George Eliot. Au rebours de ce qui arrive d'ordinaire aux productions d'un écrivain qui a tout d'abord surpris les suffrages, et de ce qui arrive aux romanciers plus qu'à d'autres parce qu'ils vont épuisant leur fonds d'expérience et d'observation, le public à chaque nouveau livre de George Eliot, et tout en regrettant, pour ainsi dire, de faire infidélité aux précédents, ne pouvait s'empêcher de proclamer la supériorité du dernier venu. Le *Moulin de la Floss*, qui parut en 1860, pourrait être regardé comme le chef-d'œuvre de l'écrivain, si *Middlemarch*, dix ans après, ne lui avait disputé ce rang, et si l'on n'avait eu dans l'intervalle *Silas Marner* (1861), une admirable idylle rustique, et le roman historique de *Romola*, destiné à montrer George Eliot égale à elle-même dans tous les genres qu'elle essayait. Il n'est pas jusqu'à *Deronda*, son dernier récit, gâté comme il l'est par d'inexplicables préoccupations, qui ne renferme des parties égales en puissance à tout ce que l'auteur avait fait.

Le cadre de *Romola* est la Florence du XVe siècle. Le projet en vint à George Eliot dans le cours d'un voyage en Italie, « l'un de ces voyages qui semblent partager la vie en deux, tant ils suggèrent d'idées nouvelles, tant ils ouvrent à l'esprit de nouvelles sources d'intérêt ». Son dessein formé, elle retourna à Florence, visitant les vieilles rues, fourrageant dans les vieux livres, cherchant à s'imprégner de l'esprit de l'antique cité. Mais elle était encore loin du but. Lorsque, de retour au logis, elle se mit enfin au travail, elle en vit se dresser devant elle toutes les difficultés. Son génie n'allait-il pas la trahir, alors qu'elle quittait les scènes familières de la vie rustique dans l'Angleterre contemporaine pour les pays étrangers et les siècles passés? Parviendrait-elle à faire revivre, sous leur vraie physionomie, la ville, l'époque et la figure de Savonarole? Elle en désespéra plus d'une fois, quitta puis reprit sa composition, s'enfonça avec la conscience qu'elle mettait à toute chose dans les études historiques, et enfanta dans la douleur la tragédie morale à laquelle le lecteur lui-même n'assiste pas sans trouble. Il lui semblait qu'un poids pesait sur elle. Chaque phrase, disait-elle, avait été écrite du meilleur de son sang. « Je commençai ce roman comme jeune femme, ajoutait-elle, et j'étais vieille quand je l'achevai. » Il ne lui avait pourtant coûté que dix-huit mois à écrire. Soit la peine qu'elle y avait prise, soit l'importance morale qu'elle attachait à la peinture des caractères dont elle avait composé son tableau, George Eliot paraît avoir eu pour *Romola* une préférence que j'ai peine à partager.

Je ne mentionne que pour mémoire les deux volumes de poésie de George Eliot, parce que, beaux, touchants ou spirituels, comme sont quelques morceaux, et profondément intéressants comme ils le sont tous à titre de tentative, ces poèmes n'ajoutent à la réputation de l'auteur qu'en achevant de montrer la variété de ses dons.

Les ouvrages d'un écrivain, on l'a souvent dit, sont

les vrais événements de sa vie. A part les livres que je viens de nommer, rien n'est à noter dans les dernières années de George Eliot, si ce n'est une réputation qui allait grandissant, le respect que s'était concilié une existence sans reproche, une aisance qui était devenue la richesse, de fréquents voyages tant à l'étranger qu'en Angleterre, et, enfin, ce que ne donnent pas nécessairement la gloire ni la fortune, un bonheur dont George Eliot disait dans une lettre : « Au total nous sommes dangereusement heureux. » Il lui semblait qu'elle avait une rançon à payer à la destinée, et elle n'ignorait pas, du reste, que l'âge se charge tôt ou tard de lever ce tribut en séparant ceux qui se sont aimés. Lewes mourut en 1878. Ainsi que nous l'avons déjà indiqué, elle se remaria moins de dix-huit mois après, avec un homme beaucoup plus jeune qu'elle, mais dont l'affection l'avait touchée et que la délicatesse de ses sentiments rendait digne d'elle. Le bonheur qu'elle trouva dans cette nouvelle union ne fut pas de longue durée. Elle mourut dans l'année même, des suites d'un refroidissement. Elle avait soixante et un ans, mais n'avait encore trahi aucune des infirmités de l'âge. Elle aimait la vie, disait-elle à l'une de ses amies quelque temps auparavant ; elle était pleine de projets, et puis « le monde était pour elle d'un intérêt si profond » !

Le portrait gravé, que M. Cross a placé en tête de la biographie de sa femme est aussi ressemblant que peut l'être la reproduction d'une physionomie singulièrement expressive. Un peu forts, un peu lourds dans leur cadre d'abondante chevelure, les traits de George Eliot traduisaient l'âme qui se possède, la grande intelligence restée bonne. On sentait la timidité qui se replie sur elle-même unie à un affectueux besoin de sympathie. Tout l'ensemble de la personne doux, distingué, gagnant la confiance et inspirant le respect.

L'unité du caractère moral de George Eliot n'est pas aisée à déterminer. Non que je la prenne au mot quand elle se dit nature de caméléon, et exposée à perdre son identité personnelle; la difficulté vient ici de la profondeur même. Ce que nous voyons, dans la maturité de George Eliot, c'est la grande belle âme, claire et calme, qui a tout connu ou deviné, tout senti ou pressenti; mais à quel prix cette domination de la raison sur la passion, cet ascendant de la réflexion sur la spontanéité avaient-ils été achetés? N'est-il pas vraisemblable que la biographie n'a pu tout dire? N'est-il pas permis de croire que l'histoire de Maggie, dans le *Moulin de la Floss*, s'est inspirée de souvenirs, et n'est-il pas naturel de supposer que l'expérience personnelle a été pour quelque chose dans la possession définitive de soi et dans une si intime connaissance de la vie?

Le danger, dans l'étude d'un caractère tel que celui de George Eliot, est de prendre l'empire acquis sur les impulsions comme un manque naturel de chaleur. Et, de fait, plus d'un s'y est laissé tromper. On s'est étonné de l'absence de flamme, d'élan, dans les lettres qui nous ont été données. C'était oublier les conditions de la publication de M. Cross, mais c'était aussi méconnaître l'histoire intellectuelle et morale de George Eliot. Elle avait connu l'impétuosité. « J'aime, écrivait-elle à trente ans, les âmes qui se précipitent vers le but, portées par le plein flot du sentiment, et que ne harassent pas de perpétuelles négations. » Vingt ans s'écoulent et elle a peur maintenant de conclure trop tôt et de se montrer plus affirmative que ne lui permet la lumière intérieure : « Je redoute toute énonciation positive sur des sujets d'une grande importance, par crainte de me lier par mes propres paroles et de dégénérer en un simple écho de moi-même. Horrible destinée, et dont, il faut bien le reconnaître, beaucoup d'hommes et des plus forts ont été la victime. » Nous avons ici les deux choses, l'entraînement et la réaction. La sérénité s'est répandue sur cette vie, mais l'émotion cachée, la vibration profonde ne laissent pas de se trahir encore. Une lecture, la vue d'un tableau lui font souvent venir les larmes aux yeux. Ou bien c'est la gaieté qui éclate ; grave comme on se la représente, elle n'en était pas moins capable, nous dit son biographe, de l'hilarité la plus franche, du rire joyeux, communicatif, irrésistible.

Les prédilections littéraires sont des révélations de caractère ; c'est à ce titre que nous recueillons celles de George Eliot. Elle appelle Milton son demi-dieu ; on reconnaît l'âme portée au sérieux, au sublime. Wordsworth de même est très haut placé dans ses affections. Elle n'en adore pas moins Molière, « notre grand, grand favori, écrit-elle ; nous ne le lisons pas en ce moment, mais nous parlons souvent de lui. *Le Misanthrope* me semble la plus grande, la plus complète production qui existe en son genre. » Elle tient Byron, en revanche, pour « le génie le plus vulgaire *(vulgar-minded)* qui ait jamais produit un grand effet dans la littérature ». N'oublions pas, enfin, son admiration pour les ouvrages de Comte, admiration sincère, bien que l'expression en soit peut-être exagérée par le désir de complaire à ses amis Congreve et Harrison, qui cherchaient évidemment à la tirer à eux. Avec d'autres correspondants elle reconnaissait que le positivisme lui paraissait étroit ou exclusif, et, quant au culte qui s'était greffé sur la philosophie de Comte, elle contribuait aux frais de l'entreprise, mais elle avait évité de s'affilier.

L'esprit de George Eliot, nous l'avons déjà vu, se distingue par une union assez rare d'intrépidité intellectuelle et de sensibilité religieuse. Dans l'examen, sincérité absolue. Toute question, pour elle, est une question ouverte. « Si je suis prête à me laisser convaincre, me demandez-vous? En vérité, oui; j'admets la discussion sur toute chose, sauf sur le dîner et les dettes ; je tiens que l'un doit être mangé et que les autres doivent être payées. Ce sont là mes seuls préjugés. » Mais ce tempérament rationaliste n'exclut point un certain mysticisme, celui qui, d'après elle-même, appartient à toute nature poétique, « le délice avec lequel l'âme se baigne dans des émotions qui dépassent les précisions de la pensée. »

Elle a de la sympathie pour les grandes religions historiques, l'hébraïsme et le christianisme en particulier, comme les monuments de luttes spirituelles semblables aux nôtres. Si elle suivait son inclination, elle entrerait souvent dans ces assemblées religieuses « dont l'essence est la reconnaissance d'une loi spirituelle qui fait appel à notre obéissance volontaire, et qui doit nous délivrer de la tyrannie des impulsions capricieuses et des passions indomptées ». Il est vrai que, arrivée là, le rationalisme reparaît et reprend le dessus. Les croyants qui se réunissent pour adorer Dieu, qu'adorent-ils sous ce nom, si ce n'est la conception la plus élevée du bien? Loin que la morale, dans la pensée de notre écrivain, découle de la religion, l'idée religieuse, par excellence, l'idée de Dieu, ne fait que personnifier l'idéal moral d'une nation ou d'une époque, et c'est pourquoi la théologie se transforme et les cultes se succèdent à mesure que l'humanité se perfectionne. Perfectibilité des religions, thèse grosse de conséquences, car, à donner à la notion de l'être suprême un contenu aussi variable et aussi subjectif que l'émotion morale, on arrive à identifier Dieu avec l'humanité, à faire consister la piété dans une réflexion attendrie sur le mystère de la destinée mortelle, à réduire la science de la vie à ces deux sentiments, la commisération pour le sort de nos semblables, et, pour nous-mêmes, « ce consentement aux choses inévitables qui y souscrit sans amertume et qu'exprime le mot de résignation ».

Pour mince que puisse paraître la religion de George Eliot, rien ne l'entama. Elle resta persuadée que si les actions humaines n'échappent pas à l'enchaînement universel des causes et des effets, ce caractère de nécessité n'en affecte point la qualité morale, n'en diminue point la laideur ou la beauté, et, par conséquent, ne saurait affaiblir nos motifs de préférer les unes aux autres. Un dernier lien continua, d'ailleurs, de rattacher George Eliot à la tradition mystique, à cette période idéaliste et romanesque de l'histoire de l'humanité à laquelle le naturalisme contemporain est en train de mettre fin. George Eliot avait lu les ouvrages de Darwin, et avec intérêt, mais elle ne semble pas en avoir saisi ou accepté toute la portée; elle n'y avait vu que l'idée d'évolution; or, dit-elle, « cette théorie, non plus que les autres explications de la manière dont les choses sont venues à l'existence, ne me touche guère en comparaison du mystère qui fait le fond de l'existence elle-même ». Ainsi derrière le fait elle cherche autre chose que le fait, elle soulève les insolubles questions, elle est de ceux, comme disait Schiller, qui voudraient savoir pourquoi dix ne fait pas douze[1].

George Eliot ne peut être rangée parmi les modernes adeptes du pessimisme. Elle ne regarde point la vie comme mauvaise en soi. Seulement elle est comme oppressée des difficultés de la lutte, des laideurs et des souffrances de l'humanité; elle est disposée à croire, avec les anciens, que les plus heureux sont ceux qui meurent jeunes, et, nous venons de le voir, elle est arrivée à faire consister la plus haute vertu dans la résignation, ou,

1. Schiller, *Die Weltweisen*.

comme elle le dit encore, dans le courage « qui sait se passer de narcotiques, dans la fortitude qui supporte les maux avec pleine conscience et les yeux grands ouverts ». Cette défiance de la destinée humaine est telle que George Eliot résiste aux idées de progrès social qui se sont si tyranniquement emparées de l'esprit moderne; elle est trop persuadée que le bonheur est avant tout une disposition morale, pour attendre grand'chose des institutions ; les améliorations lui paraissent devoir être moins un effet nécessaire de la culture intellectuelle qu'un fruit de la lente contagion du bien.

Si j'insiste sur cette espèce d'apitoyement avec lequel George Eliot considère notre condition terrestre, c'est que cette disposition constitue, en définitive, le fond de son art. Tout grand art s'inspire d'une philosophie, et la philosophie de George Eliot est doucement triste. Il y règne ce que Wordsworth, dans un beau vers, appelle *the still, sad music of humanity*, la note mélancolique que rend la destinée humaine. Elle n'aspire pas à peindre des caractères irréprochables, mais des caractères où se mêlent le bien et le mal, qui appellent l'indulgence, auxquels on s'attache tout en les condamnant. Disons mieux, elle n'aspire à rien, elle ne poursuit pas un but; elle est trop artiste pour cela. Avec sa nature sérieuse et morale, elle risquait de devenir moralisante; avec sa sympathie pour les fautes et les misères de ses semblables, sa pente devait la porter vers le didactique ; mais elle connaît le danger et reste sur ses gardes. Si l'art, pense-t-elle, a des leçons, ce sont les leçons de la vie même, que l'art reproduit dans sa vérité et sa complexité. « Quand il cesse d'être purement esthétique, quand il veut prouver au lieu de peindre, il devient le plus déplaisant de tous les enseignements. » Et, dans une remarquable lettre écrite au peintre Burne-Jones : « N'êtes-vous pas de mon avis que, de part et d'autre, on écrit beaucoup d'inutile verbiage sur le but de l'art? Un esprit malpropre fera de l'art malpropre, qu'il ait en vue l'art seul ou autre chose, et un esprit médiocre fera de l'art médiocre. Après quoi, il est certain que l'œuvre produira nécessairement sur les autres un effet conforme à la noblesse ou à la bassesse d'âme de l'artiste. »

Ce n'est pas avec sa morale que George Eliot écrit ses romans, c'est avec sa psychologie. Là est le secret de sa puissance. Cette femme, qui avait vécu d'une vie exemplaire et dans un monde étroit, cette femme avait tout pénétré, tout senti. Habituée à lire dans son propre cœur et douée de ce don d'observation qui aide à lire dans celui des autres, rien ne l'étonne. Elle est familiarisée avec les enchevêtrements les plus secrets et les plus subtils des motifs. Elle sait « qu'une nature incapable, par toute sa constitution morale, de commettre le crime, peut néanmoins éprouver des mouvements criminels ». Je trouve sous sa plume ce mot saisissant : « Dans la confiance la plus absolue du mari même et de la femme, il y a toujours le résidu secret, l'arrière-fond non soupçonné, peut-être de ce qu'il y a de plus mauvais, peut-être au contraire de ce qu'il y a de plus élevé et de plus désintéressé. » George Eliot a la clairvoyance qui devine le jeu intérieur des passions, l'expérience qui sait que l'être humain est capable de tous les contraires, l'indulgence qui tolère parce qu'elle comprend, et enfin le don de mesure et le goût de vérité qui l'empêchent de pousser à l'extrême, d'idéaliser soit le beau, soit le laid, de faire les héros ou les monstres tout d'une pièce. A la divination psychologique, ajoutons la faculté de créer des personnages vivants, et nous aurons le roman de George Eliot. Très jeune encore, en 1848, elle définissait le talent dont elle devait donner plus tard de si mémorables exemples. « La puissance artistique, disait-elle, me paraît ressembler à la puissance dramatique ; c'est l'intuition des divers états que l'esprit humain est susceptible de revêtir, accompagnée de la faculté de les reproduire avec une certaine intensité d'expression. »

Le drame, dans les ouvrages de George Eliot, sort de sa conception vivante des personnages, et telle est la force avec laquelle s'imposent à son esprit la cohérence morale des êtres qu'elle a appelés à l'existence et la conduite d'un récit déterminé par le développement de ces caractères, qu'elle en perd la liberté avec laquelle les auteurs gouvernent ordinairement leur œuvre. Elle ne pouvait y rien changer. L'intuition à laquelle elle cherchait à donner un corps et une vie s'emparait d'elle si complètement qu'elle se semblait devenir un instrument et obéir à une force supérieure. Il y a, dans *Middlemarch*, une scène célèbre, une explication entre deux femmes, qui forme l'une des péripéties du roman. George Eliot racontait comment la scène avait été faite. Elle savait que les deux personnages devaient tôt ou tard se rencontrer, et qu'il y aurait alors un éclat, mais elle avait évité d'y penser jusqu'au moment où elle dut enfin les mettre en présence ; et alors, s'abandonnant à l'inspiration de l'heure, elle écrivit le récit tel que nous le possédons aujourd'hui, sans changement, sans rature, dans un état extraordinaire d'agitation, et comme entièrement dominée par les sentiments qu'elle avait à exprimer. Sa plume courait, non par l'effet de la hâte ou du désir d'achever, mais parce que la main qui la tenait obéissait à une émotion. « Écrire, disait George Eliot, est pour moi comme une religion, et je ne puis tracer un mot qui ne parte pas du dedans. » Sans vouloir, pour cela, se donner en exemple, car elle ajoutait : « Je crois, du reste, que les meilleurs livres qui existent ont presque tous été écrits pour gagner de l'argent. »

La vérité est que l'inspiration sous l'empire de laquelle travaillait George Eliot ne doit pas être confondue avec la ferveur toute subjective et personnelle du romancier qui prête à ses personnages les passions qu'il éprouve lui-même. George Eliot était plutôt de l'avis de Diderot, qui prétendait que le grand acteur reste maître de soi et se rend compte par la réflexion de la manière dont il doit rendre un caractère et une situation. L'émotion qu'elle ressentait en écrivant était celle des personnages mêmes qu'elle mettait en scène et dans lesquels elle se transformait ; son âme était de la partie, elle vibrait, toutefois non pas pour son compte, si j'ose m'exprimer ainsi : elle vibrait à l'unisson des sentiments divers que la situation amenait. L'écrivain, en vertu de sa pénétration psychologique et de sa puissance sympathique, s'identifiait tour à tour avec les situations les plus diverses, avec les passions les plus contraires, et c'est en ce sens seulement, c'est parce qu'elle se confondait ainsi avec ses créations et mettait à les pleinement réaliser toutes es ardeurs de sa nature, qu'on peut dire d'elle qu'elle écrivait avec son âme.

Il me semble que nous avons à peu près devant nous tous les éléments du talent de George Eliot : la conscience des recherches et la maturité de la réflexion dans la préparation des ouvrages, la profondeur de l'intuition morale qui crée la vérité et la cohérence des caractères, l'intérêt d'une action qui jaillit de ces conceptions premières, la force dramatique qui résulte de la souplesse à la fois et de la vivacité du sentiment avec lequel un écrivain entre dans le rôle de ses divers personnages, la sincérité, enfin, d'un artiste passionné du vrai. Je me trompe, pour que cette analyse soit complète, il faut y ajouter le dramatique des incidents, le pittoresque des descriptions, et ces deux grandes facultés qui semblent s'exclure, et qui sont ici à la fois réunies et portées à un degré extraordinaire de puissance, le pathétique qui fait venir les larmes au bord des yeux les plus secs, et le comique le plus abondant, le plus plaisant, le plus original.

C'est la réunion de ces conditions de l'art, c'est la fusion de ces éléments à la flamme du feu sacré, qui assure à George Eliot un si haut rang dans le roman, et dans le plus haut genre du roman. Il existe des types illustres du récit d'aventures, de Foë, Alexandre Dumas et Dickens, — de la peinture des mœurs, Balzac et Thackeray, — de l'éloquence des passions, Rousseau et George Sand; on a fondé de nos jours, et non sans quelque éclat, une nouvelle école, celle qui subordonne tout le reste à la virtuosité descriptive; mais n'est-il pas vrai que la plus haute puissance, dans un art quelconque, est la création de personnages si vivants, si vrais, si personnels, qu'on emporte d'eux un souvenir indélébile comme si on les avait rencontrés dans les sentiers du monde? N'est-il pas vrai que c'est là le don supérieur du génie, l'enrichissement le plus substantiel d'une littérature? Je ne sache qu'un seul des dons du romancier qui manque à George Eliot; il ne faut point chercher dans ses pages le trouble, les emportements, les désordres de l'amour. Elle n'aurait pu écrire ni *la Nouvelle Héloïse* ni *Dominique*. La femme ne peut retracer les passions de l'homme parce qu'elle ne peut les ressentir, et, quant à peindre celles de son sexe, il faudrait commencer par se *désexiser* pour oser appeler le public à la confidence des derniers secrets du cœur féminin. La femme écrira des romans, des romans supérieurs à ceux que font les hommes, mais elle n'écrira pas tout à fait les mêmes; le genre, entre ses mains, rencontre une limite.

On a beaucoup parlé de réalisme à propos des ouvrages de George Eliot. L'article de M. Montégut, dont il a été question plus haut, portait même pour titre général : « Du roman réaliste en Angleterre ». Et il est bien vrai que le talent de notre auteur se distingue par une certaine prédilection pour la peinture de la vie usuelle, de la vie banale même, et par la vérité avec laquelle cette peinture est poursuivie dans ses détails. *Le Moulin de la Floss*, à cet égard, ne put que fortifier les impressions qu'avait laissées *Adam Bede*. *Romola*, en revanche, et *Middlemarch* sont là pour prouver que l'écrivain n'était pas absolument condamné aux minuties de la peinture hollandaise. Mauvais mot, d'ailleurs, que ce terme de réalisme, par lequel on a l'air d'opposer des choses qui sont différentes, mais qui ne sont pas contraires, l'admiration qu'inspire le beau et l'intérêt qu'excite le vrai. Le beau, la nature choisie, agrandie, généralisée, — le vrai, cette même nature vue d'aussi près que possible, avec tous les traits de physionomie, tous les détails de caractère que révèle une observation préoccupée d'exactitude. Et, en même temps, deux jouissances également légitimes de l'esprit humain : le bonheur qu'éprouve l'âme à supprimer les limites, à étendre les espaces, à s'ouvrir des échappées sur l'infini ; et l'espèce de fascination qu'exerce sur nous la nature, grâce à son inattendu, à sa souveraineté, à sa déraison même, à l'impossibilité où nous nous sentons de la ramener tout entière à la loi de nos pensées. Rien n'est plus ici grand ou petit, beau ou laid ; c'est le fait en tant que fait qui nous inquiète ou nous attire, et nous savons gré à l'artiste qui, par cela seul qu'il est vrai, nous fait connaître de nouveaux aspects des choses.

La manière d'écrire de George Eliot n'est pas irréprochable. Son style, on l'a fait observer, devient artificiel à force de vouloir éviter le lieu commun, tendu, à force de condenser la pensée. Heureusement qu'elle a fait deux parts dans ses romans, conservant la clarté au récit et le naturel au dialogue, et gardant la phrase chargée et la phraséologie abstraite pour les réflexions. Les défauts de son genre didactique sont comme amoncelés et aggravés dans le dernier ouvrage qu'elle ait publié, des *Caractères* à la façon de Théophraste et de La Bruyère, volume sans grâce et sans goût, véritable anomalie dans l'ensemble de l'œuvre de George Eliot. Le plus beau génie, le plus parfait, n'a pas seulement ses bornes, il a ses vices cachés, le plus pur métal a son alliage. *Felix Holt* est faible, la donnée juive dans *Daniel Deronda* a gâté un roman qui promettait de ne le céder à aucun de ses prédécesseurs, et *Theophrastus Such* est simplement illisible. Tout le reste, romans ou nouvelles, de purs chefs-d'œuvre, et, ce qui est le propre des chefs-d'œuvre, ne laissant rien à regretter ni à désirer.

On a quelquefois prononcé le nom de Shakespeare en parlant de George Eliot, une hyperbole qui cesse d'être choquante, si on borne le terme de comparaison à la création des caractères. Je souscrirais plutôt, bien qu'ici encore avec les distinctions nécessaires, au jugement de lord Acton : George Eliot a été la personnalité littéraire la plus considérable qui ait paru depuis la mort de Gœthe.

Mars 1885.

X

JUDAÏSME ET CHRISTIANISME

Une brochure de M. James Darmesteter, intitulée *Coup d'œil sur l'histoire du peuple juif*, m'a fait sentir combien la valeur d'un écrit peut être hors de proportion avec son étendue. Il y a, dans ces vingt pages, plus de science, plus de pensée, plus de ces réflexions qui forcent à réfléchir qu'il n'en faudrait pour nourrir un ouvrage de longue haleine. L'auteur a apporté à l'étude qu'il entreprenait les ressources d'une rare érudition philologique et historique, il a admirablement saisi le caractère étrange, unique, paradoxal du peuple dont il esquissait les destinées. J'ajoute qu'il montre en même temps ce goût du vrai que forme presque toujours une vigoureuse discipline intellectuelle. M. Darmesteter parle, dans l'une des pages de son écrit, de « ce degré d'impartialité sereine, où le savant étudie les choses pour savoir ce qu'elles ont été, et porte assez haut l'orgueil de la pensée pour ne pas se laisser dicter d'avance ses conclusions par les préoccupations passagères du politique, du croyant ou du métaphysicien ». L'écrivain, dans ces lignes, a indiqué son ambition, ce qui est une manière de faire son portrait.

L'intérêt du sujet traité par M. Darmesteter n'est pas seulement que les travaux modernes sur les origines du christianisme ont « ramené la question chrétienne à une question juive »; le judaïsme n'a pas moins agi sur le monde oriental par l'islam que sur le monde européen par le christianisme, de sorte que « l'histoire du peuple juif comprend et suppose celle de tout le monde méditerranéen ». Toutefois, avant d'exercer son action au dehors, le judaïsme a eu son histoire intérieure, ses périodes de formation. C'est d'un polythéisme primitif qu'est sorti le dieu national, c'est dans la conception prophétique que le dieu national devint le dieu universel, et c'est après la grande déportation babylonienne que le culte du dieu universel prit la consistance rituelle, liturgique, qui en fut à la fois la déformation et la sûreté, une dérogation à la pureté de l'idée et une nécessité de conservation. « Ainsi se forma une religion, la plus étroite et la plus large de toutes, toute d'isolement par le culte, toute d'expansion par l'idée, et agissant d'autant plus puissamment par l'une, qu'elle se maintient plus énergiquement par l'autre, condition excellente pour durer et pour agir, et convertir le monde à ses principes, sans se laisser entamer par les concessions opportunistes de la propagande. »

Le caractère composite du christianisme n'est pas moins finement senti et heureusement rendu par M. Darmesteter: « Tandis que les chrétiens juifs, interrogeant la Bible pour justifier leur foi, après avoir expliqué la Bible par Jésus, finissaient par expliquer Jésus par la Bible, et le transfiguraient en un type idéal à coups d'interprétations symboliques, les chrétiens-gentils, de leur côté, adaptaient la foi nouvelle aux milieux où ils la propageaient par des emprunts, de jour en jour plus larges, aux mythologies de Grèce et de Syrie et à la métaphysique de leur temps. De là sortit une religion mixte, compromis entre le passé et l'avenir, et qui conquit le monde, auquel elle fit beaucoup de bien et beaucoup de mal : beaucoup de bien parce qu'elle relevait le niveau moral de l'humanité, beaucoup de mal parce qu'elle arrêtait sa croissance intellectuelle, en rajeunissant l'esprit mythique et en fixant pour des siècles l'idéal métaphysique de l'Europe aux rêves de la décadence alexandrine et aux dernières combinaisons de l'hellénisme tombé en enfance. »

M. Darmesteter voit dans la Révolution française tout ensemble la fin de l'histoire matérielle du peuple juif, désormais confondu dans les autres nationalités, et le triomphe des conceptions juives dont le monde moderne ne serait que la réalisation : « Le judaïsme qui, dès sa première heure, a toujours été en guerre avec la religion dominante, que ce fût celle de Baal, de Jupiter ou du Christ, est enfin arrivé en présence d'un état de pensée qu'il n'a pas à combattre, parce qu'il y reconnaît ses instincts et ses traditions. La Révolution n'est, en effet, que le retentissement dans le monde politique d'un mouvement bien plus vaste et plus profond, qui transforme la pensée tout entière et qui aboutit, dans l'ordre spéculatif, à la conception scientifique du monde substituée à la conception mythique, et, dans l'ordre pratique, à la notion de justice et de progrès. » Or c'est là le judaïsme même, l'essence du judaïsme tel que l'entend M. Darmesteter. Cette religion se résume à ses yeux en deux grands dogmes : l'unité divine et le messianisme, « c'est-à-dire unité de loi dans le monde et triomphe terrestre de la justice dans l'humanité ». L'auteur va jusqu'à retrouver ces deux dogmes, l'un dans le principe scientifique de l'unité des forces, l'autre dans la croyance sociale au progrès.

M. Darmesteter me permettra-t-il de le lui dire ? Il y a dans ces lignes quelque chose de forcé, et la tendance apologétique qui perce dans toute cette fin de l'écrit jure avec le caractère scientifique du reste. Représenter le christianisme comme ayant à demi avorté et le judaïsme comme n'ayant, au contraire, rien d'essentiel à abandonner pour continuer à jouer un rôle et à exercer une action bienfaisante, c'est, à mon avis, doublement méconnaître les faits. L'auteur oublie que ce dieu juif dont il vante l'unité est un dieu strictement national et dont le culte ne devait se répandre que pour rassembler les croyants à Jérusalem. Il oublie que, si le règne du Messie est un règne de justice, c'est en même temps un règne terrestre et visionnaire, une conception apocalyptique. Libre à l'écrivain de spiritualiser ces croyances pour en dégager ce qu'il croit en être le contenu essentiel ; mais alors pourquoi ne pas accorder le même privilège au christianisme et ne pas lui permettre de dégager aussi de sa métaphysique et de sa mythologie une idée plus haute ou plus profonde? L'objection que je fais ici à M. Darmesteter tient, d'ailleurs, à l'idée tout entière qu'il se fait des destinées du judaïsme. Son effort va à maintenir à la religion d'Israël le privilège de certaines vérités, la propriété de certains principes dont elle resterait le représentant dans le monde. A la manière dont je me représente les choses, le judaïsme aurait, au contraire, passé tout entier dans les religions qui s'en sont détachées, il aurait épuisé sa sève et, avec sa sève, sa raison d'être dans les deux grands rameaux qu'il a poussés au dehors. Le christianisme et le mahométisme ne sont autre chose que des hérésies juives, cela est parfaitement vrai; mais l'hérésie, à ce degré de puissance, mérite le nom d'évolution, de transformation, et, si quelque chose est certain, c'est que la grande, la mémorable action du judaïsme dans l'histoire des peuples s'exerce à peu près exclusivement, depuis dix-huit siècles, sous le nom et dans les formes du christianisme. Je n'en voudrais, au besoin, d'autre preuve que les efforts pénibles de M. Darmesteter pour lui conserver un rôle original, pour lui revendiquer une initiative propre dans le moyen âge. Les pages auxquelles je fais allusion me paraissent les plus contestables de la brochure.

Une dissidence encore plus grave qui me sépare de M. Darmesteter est celle qui porte sur la nature même du message que le judaïsme, et après lui le christianisme, ont apporté à l'humanité. Au lieu d'y chercher une ou deux idées abstraites que l'on s'efforce ensuite de traduire en notions scientifiques modernes, je ne sais voir, dans la Bible, que le fait capital d'une morale religieuse et d'une religion morale, que cette admirable parole évangélique qui, toute nouvelle qu'elle paraisse, n'en est pas moins un écho, un prolongement de la prédication prophétique. L'Évangile est déjà dans Isaïe et dans Jérémie. Jésus, à le bien prendre, n'a été que le dernier des prophètes, le plus grand, le plus tendre, le plus original, le plus populaire, mais absolument de la même inspiration. Que si son enseignement est devenu la religion que nous voyons, il ne faut pas s'en scandaliser outre mesure : le mythe et le rite sont l'alliage à la fois déshonorant et indispensable sans lequel le métal serait trop pur pour servir aux usages des hommes. Quoi qu'il en soit, le christianisme, je le répète, est essentiellement du judaïsme, et cette gloire doit suffire à celui-ci. C'est sous cette forme, dans tous les cas, c'est en vertu de l'accent particulier qu'elle a trouvé sur les lèvres de Jésus, que la pensée juive est destinée à conserver sa place dans la conscience de l'humanité. Le judaïsme est immortel parce qu'il a produit l'Évangile, et parce que l'Évangile a été pour l'âme humaine une source d'expériences spirituelles dont les effets ne s'évanouiront jamais entièrement. L'homme, en avançant dans la vie, dépasse chacun des degrés de son développement antérieur, mais il n'en est pas moins ce que ces évolutions ont fait de lui. Non, ce n'est pas en vain que l'on a été ou instruit, ou consolé, ou ramené dans les profondeurs de la conscience, ou soumis à la discipline d'une règle absolue ; ce n'est pas en vain qu'on a entrevu, ne fût-ce qu'un moment, un idéal de pureté, de résignation et de dévouement. Si tout cela était vain, quelles seraient alors les réalités de la vie ?

Août 1881.

XI

L'ACADÉMIE ET LES PRIX DE VERTU

Peste soit de l'humeur moralisante ! Elle s'attache, j'allais dire elle s'attaque à tout. Ainsi de la dernière séance académique. Tandis que tout le monde s'émerveillait de l'esprit de M. Pailleron et de la bonne grâce de M. Doucet, je ne pouvais, moi, me défaire d'une pensée. Il me semblait que de cette séance, malgré tous ses agréments, sortait une leçon pour les testateurs. N'est-ce pas, me disais-je, l'une des ironies de ce monde que les sottes conséquences qui s'attachent parfois aux meilleures intentions ? Je suppose un homme riche qui n'a point d'héritiers ou qui ne prend aux siens qu'un médiocre intérêt ; il aime le bien et il a dû une partie des jouissances de sa vie au commerce des lettres ; il ne serait pas fâché, en outre, que son nom prît quelque illustration, s'il n'en a point acquis jusqu'ici, ou qu'il en reçût une nouvelle, s'il est déjà illustre. Quoi de plus naturel, quoi de plus légitime ? Il fera son testament, et constituera une fondation dont le produit servira à couronner quelqu'un ou à récompenser quelque chose. Il suivra de loin, selon ses forces, les traces du célèbre M. de Montyon. Oui, mais c'est justement là que je l'arrête et que je lui signale l'exemple de M. de Montyon comme un avertissement. Une si généreuse vie, une préoccupation si constante de toutes les bonnes choses, justice, lumières, moralité, une si belle fortune mise au service d'intentions si pures, la philanthropie aspirant à se survivre, à se perpétuer, — et tout cela pour arriver à quoi? à faire le désespoir des moralistes et, avec eux, de tous les esprits sains et de toutes les âmes délicates, pour qui l'on ne saurait, sans profanation, attacher une récompense pécuniaire à la bienfaisance et au dévouement. Des actes de charité, d'héroïsme, cotés à des prix qui varient de 3,000 à 300 francs, un concours ouvert entre les actions les plus méritoires, il y a là pour la conscience un trouble, tranchons le mot, un scandale que n'atténuent qu'à moitié les brillantes séances dans lesquelles la fanfare en l'honneur de la vertu cachée est sonnée par le désillusionnement d'un Sainte-Beuve, le pococurantisme d'un Renan, ou la verve comique d'un Pailleron. Mais l'Académie elle-même, que de fois n'a-t-elle pas dû maudire *in petto* celui dont elle était obligée de célébrer publiquement les générosités! Et quelle corvée M. de Montyon ne lui a-t-il pas imposée, lorsqu'il l'a instituée la dispensatrice de ses largesses! Dans quel réseau de difficultés ne l'a-t-il pas enfermée!

M. de Montyon s'était proposé de favoriser la bonne littérature aussi bien que la bonne conduite, et il avait fondé des récompenses pour l'une comme pour l'autre ; mais ces récompenses, d'après les termes du testament, n'étaient destinées chaque fois qu'à une seule action et à un seul livre, l'action la plus vertueuse et le livre le plus moral de l'année. L'Académie reconnut très vite que, dans ces conditions, le choix des lauréats devenait impossible et que, au prix de revient de la vertu moderne, les sommes à attribuer étaient exagérées ; elle s'en tira ou crut s'en tirer en fractionnant les prix, en partageant les revenus de la fondation entre un certain nombre de dévouements et un certain nombre de bons livres. Elle n'avait fait, hélas! que tomber de Charybde en Scylla. On n'avait plus à trouver une vertu qui fît pâlir toutes les autres et un écrit que le mérite de ses tendances mît absolument hors de pair ; on avait, en revanche, à braver la multitude des concurrents, la lecture des manuscrits, la fatigue des enquêtes, les visites des solliciteurs, les ressentiments des rejetés. Il y a eu, cette année, jusqu'à douze ouvrages qui ont paru à l'Académie mériter le certificat de bonnes vie et mœurs, et il y a eu, nous a confié M. Camille Doucet, jusqu'à cent quarante-huit écrivains qui s'étaient mis sur les rangs pour obtenir une parcelle du gâteau à partager !

Mais il était dit que tout serait mécompte et contradiction en cette affaire. Après avoir multiplié les récompenses pour éviter l'embarras du prix unique, l'Académie s'est vue obligée d'élargir les conditions du concours pour placer des récompenses dont elle ne savait plus que faire. Soit que la littérature contemporaine ne fournisse pas assez de livres qui répondent aux termes du programme, soit que les Quarante, dans leur sagesse, aient compris qu'à se proposer trop directement d'être utile, un écrit devient quelquefois ennuyeux, les mandataires de M. de Montyon ont pris le parti d'interpréter une seconde fois la pensée du fondateur. Ils ont interrogé les intentions, sollicité les textes, et, au lieu de récompenser les ouvrages utiles aux mœurs, ils se sont rabattus à couronner ceux qui se contentent bonnement de les respecter. Quelque mérite littéraire et une bonne moyenne d'honnêteté, voilà tout ce qu'on demande aujourd'hui. C'est ainsi que l'Académie a pu, cette année même, admettre parmi ses lauréats un *Voyage au Japon*, une *Vie du général Chanzy*, une *Histoire de la littérature anglaise* et un *Essai sur le Rire*. M. Doucet a même exprimé le regret qu'elle n'eût pu étendre ses libéralités jusqu'à la biographie de Renaudot, le fondateur de la *Gazette de France*, et à celle de Conrart, l'homme au « silence prudent ». Même largeur, même tolérance pour les romans. A défaut du conte moral, il suffit, dans l'occasion, que le conte ne soit pas immoral. Judicieuse résolution, à laquelle nous avons dû le plaisir de voir quelquefois les honneurs et les profits du prix de vertu aller chercher des écrivains qui comptaient déjà d'autres lauriers, qui méritaient assurément cette nouvelle distinction comme les autres, mais qui n'en ont pas moins dû être un peu surpris eux-mêmes de l'étiquette sous laquelle ils figuraient pour l'heure. Une **ouvrière de la rue Breda couronnée rosière de Salency !**

On se tromperait du tout au tout si l'on s'imaginait que nous voulons railler l'Académie. Nous estimons, au contraire, qu'elle a agi en personne avisée, et réparé autant qu'il en était en elle une double erreur, celle que commit M. de Montyon en mettant la vertu au concours, et celle qui échappa à l'Académie elle-même, le jour où elle accepta de devenir le canal de ces libéralités mal entendues. Que le docte corps, au lieu de récompenser des dévouements auxquels répugne l'idée d'une récompense, distribue les fonds dont il dispose entre des établissements de charité, qu'au lieu d'encourager les soi-disant bons petits livres, il continue à couronner des ouvrages d'une saine et honnête littérature, et il nous aura rendu le plus grand des services, celui de nous sauver d'un ridicule national. Je ne sais pourquoi l'image de la Chine me revient si souvent à l'esprit lorsque je pense à notre cher pays, mais je ne puis me défaire de l'idée qu'il existe quelque part, chez nos jaunes congénères, un mandarinat de la vertu, et que les traités de Confucius ont, de leur temps, obtenu un prix comme propres à former le cœur et l'esprit des magots.

Novembre 1884.

P.-S. — Je me trompais évidemment en croyant que l'Académie avait senti les difficultés de la mission qu'elle tient de M. de Montyon, et en supposant qu'elle cherchait à les éluder par des licences d'interprétation. Je vois, aujourd'hui même, en ouvrant le journal, qu'elle a été autorisée à accepter un legs de 10,000 francs destiné à récompenser la piété filiale. A la bonne heure, et puisque les Quarante se sentent à l'aise dans le ministère que les testateurs leur confèrent à l'envi, il n'y a plus, en effet, qu'à spécialiser les récompenses afin qu'aucune vertu n'y échappe. Voilà, grâce au legs de madame Letellier, le sort de l'amour filial assuré, mais n'y a-t-il rien à faire pour la tendresse maternelle? Et les belles-mères? Pourquoi n'ouvrirait-on pas un concours entre celles qui ont appris à supporter leurs brus ou leurs gendres? L'Académie française, dans sa répartition annuelle des libéralités de M. de Montyon, a toujours fait preuve d'une louable sympathie pour les domestiques, mais elle me semble avoir un peu négligé les maîtres. Et, parmi les serviteurs mêmes, ne laisse-t-elle pas la balance pencher vers la bonne au détriment de la cuisinière? Les Chinois, dont je parlais plus haut, et qui resteront éternellement nos maîtres en ce genre de choses, ont toute sorte de boutons; il y a des boutons d'or, d'argent, de corail, de cristal, de nacre; il y a la plume de paon, la couleur et la forme de la robe. Qui nous empêche d'en faire autant? Je ne comprends, quant à moi, que deux espèces de sociétés: celles où chacun vaut ce qu'il vaut et n'obtient d'estime que ce qu'il en inspire, sans que l'État ni les Académies se chargent de coter son mérite; et celles, au contraire, où chacun serait officiellement évalué, étiqueté, paraphé. Nous sommes restés à moitié chemin en France, et il est pénible vraiment de penser qu'un honnête homme puisse achever sa carrière parmi nous, sans avoir jamais eu ruban, palme ou médaille à sa boutonnière, sans une broderie à son habit, sans un diplôme de vertu publique ou privée dans sa poche. Si on a fait quelque chose, comme je le reconnais, il reste encore joliment à faire. Avis aux testateurs ! Qu'il y ait des degrés dans les distinctions, cela est inévitable, mais, au nom du ciel, qu'il n'y ait plus de mérite obscur, plus de vertu cachée, plus de violette sous l'herbe ! Laissons aux ancêtres leur prétentieux *esse quam videri!* Il ne manquerait plus que d'avoir une aristocratie à rebours, celle des non décorés !

28 mai 1885.

XII

M. GUIZOT ET M. JULES SIMON

Cet éloge a eu un grand succès et un succès légitime[1]. Il est seulement regrettable que les applaudissements se soient surtout attachés aux allusions politiques que l'auditoire saisissait dans le discours de M. Jules Simon. Il ne faudrait pas, et je parle ici dans l'intérêt de l'orateur lui-même, qu'il prît l'habitude de transporter sous la coupole de l'Institut les préoccupations du Sénat et les rancunes des partis. Ce n'est pas pour cela que l'Académie des sciences morales et politiques l'a fait secrétaire perpétuel; ce n'est pas, dans tous les cas, l'exemple que lui a laissé son illustre prédécesseur. Plus on obtient facilement les bravos du public avec des allusions et des épigrammes, plus il convient d'être en garde contre la tentation de chercher une si facile revanche aux déconvenues de la vie publique.

Tout le monde reconnaîtra les qualités de tenue et

---

[1]. Lu à l'Académie des sciences morales et politiques, le 10 novembre 1883.

d'ordonnance qui distinguent l'éloge que nous avons entendu hier. Le tissu n'en est ni très brillant, ni peut-être très fin, mais il est serré et solide. Il y a eu, d'ailleurs, çà et là, pour le relever, des mots d'une heureuse justesse. M. Jules Simon a parfaitement rencontré, lorsqu'il a montré M. Guizot cherchant « à discipliner l'histoire », ou lorsqu'il a défini cet homme d'État comme « obstiné et passionné ». Je ne dirai pourtant pas que l'éloge lu par M. Jules Simon laisse de M. Guizot une image aussi accusée, aussi vivante, aussi puissante que je l'avais attendu. M. Guizot, avec tous ses défauts, à cause de ces défauts mêmes, est une physionomie historique plus grande que ne l'a faite M. le secrétaire perpétuel. Ce reproche s'applique du reste également au tableau des événements dans lesquels M. Guizot a joué un rôle. On s'attendait à voir l'orateur aborder plus franchement les questions que soulève la révolution de 1848, entrer plus avant dans les mérites de l'attaque et de la résistance, montrer plus courageusement les vices de l'ordre de choses qui disparut alors, ne pas craindre de reconnaître, en un mot, que, si le pays n'était point mûr à cette époque pour le suffrage universel, il était encore plus hors d'état de continuer à subir le régime censitaire et la corruption électorale. Rien absolument n'obligeait M. Jules Simon à observer, en un pareil sujet, la discrétion dont il a fait preuve. M. Guizot, pris hors de la politique militante, n'est plus M. Guizot.

Hâtons-nous de le dire, ces légères critiques ne diminuent en rien l'intérêt de l'Éloge que vient d'applaudir l'Institut, intérêt qui consistait surtout dans des rapprochements involontaires entre l'homme qui lisait le discours et l'homme qui en était le sujet. Non pas, bien entendu, qu'en définitive et aux yeux de l'histoire, il y ait de comparaison proprement dite à faire, — les deux destinées ne sauraient guère être ramenées à une mesure commune, — mais à la surface, du moins, les analogies ne manquaient pas. M. Jules Simon ressemble certainement à M. Guizot par la variété des aptitudes et par la diversité des buts qu'a poursuivis son ambition. Ils ont l'un et l'autre été professeurs, et ce n'est pas la faute de M. Jules Simon si la Sorbonne, après 1830, n'a plus retrouvé l'éclat, le prestige que lui avait donné l'enseignement du fameux trio de 1828. M. Jules Simon et M. Guizot ont tous les deux été polygraphes, ne se faisant point honte de travailler pour les libraires, essayant un peu de tout, M. Simon en préludant à son rôle politique par des écrits qui étaient des programmes, M. Guizot en s'assurant son meilleur titre à la considération de la postérité par des ouvrages historiques d'une valeur durable.

La politique nous fournit un dernier terme de comparaison entre les deux hommes que rapprochait hier le hasard d'une séance académique. Il est vrai qu'ici encore, ici surtout, il y a bien des distinctions à faire, mais, toutes ces distinctions faites, toutes les distances observées, il n'en reste pas moins que M. Jules Simon a été, comme M. Guizot, à la tête des affaires de son pays, qu'ils ont, l'un et l'autre, été brutalement renversés par les événements, et enfin qu'ils se sont fait l'un et l'autre, au cours de leur vie publique, une réputation d'orateurs. Quant aux différences, elles sont manifestes. Ce sont, au fond, des contrastes, des oppositions de nature. M. Guizot, lui, tant comme orateur que comme ministre, représente quelque chose de distinct. Il est doctrinaire, il est même la personnification du doctrinarisme, c'est-à-dire de la tendance à croire à la suprématie de la raison et à méconnaître, à dédaigner les résistances du fait aux exigences de l'idée. Le doctrinaire est insensible à cette part de force aveugle, de destinée souveraine qui s'impose sans cesse à nos conceptions du vrai et même du juste. A-t-il été la victime des puissances irrationnelles, il continue à protester, et il trouve une haute et hautaine consolation dans la conviction qu'il a pour lui le bon droit et les éternelles lumières. Personne, je le répète, n'a représenté cette politique avec autant d'éclat et de grandeur que M. Guizot. Il lui a prêté l'obstination passionnée de son propre caractère. Il y a trouvé les inspirations de son magnifique talent oratoire. Absolu dans le fond et spécieux dans l'argumentation, imposant par la gravité et la noblesse, tout raison et raisonnement, sans philosophie, et, bien qu'historien, sans véritable intelligence de l'histoire, il a porté dans la résistance politique quelque chose des convictions religieuses de ses ancêtres, les pasteurs cévenols, et c'est en toute sécurité de conscience qu'il est devenu l'auteur d'une incommensurable catastrophe pour son pays.

M. Jules Simon, lui, est plus difficile à analyser, soit

comme orateur, soit comme homme politique, parce qu'on a plus de peine à distinguer chez lui l'unité de la nature, le but des efforts, le caractère de la vie. Il a été ministre, mais que se proposait-il en acceptant le pouvoir ? Il a géré la chose publique, mais dans quel intérêt ? Il est tombé, mais qu'est-ce qui est tombé avec lui ? Plus on y pense, plus on incline à croire que M. Jules Simon n'était que médiocrement fait pour ce rôle d'homme d'État dans lequel, d'ailleurs, il parut avoir perdu tous ses moyens. Son vrai rôle est celui d'orateur, peut-être même d'orateur d'opposition, car son talent n'a jamais été plus admiré que depuis l'espèce de crise morale qui l'a jeté sur les bancs de la minorité du Sénat. C'est dans cette nouvelle position qu'il a déployé toutes ses ressources, et c'est là, dans ce nouveau rôle, qu'il faudrait le prendre si l'on voulait retracer son image. La tâche mériterait, du reste, d'être essayée. Mais que de souplesse ne faudrait-il pas pour décrire un talent si essentiellement fait lui-même de souplesse ? Comment rendre compte, sans risquer d'être partial ou injuste, de ces dons merveilleux qui touchent de si près aux pires défauts ? Comment donner l'idée de cette éloquence si particulière, qui consiste à prêter à des discours, par la manière, par l'action, une valeur qu'ils n'auraient point sans cela ? Quel est l'observateur assez fin et la plume assez déliée pour démêler le calcul sous les apparences les plus séduisantes du naturel, la possession de soi jusque dans l'indignation, le jeu jusque dans les excursions du côté du sublime, la volonté jusque dans les manifestations les plus spontanées, — les habiletés de l'artiste partout, dans les langueurs moribondes des débuts, dans les éclats de voix des grands passages, dans la bonhomie et dans le dédain, dans la câlinerie et dans l'emportement, dans un certain patelinage d'une douceur achevée comme dans la façon mordante de détacher le sarcasme, — partout, toujours, et sans qu'il s'oublie jamais un instant, le mime accompli dont le seul défaut est de trop mépriser ses auditeurs en supposant qu'ils sont incapables de discerner la part de l'artifice dans ces admirables exhibitions oratoires?

M. Jules Simon, je l'ai dit, ne nous a peut-être pas donné M. Guizot dans toute la puissance de cette grande et raide figure historique ; je crains que celui qui aura un jour le douloureux devoir de faire l'éloge de M. Simon lui-même, n'ait plus de peine encore à fixer les traits de cette physionomie politique, la plus mobile, la plus insaisissable de notre temps.

XIII

RÉCEPTION DE M. SULLY PRUDHOMME

A L'ACADÉMIE FRANÇAISE

M. Sully Prudhomme n'a guère été favorisé par les hasards qui président aux réceptions académiques. L'éloge qu'il avait à faire l'a obligé à des études et à des considérations qui lui étaient étrangères, et l'éloge que l'on devait faire de lui n'était pas tombé, ce semble, aux mains les plus propres à l'écrire. C'est M. Maxime Du Camp qui se trouvait chargé de recevoir le nouvel élu. Or l'Académie ne porte pas bonheur à M. Du Camp. Ce n'est pas que cet écrivain manque de talent ou de toutes les sortes de talent. Il a donné, dans la *Revue des Deux-Mondes,* des souvenirs de son enfance, de ses voyages et de sa vie littéraire, que j'ai lus avec intérêt. Sans y sentir précisément de charme, sans même parvenir à me rendre compte de ce qui en faisait le mérite, j'y ai trouvé plaisir. Le genre apparemment convenait au tour d'esprit de l'écrivain. On n'en peut dire autant de l'éloge académique. M. Du Camp n'y est pas à l'aise.

L'uniforme aux broderies vertes le gêne et l'épée s'embarrasse entre ses jambes. L'élégance, le tour oratoire ne sont point son affaire. Il n'a ni la distinction, ni le goût, ni la finesse qui sont nécessaires pour relever les fadeurs obligées du panégyrique. Comme Sainte-Beuve le lui a fait remarquer un jour, il dit trop rondement des choses trop ordinaires. Il en dit même qu'on est assez étonné de rencontrer dans un discours de réception. C'est ainsi qu'il a pris hier le récipiendaire au berceau, nous apprenant qu'il est sorti de la bonne bourgeoisie et qu'il a été malheureux à l'école ! Quant à la partie politique du discours, je n'en parlerai pas ; on prend soi-même de l'humeur à voir tant de mauvaise humeur et de mauvais sens. Et les jugements historiques, prétentieux et superficiels ! Et les lourdes, lourdes épigrammes !

M. Sully Prudhomme, lui, a fait, de son prédécesseur, un portrait simple et intéressant. Il ne me semble pas cependant, les deux éloges entendus, que la physionomie de M. Duvergier de Hauranne en ressorte suffisamment accusée. On nous a montré l'activité de l'homme politique, le labeur de l'écrivain, on ne nous a pas montré le caractère distinctif d'un personnage qui en a eu un pourtant, et dont le rôle parlementaire a été considérable sous la monarchie de Juillet. Peut-être aurait-il fallu, pour faire complètement connaître M. Duvergier de Hauranne, la plume d'un de ses contemporains, et le nombre de ceux-là diminue tous les jours. C'est dommage. Il aurait valu la peine de faire revivre cette personnalité très particulière, dans laquelle se rencontraient le théoricien et le

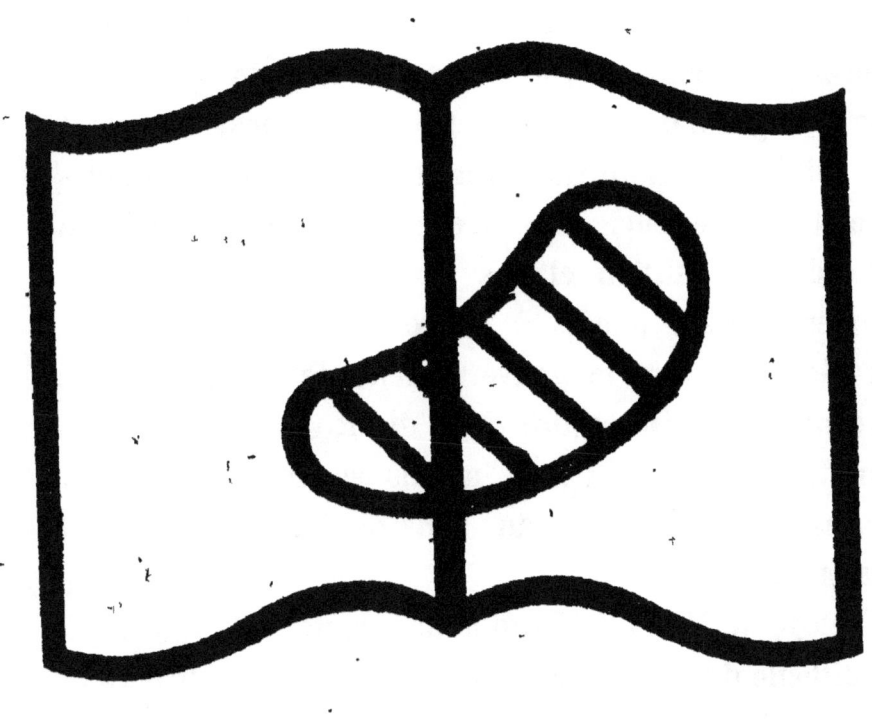

Illisibilité partielle

VALABLE POUR TOUT OU PARTIE DU DOCUMENT REPRODUIT

politique militant, le doctrinaire et l'homme rompu aux menées parlementaires, le talent de l'écrivain et de l'orateur et le génie de l'intrigue et des coalitions. Il y avait chez lui du Benjamin Constant et du Gondi, un publiciste et un frondeur. M. Duvergier de Hauranne fut le héros de la coalition et des banquets, c'est-à-dire de deux entreprises fatales à ce gouvernement de Juillet qui était pourtant le gouvernement de son goût et de ses convictions. On assure qu'il disait, après la révolution de février : « Si nous avions su combien étaient minces les parois du volcan, nous ne l'aurions pas fait éclater. »

L'éloge de M. Sully Prudhomme reste à faire, car il est difficile de donner ce nom aux louanges sans saveur dont il a été hier l'objet. Je n'essayerai pas de remplir un devoir dont M. Du Camp s'est trop imparfaitement acquitté, mais je suis heureux de saisir cette occasion d'exprimer ma reconnaissance à un écrivain depuis longtemps placé très avant dans mes affections littéraires. L'Académie, à laquelle autrefois on arrivait surtout par les vers, ne comptait plus que très peu de poètes. M. Victor Hugo et M. de Laprade y représentaient seuls, si je ne me trompe, le don des chants divins. L'Académie a donc bien fait de songer à combler cette lacune dans ses rangs, et, du moment qu'elle revenait à la poésie, elle ne pouvait hésiter dans son choix. M. Sully Prudhomme s'est fait une place à part par la sincérité de son inspiration, la noblesse de ses tentatives, et la perfection à laquelle il est quelquefois parvenu. Il a eu un malheur, cependant, et qui est arrivé à quelques autres : il a trop bien réussi du premier coup. Son premier recueil s'ouvrait par un morceau charmant, devenu tout de suite populaire, et, depuis lors, on n'a plus parlé que de ce morceau, on n'a plus connu M. Sully Prudhomme que comme l'auteur du *Vase brisé*. Ces injustices de la gloire ont leur douceur, si l'on veut, mais elles n'en sont pas moins iniques. Il y a, dans l'œuvre de notre poète, d'autres morceaux d'un ton différent, qui sont aussi dignes d'admiration que le fameux *Vase*, et que celui-ci a seul empêché d'être cités comme ils le méritaient. Le public fait volontiers comme Polichinelle qui, voulant vendre sa maison, en portait une pierre sous son bras par manière d'échantillon. On veut juger sans lire, ou en lisant aussi peu que possible, et la citation consacrée satisfait à ce besoin. Les amis secrets de l'auteur s'en indignent ; ou plutôt non, ils s'en consolent ; ils gardent pour eux, dans le trésor de leur cœur, ces fortes et originales poésies, à la saveur douce et amère, *Sur un vieux tableau, la Voie lactée, la Grande Chartreuse, l'Agonie*. Ailleurs, c'est un sentiment à la fois profond et délicat, comme une pièce intitulée : *Ne nous plaignons pas*, dont je ne puis résister au désir de citer quelques vers. Le poète parle des amours connus et reconnus ; il n'envie point les amants arrivés au bonheur qu'ils avaient poursuivi :

> ..... Les voilà l'un à l'autre, ils se disent heureux,
> Mais ils ont à jamais violé le mystère
> Qui faisait de l'amour un infini pour eux.

Ils se disent heureux, mais, dans leurs nuits, sans fièvres
Leurs yeux n'échangent plus les éclairs d'autrefois ;
Déjà, sans tressaillir, ils se baisent les lèvres,
Et nous, nous frémissons rien qu'en mêlant nos doigts.

Ils se disent heureux, et plus jamais n'éprouvent
Cette vive brûlure et cette oppression
Dont nos cœurs sont saisis quand nos yeux se retrouvent ;
Nous, nous sommes toujours une apparition.

Ils se disent heureux parce qu'ils peuvent vivre
De la même fortune et sous le même toit ;
Mais ils ne sentent plus un cher secret les suivre ;
Ils se disent heureux, et le monde les voit !

La vie ou du moins la carrière poétique de M. Sully Prudhomme paraît s'être partagée en deux périodes. Il semble qu'il ait été d'abord, comme le voulait sa jeunesse, tout entier à l'art, à l'amour, au monde, avec les retours mélancoliques, sans doute, que l'âme profonde fait de temps en temps sur elle-même, mais sans d'autre trouble que celui des passions. Cependant il y avait un penseur dans ce poète, on aurait pu le deviner à plus d'un accent d'une résonnance particulière, et ce penseur a fini par prendre le dessus et envahir. M. Maxime Du Camp nous a appris hier que le jeune récipiendaire avait commencé par les sciences, et qu'il y apportait goût et vocation. M. Sully Prudhomme est resté fidèle à ces études, il y a mêlé ce que donne la poésie, le besoin des grandes conceptions, la recherche de l'idée dernière, de l'idéal, et de tout cela il s'est fait un genre nouveau. Il a mis son talent au service de la philosophie. Il a abordé les plus hauts problèmes, l'humanité, la nature, l'univers. On aime à suivre les efforts de cette pensée inquiète, qui frappe à toutes les portes, interroge tour à tour la science et la conscience, croit un moment avoir trouvé, s'écrie, se félicite, puis recommence à douter et essaye d'une autre solution. M. Sully Prudhomme débute par Lucrèce : il prend le *De natura rerum*, en traduit un chant, reconnaît bientôt que les conceptions de l'épicurisme ont beau être géniales, elles ne répondent plus aux besoins de la pensée moderne, et il y joint, sous le titre de « préface », sa propre philosophie à lui, une philosophie dans le sens actuel du mot, c'est-à-dire une analyse des connaissances humaines. Ce travail est tout simplement l'un des essais les plus hardis, les plus rigoureux et les plus lucides que la spéculation contemporaine ait produits. Que le même écrivain ait écrit les *Solitudes* et rédigé la *Préface* dont je parle, c'est l'un des faits extraordinaires de notre temps. Mais M. Sully Prudhomme n'est pas seulement un géomètre et un physicien, il a une âme et il est poète. Ce sont les problèmes de la vie qui le touchent surtout, et c'est en vers qu'il essayera de les résoudre. Voici le tombeau d'une personne tendrement aimée : qu'est-ce que la mort ? quelle réponse trouve à cette question une pensée sincère, décidée à ne se payer ni de mots ni d'illusions ? Hélas ! la nature ne répond pas, et il ne reste au poète qu'une résignation désespérée aux lois de l'univers. Après le sépulcre, c'est le ciel qu'il interroge. Dans son plus récent poème, le *Tourment divin*, il parcourt l'échelle des êtres, il voit la vie monter de forme en forme, chaque ordre de créatures regarder à quelque chose de plus élevé que lui-même, tous jusqu'à l'homme qui, lui aussi, voudrait pouvoir reconnaître et adorer :

> Et sous l'infini qui l'accable
> Prosterné désespérément,
> Il songe au silence alarmant
> De l'univers inexplicable ;
> Le front lourd, le cœur dépouillé,
> Plus troublé d'un savoir plus ample,
> Dans la cendre du dernier temple
> Il pleure encore agenouillé.

Toutefois le problème qui préoccupe surtout M. Sully Prudhomme, c'est celui qui s'est présenté à la pensée humaine dès son premier éveil ; celui que Job écarte par le cri *o altitudo!* et l'Ecclésiaste par l'exclamation du blasé, *vanitas vanitatum!* c'est celui que toutes les religions et les philosophies, au dire de Gœthe, n'ont d'autre objet que de résoudre. L'homme est naturellement si idéaliste, ou, ce qui revient au même, si optimiste, que, voyant partout le mal sur la terre, le mal physique et le mal moral, il ne peut l'accepter. Le fait a beau peser sur nous de tout son poids brutal, on cherche à lui échapper. On le concilie avec la justice divine par le dogme de la chute et de la rétribution future, ou bien on le concilie avec la conscience humaine par la satisfaction qui suit l'accomplissement du devoir. M. Sully Prudhomme a deux fois abordé le sphinx, pour en tirer chaque fois des réponses, un peu laborieusement obtenues, il le faut avouer, et dont l'écrivain n'a l'air lui-même qu'à moitié satisfait. Dans son poème des *Destins*, après avoir prêté son éloquence aux deux thèses contraires du mal et du bien, il cherche à se persuader que tout ce qui existe est par-là même rationnel, qu'il n'est point d'étoffe sans un endroit et un envers, bref, que l'univers est un ensemble et qu'il faut l'accepter tel qu'il est. L'accent de la révolte se fait sentir, au contraire, dans le grand poème de la *Justice*, l'ouvrage le plus considérable qu'ait écrit jusqu'ici M. Sully Prudhomme. C'est le mal ici, c'est l'injustice qui a le beau rôle, je veux dire qui occupe le plus de place et parle avec le plus d'éloquence. Il en a toujours été ainsi ; Satan est le vrai héros de tous les paradis perdus. Ce qui n'empêche pas que M. Sully Prudhomme ne se débatte comme un beau diable pour nous prouver qu'en dépit de toutes les apparences, en dépit des scandales de la nature et de la société, la justice subsiste, qu'elle est sacrée, qu'elle doit être la loi de la vie humaine, et même que le désordre n'est qu'à la surface. La justice reste la fin de l'univers. J'aurais mieux aimé, je l'avoue, que l'auteur acceptât franchement l'antinomie et s'en tînt à la justice comme devoir, comme loi intérieure et subjective, hardiment affirmée en face d'une nature qui obéit à des lois différentes.

Les poésies philosophiques de M. Sully Prudhomme, qui abordent tant de questions capitales, en soulèvent une d'une moindre portée et purement littéraire. D'autant plus intéressante, d'ailleurs, que l'avenir poétique de notre société y est en cause. Nul doute que l'esprit humain ne soit aujourd'hui préoccupé de la manière de concilier la vie morale des hommes avec les découvertes scientifiques qui ont bouleversé tout le domaine de la pensée, et nul doute que ce besoin ne soit trop impérieux pour permettre à la poésie d'y rester étrangère. Plus la poésie, désormais, sera humaine et vivante, plus elle sera philosophique. Reste à savoir si elle peut l'être. Il semble bien difficile qu'elle traite des sujets qui appartiennent à la science sans prendre quelque chose du langage de celle-ci, l'expression abstraite, le ton du raisonnement, la concision et la rigueur, ces conditions de la clarté. Or tout cela, n'est-ce pas le contraire de la poésie? La poésie ne s'adresse-t-elle pas à l'imagination? Ne vit-elle pas de rêves? Les contours trop arrêtés ne lui répugnent-ils pas? N'est-elle pas condamnée à perdre, comme charme, tout ce qu'elle gagnera en exactitude? En un mot, n'en est-il pas de la poésie comme de tous les arts, qui vivent de spontanéité et ne supportent qu'une dose modérée de réflexion, qui vivent de perceptions sensibles et répugnent à l'abstraction?

L'exemple de M. Sully Prudhomme ne résout pas définitivement la question. Il ne la résout pas, je suis trop de ses admirateurs pour ne pas oser le lui dire, parce que ses poèmes philosophiques sont loin d'avoir le fini, le charme, la perfection de ses autres ouvrages. La pensée a réussi à trop prévaloir chez lui, son vers est trop plein de choses, sa forme est trop tendue, sa langue devient prosaïque. On sent que la préoccupation de l'écrivain n'est plus la perfection du rendu, mais la justesse de l'idée. Il est un vers de lui que j'ai pris la liberté d'inscrire en tête de mon exemplaire de la *Jus-*

tice, et qui rend bien mon impression en ce qui concerne ces œuvres si nobles d'ailleurs et si originales :

Mon âme a plus d'élan que mon cri n'a d'essor.

J'ajoute que l'exemple de M. Sully Prudhomme n'est pas non plus décisif, parce que d'autres ont été plus heureux. M. Victor Hugo a aussi essayé de la poésie scientifique, et il n'y a certainement pas toujours réussi. Dans *le Satyre* même, que de réserves à faire ! Et cependant ce poème est une œuvre prodigieuse. La cosmogonie qui y est exposée n'en est pas très sévère ; il y a, en outre, des extravagances, des puérilités, des tics de style ; mais ce qui m'a émerveillé, je l'avoue, en relisant ces pages après celles de M. Sully Prudhomme, c'est la plasticité de la langue. Que cela reste concret, vigoureux et vivant malgré toutes les intentions didactiques ! Quel tempérament il y a là-dessous ! De quel pied solide il crève le bleu de l'éther, celui-là, quand par hasard il s'y aventure ! C'est absurde, mais c'est splendide. C'est du Rubens. L'ennuyeux de tout cela, c'est qu'on est forcé de se demander si, plus sensé, Victor Hugo serait un aussi grand poète et si, en définitive, ce n'est pas lui qui a choisi la bonne part.

Juillet 1884.

XIV

RÉCEPTION DE M. PASTEUR

Séance curieuse et charmante ! Tout y était réuni pour la surprise et le plaisir. Deux orateurs également célèbres, mais à des titres divers et d'humeur opposée ; une lutte inégale, mais dans laquelle le vainqueur dissimulait ses cruautés sous la plus exquise courtoisie ; les hardiesses qu'on a fait entendre à cette pauvre Académie ; le public, enfin, lui-même, partagé entre ses préjugés et son plaisir, et applaudissant tour à tour les inébranlables convictions de M. Pasteur et le scepticisme insaisissable de M. Renan. Je ne pense pas que ce public, au fond, ait changé. Il n'a pas moins qu'autrefois le goût des opinions toutes faites. Il se complaît comme toujours aux fortes assertions, aux lieux communs généreux et sonores. Seulement il ne faut pas lui demander d'être tout à fait au clair sur ce qu'il croit et ce qu'il aime, et, quand un magicien comme M. Renan s'insinue au cœur de la place, d'un air innocent, ne demandant qu'à faire quelques réserves, plein d'ailleurs de bon sens et de bonne grâce, oh ! ma foi, il n'est pas

d'orthodoxie qui ne cède au charme, et l'on se trouve en
fin de compte avoir accueilli le pour et le contre avec un
égal enthousiasme.

M. Renan a commencé son discours par un trait exquis.
M. Pasteur n'avait pas été adroit : recherchant avec
l'humilité commune à tous les candidats quels pouvaient
bien avoir été ses titres aux suffrages de l'Académie, il
avait supposé que c'était avant tout la rectitude de ses
opinions. Il avait eu l'air de dire à ses confrères : Vous
avez appris que j'avais réfuté par mes expériences l'hypothèse des générations spontanées, que j'avais ainsi
rendu service aux bonnes doctrines, et, comme vous
êtes avant tout attachés aux bonnes doctrines, vous
m'avez appelé dans votre auguste compagnie, M. Renan
n'a pas laissé à l'illustre récipiendaire le refuge où sa
modestie voulait se cacher. Détrompez-vous, lui a-t-il
répondu ; on ne tient pas ici autant que vous le croyez à
la correction des idées ; on demande aux gens non ce
qu'ils pensent, mais ce qu'ils sont ; ce que l'Académie
salue et couronne, c'est la flamme divine qui fait le
savant comme elle fait le poète, l'orateur et l'artiste,
c'est le génie. Voilà, Monsieur, ce que nous avons
reconnu en vous !

Il était impossible de dire mieux. D'abord, parce que
cela était juste. Il n'y a point d'exagération à désigner
par le mot de génie la puissance d'invention qui caractérise les découvertes de M. Pasteur. Le nouvel académicien est évidemment de la grande famille. Mais, en outre,
quelle manière délicate de faire comprendre que l'illustre

récipiendaire était, par son génie même, dispensé de tout le reste ! De quel droit, en effet, demanderait-on la finesse au génie, de la littérature ou de la philosophie à l'expérimentateur? M. Renan annonçait suffisamment qu'il n'entendait pas prendre au sérieux les excursions de M. Pasteur sur un domaine auquel celui-ci est naturellement étranger.

M. Renan a donc admirablement défini M. Pasteur. Ajoutons qu'il s'est peint en même temps, sans le vouloir, — l'opposé exact de celui qu'il était chargé de recevoir, tout nuances et subtilité, sans parti pris sur rien, ayant horreur des mots qui précisent et qui engagent, volontiers d'accord avec celui qui parle pourvu que celui-ci ne se montre pas trop sûr de son fait, spiritualiste contre le matérialiste et matérialiste contre le spiritualiste, trouvant dans toutes les opinions, dans tous les dogmes quelque côté par lequel il s'y peut rattacher, quelque sens élevé au moyen duquel il ruine d'autant plus sûrement le sens reçu, l'interprétation vulgaire. Et tout cela, le public des réceptions académiques a dû l'entendre, l'applaudir ! Jamais rien de pareil ne s'était passé sous la coupole de l'Institut.

Cependant, l'observateur attentif l'aura remarqué, il est des défauts dans la cuirasse de scepticisme dont est armé M. Renan, des points sensibles où on ne le touche pas sans le faire crier. On l'a vu hier, lorsqu'il a protesté en faveur de la critique historique contre l'éloge exclusif que M. Pasteur avait fait de la méthode d'expérimentation. M. Renan n'a pas été moins net, j'allais dire moins vif, lorsqu'il s'est trouvé en présence de cette étonnante argumentation du récipiendaire, qui se flattait de prouver le surnaturel par l'infini. Et la mort, dans laquelle M. Littré ne voulait voir qu'une fonction, la dernière de toutes! C'est pour le coup que M. Renan a bondi! Il est bien trop vivant pour se résigner à cesser de vivre. Il trouve la mort odieuse, haïssable, insensée. A la bonne heure, voilà le naturel! On a quelquefois peur avec M. Renan que le penseur ne nuise chez lui à l'artiste : ce sont choses si différentes. Mais l'inquiétude ne dure jamais longtemps. La spéculation et l'érudition ne sont entre ses mains que les matériaux de son art. Un philosophe n'aurait jamais traité la mort comme l'a fait hier notre écrivain. Admettre l'odieux et l'insensé dans le monde, n'est-ce pas montrer qu'on est encore enfermé dans sa personnalité, qu'on n'a pas définitivement reconnu les droits du fait? N'est-ce pas proclamer une opposition entre la réalité et la raison, avouer qu'on a un idéal et se mettre dans l'obligation d'en faire connaître la source? Je ne serais pas étonné qu'à son insu, il y eût encore du saint Thomas dans M. Renan.

28 avril 1882.

XV

RÉCEPTION DE M. CHERBULIEZ

M. Cherbuliez est un écrivain aimé du public ; on le voyait bien hier à la foule qui se pressait dans la salle des réceptions et à l'intérêt affectueux qui animait évidemment cette foule. Et cependant le discours de M. Cherbuliez a été écouté avec une certaine froideur. Ce n'est guère que vers la fin qu'on a pris occasion d'une phrase éloquente pour lui souhaiter la bienvenue dans un long applaudissement. Ainsi la réserve que le public avait observée jusque-là n'était pas volontaire. On ne peut non plus l'expliquer par la faiblesse du discours, qui était, au contraire, un très remarquable morceau, ainsi que tout le monde a pu s'en assurer, le soir même, en le lisant dans les journaux. M. Cherbuliez a fait de M. Dufaure un portrait qui restera comme restent les grands et beaux portraits, par la fidélité avec laquelle ils retracent une physionomie historique et par les qualités que le talent du peintre a mises dans son œuvre. Le tort de M. Cherbuliez, si c'est un tort, a été le même que M. Sully Prudhomme se donnait peu de semaines auparavant, et qui enleva aussi à cette réception l'éclat dont nous aurions tant voulu la voir entourée. M. Cherbuliez a fait plutôt un article qu'un discours. Il ne s'est pas monté au ton oratoire, qui est celui de l'éloge, celui des réceptions académiques. Il s'est contenté de dire des choses justes et fines, et de les dire justement et finement, sans penser que ces qualités ne sont pas de celles qui sont appréciées et applaudies par un auditoire. Il fallait enfler la voix ; son goût trop pur a dédaigné de le faire.

Peut-être pourrait-on ajouter que la manière même dont l'artiste avait conçu le portrait de M. Dufaure manquait aux lois d'un éloge destiné à être prononcé en public. Le portrait était trop complet, trop détaillé, trop minutieux, un bijou de fini et de perfection, alors qu'il aurait fallu, pour l'effet, une toile peinte à larges touches et à grands traits. Et notez que la figure de M. Dufaure se serait fort bien accommodée de ce traitement plus sommaire. Sa robuste nature ne se distinguait ni par la variété des nuances ni par la richesse des contrastes. Il était facile, à ce qu'il semble, de le présenter tout uniment dans la rudesse un peu massive de sa bourgeoisie parlementaire: les sourcils épais, la main bonne et grosse, la voix nasillarde mais pénétrante, simplicité des mœurs, incorruptible bon sens, dialectique irrésistible, probité intellectuelle, l'autorité que donne le soin de rester toujours fidèle à la conviction intérieure et à la mesure exacte de cette conviction. Mais que fais-je ? Il n'est peut-être pas un des traits que je viens de rappeler qui ne se trouve dans le discours de M. Cherbuliez. Seulement, je le répète, ils n'y font pas tout leur effet parce que le travail du peintre est trop délicat et trop serré.

Il y a du regret dans ce que j'en dis. M. Cherbuliez ne s'est pas rendu justice à lui-même. Lui qui sait trouver au besoin des accents d'une réelle éloquence, pourquoi n'a-t-il pas mis, dans son discours de réception, la note sonore qui n'est après tout que la parole élevée et émue? Lui qui, dans plusieurs de ses ouvrages, a fait preuve d'une si vive intelligence politique, pourquoi, au lieu de se borner à fouiller curieusement la physionomie de son modèle, n'a-t-il pas placé la figure de M. Dufaure dans son cadre naturel, l'histoire de nos cinquante dernières années?

On dira que je suis revenu de méchante humeur d'une séance singulièrement brillante après tout, et où il s'est dépensé énormément de talent; mais j'en veux aussi un peu à M. Renan. Et je lui en veux pour la même cause qui m'indispose contre M. Cherbuliez. Ils n'ont rendu justice, ni l'un ni l'autre, au récipiendaire. M. Renan a surtout parlé du romancier, mais les romans sont l'œuvre la plus connue de M. Cherbuliez, et j'aurais voulu entendre rappeler d'autres livres, moins lus et non moins dignes de l'être. Je ne suis d'ailleurs pas sûr que le roman soit la plus vraie vocation de notre ami, et que la *Revue des Deux-Mondes*, en l'engageant de plus en plus dans cette voie, ait rendu service à notre littérature et par conséquent aussi à la renommée permanente de l'écrivain. Le propre du roman, c'est de vieillir avec une désolante rapidité. Combien en est-il qui surnagent, qu'on relise après que la curiosité a été satisfaite, qui prennent place dans les bibliothèques? George Sand lui-même est-il aujourd'hui beaucoup plus qu'un souvenir? J'ajouterai que, tout en reconnaissant aussi cordialement que qui que ce soit le mérite des romans de M. Cherbuliez, je ne les goûte pas sans mélange. C'est une vieille querelle entre nous deux, et qu'il me pardonne, je le sais. Des prodiges de volonté, d'esprit, de littérature, dirai-je, ne suppléent pas entièrement, dans ces brillants ouvrages, à ce qui me semble y manquer comme expérience du monde et des passions. Quoi qu'il en soit, M. Renan, j'y reviens, n'a pas suffisamment fait connaître à l'Académie le remarquable écrivain qu'elle venait d'adopter. Il y a de tout chez M. Cherbuliez. Il offre l'un des exemples les plus extraordinaires que je connaisse de l'universalité des aptitudes et de la souplesse du talent. Il a des lumières sur une foule de sujets, et, dans la voix, des notes qui vont des vibrations les plus légères aux résonnances les plus émouvantes. Fort d'une érudition exacte et variée, porté aux généralisations ingénieuses et imprévues, il a mis la grâce et l'éloquence dans la science, la science dans des œuvres éblouissantes d'imagination. C'est ainsi qu'il s'est plu à fixer successivement, en traits brillants et profonds, le caractère des diverses civilisations. Son *Cheval de Phidias* renferme sur le génie grec et sur l'éducation athénienne, son *Prince Vitale* sur la Renaissance italienne, son *Grand Œuvre* sur le moyen âge et la chevalerie, des pages de la plus rare beauté et que nos plus grands écrivains seraient fiers de pouvoir signer. Et, encore une fois, il y a dans ces volumes tous les genres et tous les tons, des souvenirs de tous les siècles et des parfums de tous les pays. Des causeries esthétiques sont encadrées dans un merveilleux paysage de l'Attique, une discussion sur la folie du Tasse s'agite en présence de la campagne de Rome, les dissertations sur la raison dans l'histoire et sur le progrès se déroulent sur une grève du lac Léman. Ces lignes ne sont point un article de critique littéraire, et les citations n'y sont peut-être pas à leur place, mais comment résister au plaisir de transcrire cette description, par exemple, du matin sur une falaise du Chablais?

« Il est doux de s'éveiller au chant des coqs. On ouvre sa fenêtre, il entre une fraîcheur qu'on respire à pleins poumons, et on sent que la vie est bonne. Ce matin, je me suis levé avant le soleil, je suis allé m'asseoir sur la crête de la falaise. Le lac était sombre et semblait fumer. Quand les vapeurs se furent élevées, un frisson courut à la surface des eaux qui se hérissèrent de petites écailles cuivrées; puis, le jour grandissant, elles reprirent leur aspect accoutumé, ici plus claires, plus foncées ailleurs, par endroits tachées de lie de vin. Je restai longtemps assis, me gorgeant d'air pur; les coqs chantaient toujours; d'un juchoir à l'autre ils se racontaient d'une voix passionnée je ne sais quel événement de basse-cour. J'écoutais et je regardais, et, selon que la brise fraîchissait ou tombait, je voyais tout le lac s'argenter ou bleuir. »

N'est-il pas vrai qu'on cligne des yeux malgré soi devant le miroitement de ce soleil sur le lac? Les yeux, ailleurs, sont bien près de se remplir de larmes, tant est communicative l'émotion de l'écrivain, lorsqu'il nous conduit à ce couvent de Saint-Onofrio où mourut le Tasse et où l'on conserve l'image du « pauvre grand homme », moulée sur sa figure après la mort.

« Au milieu d'une chambre carrée j'aperçus, posé sur un socle, le fameux masque de cire. J'approchai, je regardai... Non, jamais, je pense, je n'éprouvai une plus poignante émotion. Dans quelle langue, par quels mots exprimer le mystère de génie et de désespoir que respire ce front auguste sous sa couronne de laurier desséchée, et comment oublier, après les avoir vus, ces traits nobles et fiers, d'une délicatesse exquise, ce nez mince, effilé, ce menton un peu pointu, ces lèvres fines, ces yeux qui, du sein de l'ombre éternelle, semblent encore chercher la lumière, toute cette figure enfin où se révèle le gentilhomme, le cavalier, le poète, et par-dessus tout la légèreté divine d'une âme ailée, et l'audace des désirs, et les rêves infinis, et les pensées voyageuses... Hélas! sur cette figure si belle, plane comme la malédiction d'une sinistre destinée. La douleur, une douleur sans nom, a tout assombri, tout ravagé; elle a dévasté ces orbites creux, amaigri les joues, contracté les muscles, tordu convulsivement les coins de cette bouche qui parle encore et semble dire : « Grand Dieu! voilà donc » ce qu'est la vie! » Mais, regardez bien, regardez mieux : ce masque dit autre chose. Il s'y peint je ne sais quel désordre, quel égarement de l'esprit, ou plutôt quelle lutte tragique de la folie et de la raison... O sort implacable! ô dieux jaloux du génie et de la beauté! On croirait voir un Don Quichotte mystique dont la vie fut un rêve, et que le hoquet de la mort a réveillé en sursaut. »

On n'avait pas, si je ne me trompe, avant M. Cherbuliez, l'idée de ce genre d'éloquence. Rien n'y est donné à la rhétorique, tout y sort d'une émotion sincère, et cette émotion est celle d'un homme qui, par la puissance de la pensée a vécu les scènes dont il est touché. M. Cherbuliez a le pathétique de l'*amor intellectualis*. Et cet amour de la pensée et de l'art, ce don de se transporter dans le passé et de rendre le génie d'une époque en traits ineffaçables, cette virtuosité à la fois philosophique et poétique, a des variations infinies. Nous venons de voir l'attendrissement, voici maintenant la poésie qui est appelée en aide et qui fait passer devant nos yeux un rêve d'un caprice, d'une fantaisie, d'une morbidesse incroyables.

« Vraiment, si Virgile revenait au monde, que comprendrait-il aux *canzone* de Pétrarque, aux romans de la Table-Ronde? Qu'est-ce que ce rêveur qui voit l'infini dans le sourire d'une femme? Et ce chevalier qui tantôt respirait les fureurs de la guerre : il vient d'apercevoir sur la neige trois gouttes de sang tombées de la blessure d'un oiseau; son bras retombe; oubliant tout, changé en statue, il se plonge dans une extase qui n'a ni fond ni rive. A quoi pense-t-il?... Folle comme un rêve, voilà la poésie du moyen âge. C'est Ophélia, les cheveux en désordre, assise au pied d'un saule, au bord de ce ruisseau où Tristan se plaisait à laisser descendre au fil de l'eau des copeaux et ses pensées. Sa tête est couronnée de fantastiques guirlandes; la renoncule s'y mêle à l'ortie, les pâquerettes aux orchis, et, dans le funèbre bouquet qu'elle tient à la main, je vois la fleur du souvenir mariée à la colombine, symbole du délaissement, et à cette herbe de grâce qui signifie chagrin. De ces fleurs réunies se dégage un enivrant parfum que nous avons tous respiré. Classiques ou romantiques, toutes les poésies nous sont bonnes, ce sont des airs que toute âme se chante à elle-même, selon que le vent souffle de l'est ou de l'ouest. »

J'avais noté, pour les citer encore, des portraits de Napoléon et de César, tirés du *Grand Œuvre*. Mais il faut se borner et je les sacrifie. Je le regrette, car ce *Grand Œuvre* est l'un des livres de M. Cherbuliez que j'aurais le mieux aimé signaler à ceux qui ne connaissent que ses romans. Il y a là, comme dans *Phidias* et *Vitale*, un cadre romanesque, un léger fond d'aventures et de personnages, auquel il ne faut pas trop s'arrêter; mais, sur ce fond, M. Cherbuliez a semé des pensées qui nous rappellent que la philosophie et la littérature, chez lui, donnent la main à la politique.

L'œuvre dont il est question dans ce volume, c'est l'œuvre même de l'humanité, c'est le progrès. M. Cherbuliez croit au progrès; il y croit d'une foi raisonnée et qui donne ses raisons, et voilà pourquoi son livre est bienfaisant. Il est des moments, en effet, où il est difficile de conserver sa confiance dans l'avenir de la civilisation. Un de mes amis, un esprit libre et qui se pique de rester tel, me parlait, l'autre jour, de ce qu'il appelait son dernier affranchissement, son triomphe sur un dernier préjugé, et ce préjugé, quel était-il? Toutes nos modernes souffrances, disait-il, venaient de trois choses, très modernes, en effet, et qu'il fallait, selon lui, avoir le courage de remettre en question : l'idéal, la philanthropie et l'idée du progrès. Nous avons rêvé un monde que nous ne trouvons réalisé nulle part et qui est, selon toute vraisemblance, irréalisable; nous aimons le genre humain d'une tendresse superstitieuse, comme faisant partie de notre famille, comme la chair de notre chair; enfin, avec un optimisme aussi opiniâtre qu'irréfléchi, nous croyons à une marche des sociétés qui les rapproche toujours davantage du vrai et du bien. Trois maladies que le XVIIIe siècle, avec son rationalisme creux, avec ses conceptions abstraites, nous a inoculées, et qui sont la source d'un malaise jadis ignoré.

Mon ami avait tort. Le mal n'est pas dans les notions dont il se plaignait, mais seulement dans le caractère dogmatique et chimérique qu'elles revêtent grâce à notre ignorance de l'histoire, à notre dédain du passé, à notre impatience du relatif. Et c'est ce que M. Cherbuliez a mis admirablement en lumière dans ses discussions entre un révolutionnaire désabusé et devenu sceptique, un admirateur du passé qui n'a pour le présent que du mépris, l'empirisme de l'homme du monde et de l'homme d'affaires, et enfin le sens exercé et élevé du penseur qui connaît trop les faits pour croire à l'absolu, et qui est en même temps assez réfléchi pour découvrir une logique dans les destinées de l'humanité.

La place va me manquer, et je n'en ai pas fini avec M. Cherbuliez. Son *Grand Œuvre* aurait été une introduction naturelle pour parler de ses ouvrages politiques, comme ceux-ci pour arriver à Valbert. Eh bien, oui, cela étonne, mais cela est ainsi. M. Cherbuliez, le romancier, le poète, l'écrivain d'une éloquence tour à tour grave et charmante, ce penseur en même temps, cet érudit, ce philosophe, ce diable d'homme est par-dessus tout cela un observateur politique des plus clairvoyants. Il a visité l'Allemagne au lendemain du traité de Prague et à la veille de la guerre de 1870, et il en a rapporté, sur le caractère et les desseins de M. de Bismarck, un volume auquel les grands événements qui ont suivi ont ajouté de l'intérêt au lieu de lui en enlever. Il a été en Espagne, sous la république de M. Castelar, entre le règne d'Amédée et celui d'Alphonse, et il a écrit sur ce pays si difficile à connaître un livre aussi agréable qu'instructif. Quant à Valbert, il est tous les mois sous les yeux du public. Grâce à ces communications périodiques, on est devenu familier avec cette manière composée de grand sens et de vif agrément, de citations tirées d'une immense lecture et de réminiscences piquantes : vocabulaire rare et curieux, allure dégagée, j'allais dire pimpante; infiniment d'esprit, quelquefois trop peut-être; nulle prétention, mais bien un peu de recherche et de préciosité. Il y a, du reste, deux Valbert, les lecteurs attentifs ne l'ignorent pas : il y a celui qui se contente d'être spirituel, et il y a celui qui écrit des pages du plus rare et du plus sérieux mérite, telles que l'article sur *la force et la faiblesse des gouvernements démocratiques*.

Je ne me suis pas réservé la place de parler du discours de M. Renan ; mais comment ne point exprimer l'admiration contenue et émue avec laquelle nous avons tous entendu hier les avertissements adressés à notre démocratie ! Chaque phrase portait. On n'avait jamais dit des choses si saisissantes dans un langage si simple et si grand. Recueilli et grave, l'auditoire sentait comme un frisson passer dans sa chair en entendant parler de cette patrie française, « guidée par une conscience insuffisante, qui ne sait rien d'hier et ne se doute pas de demain ». On se demandait si c'était un arrêt que prononçait l'orateur, lorsqu'il rappelait « qu'une nation ne peut durer, si elle ne tire de son sein la quantité de raison suffisante pour prévenir les causes de ruine extérieure ou de relâchement intérieur qui la minent ».

Un pareil discours, et la réception d'un écrivain tel que M. Cherbuliez : l'Académie française n'a pas beaucoup de solennités comme celle d'hier !

26 mai 1882.

XVI

RÉCEPTION DE M. COPPÉE

Séance toute consacrée à la poésie. Laprade loué par M. Coppée, et M. Coppée par M. Cherbuliez. Il est vrai que M. Cherbuliez qui sait, selon le besoin, mettre la poésie dans la critique, et glisser la critique au milieu de la poésie, a relevé hier le banquet d'ambroisie du goût piquant de ses épigrammes. Ah! qu'on en veut par moments à M. Cherbuliez! Que n'eût-il été, si la volonté ou la destinée, *fata aspera,* lui eussent permis de devenir tout ce qu'il était!

Le discours de M. Cherbuliez a eu un mérite assez rare à l'Académie, celui de faire tout le tour du talent du récipiendaire, de tracer de ce talent une image nette et complète. Le seul regret qu'on ait pu éprouver, c'est que la voix de l'orateur ne lui permît pas de donner leur pleine valeur à tant de choses justes ou spirituelles. Quant à M. Coppée, il a été lui-même, disant sans prétention et disant bien; assez étranger au genre académique et, sauf quelques morceaux de facture, ne cherchant point à forcer sa note pour se mettre au ton du lieu. Je lui ai su, en particulier, un gré infini de la manière dont il a parlé de M. de Laprade, y mettant non seulement la convenance, mais la conviction, la chaleur. Et il y avait mérite, car ce trente-quatrième fauteuil de l'Académie a eu une singulière fortune, le genre de M. Coppée ne différant guère moins de celui de Laprade que Laprade lui-même d'Alfred de Musset, son prédécesseur.

M. de Laprade et M. Coppée représentent, dans d'excellents exemplaires, deux écoles opposées, les *Virgiliens* et les *Mosaïstes*.

Nous avons eu jadis des classiques et des romantiques; ce n'est plus du tout cela. A l'heure qu'il est, la lutte (si tant est qu'il y ait encore lutte!) se livre entre les écrivains pour qui la poésie est une langue et ceux pour lesquels elle constitue un art, entre ceux qui expriment un sens et ceux qui cherchent à produire une sensation.

Les premiers parlent parce qu'ils ont quelque chose à dire, et ils le disent comme on fait quand on est porté à la fois par une pensée et une émotion, avec style, cherchant la plénitude du son avec celle du sens, aimant la période, *di parlar largo fiume*. Les autres font de la poésie une affaire de technique. La forme a pour eux une valeur à elle. Ils poursuivent l'expression rare, la rime riche, la difficulté vaincue. Virtuoses, ils entendent faire preuve de virtuosité.

On n'a pas l'air de s'en douter, mais c'est toute une révolution que l'école de la rime riche a faite dans la littérature française. Honorée comme elle l'est aujourd'hui, la rime est en train de devenir un tyran. La phrase n'est plus conduite par l'idée, mais par la nécessité d'amener le mot, de trouver l'assonance. L'écrivain se laisse aller où le conduisent, non pas la pensée, non pas même la fantaisie, mais des besoins d'effets. Zanetto a décrit son métier :

> Jongler dans un sonnet avec des rimes d or.

C'est cela même, la jonglerie, le tour de force, moins que cela,

> Rimer des amusettes
> Sur des sujets de presque rien,
> Avec l'art du galérien
> Qui sculpte au couteau des noisettes.

Le bibelot, voilà le fléau ; le bibelot, c'est-à-dire l'objet qui ne vaut que par la richesse de la matière ou l'adresse de la main, et qui ne répondant à aucun besoin, ne servant à aucun usage, n'a qu'un intérêt de curiosité.

Passe encore si la statuette était sans bavure, l'onyx sans défaut. Mais c'est tout le contraire. Le genre a ses vices inhérents. Si l'école de la rime suffisante en arrive trop souvent à l'insuffisance d'un Voltaire ou d'un Musset, les recherches d'étrangeté et de sonorité se payent aussi. On a un beau mot, on l'appareille de force. On multiplie les adjectifs pour obtenir des sonorités. Et la cheville ! les hémistiches, les vers entiers qui ne sont là que pour amener un effet ! La cheville est la rançon de la rime moderne,

Le pis est que, cause ou symptôme, cette déviation de la poésie tient à toute une manière d'être. C'est le fait d'une génération blasée, d'un pays fatigué, d'un siècle vieilli. Les sens sont émoussés et ont besoin de raffinements. Quel est le livre, aujourd'hui, qui fasse penser? Quel est celui qui fasse battre le cœur? En est-il où l'amour soit encore une passion, où il ne prête pas son nom au vice, à la débauche? Triste! triste! Nous nous affaissons, la sénilité nous gagne.

M. de Laprade, lui, a été un virgilien. Il est resté dans la tradition de la langue et de la littérature, se rattachant surtout à Lamartine, qu'il admirait comme on le doit, et dont il dérive avec plus de correction et beaucoup moins de génie. En revanche, du talent, une vraie valeur. L'un des premiers entre les seconds.

Pourquoi seulement entre les seconds? Et pourquoi cette véritable valeur si peu reconnue, en définitive, ce talent remplissant en pure perte une demi-douzaine de volumes? Cela tient, en partie, au genre lamartinien même, à l'élévation, au ton de noblesse, au vague des sentiments, toutes choses fort étrangères à la France de cette fin du siècle. Cependant, les dernières causes de l'injustice dont a souffert Laprade sont à chercher dans son caractère personnel, et, comme il arrive parfois, dans ses vertus mêmes. Laprade, on l'a fait remarquer hier, s'est distingué par la constance de ses opinions. Il a dû à cette fidélité le genre de beauté qu'elle prête à une existence, l'unité de tenue, la simplicité de la conduite, la constance des résolutions. En revanche, point de drame intérieur. Ni le doute qui inquiète, ni la passion qui trouble. Laprade n'a jamais, comme Lamartine, adressé au ciel « un pourquoi sans réponse », et, n'ayant ni cherché, ni souffert, il n'a pas eu grand'chose à dire à un siècle souffrant et égaré, ou, s'il lui a parlé, sa voix manquait de l'accent profond qui jaillit de la lutte intérieure. Son talent s'est ressenti du calme trop grand de son âme, de cette trop paisible possession du domaine spirituel, de cette conviction trop sûre de son fait. Sa poésie n'est pas vécue. La pensée y flotte et l'expression ne mord point.

Heureusement pour ceux à qui, comme à moi, il reste cher malgré tout, Laprade, vers la fin de sa vie, a trouvé le sujet qu'il lui fallait pour attacher son nom à une œuvre. Des souffrances d'une longue maladie et du plus tendre amour paternel il a tiré ce *Livre d'un père*, qu'on n'a pas assez loué hier, qui est aussi original que touchant, et auquel notre littérature n'a rien à comparer. Laprade a pu mettre là, avec sa belle âme et son beau talent, le langage d'un sentiment vrai et jusqu'à une variété de tons qu'on n'eût pas attendue. M. Coppée, qui a cité quelques beaux morceaux de Laprade, aurait dû nous lire celui qu'il a adressé à ses enfants sous ce titre : *la France*. Mais non, l'orateur a bien fait de se l'interdire, car l'émotion, je n'en doute pas, aurait été trop forte et pour lui et pour son auditoire :

> Si vous voulez dans votre cœur,
> Quand mes os seront sous la terre,
> Sauver ce que j'eus de meilleur,
> Garder mon âme tout entière...

> Aimez, sans vous lasser jamais,
> Sans perdre un seul jour l'espérance,
> Aimez-la comme je l'aimais,
> Aimez la France !

Et les trois strophes qui suivent. Le patriotisme chrétien, sanctifié, n'a rien produit de plus beau.

Si les deux orateurs, dans la séance d'hier, n'ont pas assez parlé du *Livre d'un père,* ils ont, selon moi, trop vanté *Pernette*. *Pernette* est le fruit d'une intention, l'effet d'une volonté. Laprade a voulu doter notre littérature d'un genre moyen, dont il trouvait de beaux exemples dans d'autres langues, l'idylle villageoise ; il avait en vue un *Jocelyn* plus familier, un *Hermann et Dorothée* où le pastiche d'Homère aurait fait place à une simple élégance de ton. Il ne me semble pas avoir réussi. L'élégance est ici trop soutenue, le style trop noble, trop littéraire. Laprade n'a pas su plier son instrument sonore à la vie des champs ; on entend la lyre là où l'on attendait les pipeaux rustiques.

Notre littérature n'en était pas moins destinée à trouver son poète de la vie humble. M. Coppée a réussi là où M. de Laprade avait échoué ; il y a apporté toutes les qualités qui manquaient à celui-ci et que le genre exigeait. M. Coppée est essentiellement conteur. S'il n'a pas commencé par là, sa vocation s'est pourtant vite prononcée. Dès 1869, à vingt-sept ans, avec le *Passant* et la *Grève des Forgerons*, il se dégage du Parnasse et de ses odeurs de bohème, il devient lui, il est quelqu'un. Et il n'a pas cessé depuis lors, revenant toujours, par un instinct secret, au genre où il excelle. Ses élégies mêmes retombent dans le récit; ses pièces de théâtre sont des anecdotes dialoguées. Ne demandez pas un caractère à ses Silvia, à ses Giannina ; M. Coppée, dans une pièce, voit la scène plus que le drame, dans le morceau lyrique le cadre plus que le sentiment. Hier encore, ayant à faire l'éloge de son prédécesseur, n'a-t-il pas tout de suite tourné à la narration ?

C'est quelque chose d'être ainsi soi. Cela n'arrive pas toujours, même à de plus forts qui se dispersent et qu'on ne distingue plus assez clairement dans la variété de leurs tentatives. M. Coppée est un talent sincère, honnête, qui se contente d'être ce qu'il est, sans fausse ambition, ni affectation, ni ostentation. S'il tient à l'école moderne par le soin de la facture, il s'intéresse à ses sujets, il veut nous y intéresser, et il évite ainsi les notes fausses, les notes criardes surtout. Dans la grande foire bruyante de la littérature actuelle, au milieu de tant de clowns, de pîtres, de trapézistes, le genre de M. Coppée est bienfaisant, j'allais dire délicieux. Quelle foule de jolis récits, sensés, gracieux, touchants, achevés ! L'Académie s'est fait honneur en revenant, depuis quelque temps, aux poètes, et, du moment qu'elle y revenait, M. Coppée devait être des premiers appelés.

19 décembre 1884.

XVII

RÉCEPTION DE M. DE LESSEPS

M. Victor Hugo, qui, depuis longtemps, n'assiste plus aux solennités académiques, siégeait hier à côté de M. de Lesseps en qualité de parrain. Si M. de Lesseps avait mis de la coquetterie à se présenter ainsi sous le patronage d'un autre illustre vieillard, ce petit artifice a réussi. On avait plaisir à voir réunis deux hommes auxquels l'admiration contemporaine se plaît à rendre les honneurs dont la postérité reste ordinairement chargée. Ce sont proprement l'un et l'autre les superstitions de la France.

Le discours de M. de Lesseps a été de tout point excellent : très court, comme il convenait à un orateur qui n'avait été nommé académicien pour aucun titre littéraire et qui se conformait seulement à un usage; écrit et lu avec vivacité, j'allais dire avec une brusquerie qui allait bien à un homme habitué à l'action; une ou deux périodes seulement qui sentissent la littérature, mais qui, si elles avaient été soufflées à l'orateur, l'avaient été par un homme d'esprit et avec discrétion.

Le discours de M. Renan, qui n'excédait pourtant

guère les dimensions ordinaires de ce genre de composition, a paru un peu long après la brève et militaire harangue qui l'avait précédé. Cela tenait, sans doute, à ce que les mérites d'une carrière comme celle de M. de Lesseps ne se prêtent pas aussi bien aux développements que l'auraient fait les œuvres d'un auteur dont on analyse le talent et dont on discute les opinions. Toutefois l'espèce de fatigue que l'auditoire a semblé ressentir provenait surtout, je le crois, d'un défaut d'ordonnance. Le morceau lu par M. Renan, tout plein comme il l'était de choses propres à intéresser et à amuser, manquait de dessin. On n'y sentait point d'ordre, c'était sans cesse des *recommencements*. Or l'auditeur est comme le lecteur : il aime se sentir mené, il veut avoir l'impression qu'il avance.

Le discours de M. Renan n'a pas eu moins qu'à l'ordinaire de ces belles généralisations qui sont la partie essentielle de son talent, non plus que de ces paradoxes piquants, hardis, provocateurs, par lesquels il sait réveiller l'attention. Que si l'auditoire a paru hier moins sensible que d'habitude à ces espiègleries de grand goût et de haute portée, c'est peut-être qu'il commence à s'y habituer. Tel est, il faut le reconnaître, le danger de tout ce qui, en littérature, vise plus à l'effet qu'à la justesse. Le péril, dans la position si élevée, et l'on peut dire unique, à laquelle M. Renan est aujourd'hui arrivé, le péril est la tentation d'étonner plutôt que d'instruire et de plaire tout uniment.

Il est des gens qui ne voient qu'une chose à la fois ;

ce sont les bornés et les fanatiques. Il en est qui embrassent du regard plusieurs des éléments de la réalité ; ce sont les esprits étendus. Il en est, enfin, qui reconnaissent les divers côtés d'une vérité, les divers aspects d'une question, mais qui ne les découvrent ou ne les envisagent que successivement, et de ce nombre est M. Renan. Nul plus que lui, assurément, n'a la force et la souplesse nécessaires pour embrasser le monde dans l'infinie variété de ses phénomènes, nul n'a comme lui le talent nécessaire pour retracer la complexité et la subtilité des sentiments ou des idées, mais, soit défaut naturel de sa vue, soit préoccupation de l'effet à produire, M. Renan ne considère jamais les choses que tour à tour et isolément. De là vient qu'il les grossit et les exagère, quitte à exagérer une autre fois quelque autre face de la vérité. Faute de redresser un fait en tenant compte de ceux qui l'entourent, ou de tempérer une assertion en rapprochant les considérations propres à la limiter, M. Renan donne à ses enseignements un tour paradoxal, et il se donne à lui-même l'apparence de professer avec une indifférence égale des opinions opposées. Et cela, je le répète, non sans dommage pour la valeur de son œuvre et, en fin de compte, pour sa réputation même et ses succès.

Le discours d'hier offre plusieurs exemples de ce que je veux dire. Quand M. Renan, avec un dédain que lui seul peut se permettre, déclare qu'il n'y a point d'art d'écrire et que le succès oratoire ou littéraire n'a jamais qu'une cause, la sincérité ; quand il explique l'ascendant de M. de Lesseps sur le spéculateur de Paris et le négociant de Liverpool, comme sur les populations de l'Orient et de l'Afrique, par les sentiments philanthropiques qui animent l'illustre ingénieur; quand il prétend que *la Marseillaise* est le premier chant des temps modernes, parce qu'elle a conduit des hommes à la victoire, chacune de ces assertions a une part de vérité, et chacune devient fausse, pour ne pas dire extravagante, par le tour exclusif et absolu qu'elle affecte. Il est vrai que c'est précisément à cette exagération de l'expression que ces affirmations doivent leur piquant. Ce sont des défis jetés à l'opinion, des agaceries adressées au parterre. Ramenez tous ces dires à la vérité en limitant l'expression, et vous n'aurez plus que des propositions un peu banales dans leur justesse. *La Marseillaise* est d'une poésie médiocre, mais elle répondait à des sentiments surexcités, elle se chantait sur un rythme entraînant, et elle est la preuve qu'un hymne guerrier peut animer le courage des soldats sans avoir une grande valeur littéraire. Les odes de M. Victor Hugo, elles, n'ont jamais conduit de bataillons à la victoire; est-ce à dire que *la Marseillaise* soit plus belle, ou qu'elle ait plus de prix? Ce sont des mérites différents, voilà tout. J'accorde de même qu'une nature bonne, humaine, généreuse soit pour beaucoup dans l'action qu'un homme exerce sur des populations, mais, si la bonté d'âme entre pour quelque chose dans l'ascendant de M. de Lesseps, ce sont pourtant d'autres qualités, c'est une autorité d'une autre espèce qui ont déterminé le placement des actions de Suez. Enfin, quant au succès oratoire ou littéraire, il est certain que la sincérité sert le talent, mais il n'est pas moins certain que la sincérité toute seule ne le donne point, que de grands talents s'en sont même passés, et, dans tous les cas, que personne n'a jamais bien dit ou bien écrit sans l'avoir un peu appris.

Le goût de M. Renan pour des assertions à la fois faussées par le tour excessif qu'il leur donne et rendues piquantes par l'effet même de l'exagération, ce goût se retrouve dans les jugements moraux de l'orateur aussi bien que dans ses appréciations littéraires. Il lui a plu hier, sous prétexte de vanter l'action et les hommes d'action, de professer le dédain pour les délicats qui prennent trop de soin de leur dignité personnelle et ont la prétention de sortir sans tache de la bataille de la vie. L'homme supérieur, selon M. Renan, est celui qui se prête aux faiblesses de la foule, parle sa langue, adopte ses préjugés, entre avec elle à l'atelier, au bouge et au cabaret. A la bonne heure, et il n'est que trop vrai que les conditions d'une grande action sur les masses entraînent des compromissions auxquelles se refuse une conscience délicate, il n'est que trop vrai que les grands personnages historiques ont pour la plupart montré dans leur conduite le dédain de l'humanité, de la justice, de la moralité. Seulement, M. Renan, comme il lui arrive d'ordinaire, en vantant ce que, d'ailleurs, il aurait plutôt fallu regretter, n'a su voir que l'un des côtés des choses humaines ; il a oublié que la conscience et ses réclamations sont aussi une réalité, et que, si l'on pardonne aux conquérants qui ont fondé des empires par la duplicité, le parjure et le sang, si on les admire et les renomme, ceux-là mêmes qui subissent le prestige du succès n'en distinguent pas moins tous les jours entre l'homme véridique et scrupuleux et l'homme pour qui sont bons tous les moyens de réussir. L'hommage rendu à la vertu n'est pas moins un élément de la vie des sociétés que la séduction exercée par la puissance.

Mais pour qui parlons-nous ? Pour M. Renan ? Il sait tout cela mieux que personne, il le sait si bien qu'il établira lui-même à la première occasion et avec une éloquence égale, la supériorité de la vie retirée et studieuse sur les agitations du monde. Aujourd'hui, M. de Lesseps et les hommes d'action, demain, saint François d'Assise, la contemplation et la pauvreté. Ce dont je me plains, ce n'est pas que le brillant orateur ne sache pas, ou qu'il ne dise pas, c'est qu'il ne dise jamais qu'une chose à la fois, et qu'en la disant, il ait l'air d'ignorer tout ce qui l'entoure, la tempère, la modifie. Procédé plus digne de l'artiste que du penseur ! Et M. Renan qui ne se lasse pas de médire de l'art ! L'ingrat !

24 avril 1883.

XVIII

RÉCEPTION DE M. DURUY

J'entendais hier quelqu'un demander comment il se fait que ces séances de réception de l'Académie française soient toujours si courues. On y est entassé, on y est mal assis ; il faut écouter parler pendant deux heures ; il y a beaucoup de convenu dans les discours et ils sont très inégaux en mérite : c'est égal, ces solennités académiques continuent à être recherchées comme si chacune était un événement. Eh bien ! oui, chacune est, en effet, un événement, parce qu'il y a dans chacune une combinaison donnée par le sort. Il y a le récipiendaire, le directeur de l'Académie chargé de le recevoir, il y a, enfin, l'académicien décédé dont les deux autres vont faire l'éloge, et, de ces trois éléments fortuitement réunis, il se dégage toujours un peu d'inattendu. On ne sait ni comment ces vivants vont se traiter, ni comment ils traiteront leur mort, et la curiosité n'est-elle pas en toute chose la principale cause d'intérêt ?

L'intérêt, hier, s'est concentré sur le discours de monseigneur Perraud. M. Duruy, le récipiendaire, avait pour titres les monuments d'une carrière laborieuse et d'incontestables services rendus à l'instruction publique, mais son discours n'était qu'une notice assez pâle, absolument dénuée de charme oratoire, et M. Duruy l'a lu comme il l'avait écrit, avec trop de dédain de la forme et de l'effet. S'il est bon que l'éloge académique ait cessé d'être l'exercice de rhétorique qu'il était autrefois, il ne faudrait pourtant pas qu'il cessât absolument d'être oratoire et devînt la simple lecture d'un simple article nécrologique. L'écrivain dont M. Duruy avait à faire l'éloge était M. Mignet. Tous les deux, M. Duruy et monseigneur Perraud, ont bien et convenablement loué le défunt; mais il avait déjà été beaucoup parlé de la vie et des travaux de M. Mignet au moment de sa mort, et les souvenirs laissés par cet homme éminent n'étaient pas de nature à donner lieu à des réflexions bien nouvelles ou à une discussion bien animée. L'intérêt de la séance ne pouvait donc guère porter sur les éloges qu'on allait entendre. Où était-il donc? Il était dans la personne de monseigneur Perraud, dans le fait que c'était un évêque qui allait présider la solennité académique, et quelque peu aussi dans l'envie de savoir comment le prélat traiterait un collègue qui, sans être une brebis bien égarée, était pourtant étranger au diocèse de l'orthodoxie. Le public n'a pas été trompé; la séance, avec toute sa gravité épiscopale, n'a point manqué de piquant.

Monseigneur Perraud est le type de l'évêque, j'entends de l'évêque chrétien, de l'évêque apostolique. De l'intelligence sous une profonde gravité, l'œil spirituel dans des joues creusées par l'ascétisme ou, mieux encore, par les fatigues pastorales, quelque chose de sincère, d'ardent, de contenu, et tout cela avec le ton et l'attitude de l'homme comme il faut. Son discours a été ce qu'il devait être dans la bouche d'un prêtre qui ne met pas plus d'intérêt qu'il ne convient aux choses mondaines, mais qui a cru utile à son caractère et à son ministère d'accepter les honneurs qui sont venus le chercher. Point d'éclat ni surtout de recherche : un morceau bien écrit, bien lu, un morceau sacerdotal sans pose, et académique sans oubli de la haute mission. Monseigneur Perraud a si peu déposé les préoccupations de son ministère au seuil de l'Académie, qu'en réfutant quelques-unes des vues de M. Duruy il s'est adressé à l'homme, a-t-il dit lui-même, aussi bien qu'à l'historien. Il espérait le convaincre, mais il aurait voulu surtout le convertir. L'Académie a probablement été un peu étonnée de ce langage: elle n'y est pas accoutumée ; mais peut-on dire qu'il fût déplacé ? Du moment que l'Académie appelle le prêtre en son sein, il est légitime que celui-ci y apporte ce qu'il a, ce qu'il est, le théologien et le prédicateur.

Monseigneur Perraud, dans la controverse qu'il a engagée contre M. Duruy, a eu un avantage sur lui : M. Duruy ne pouvait pas répondre. Nous croyons que, s'il en eût eu le pouvoir, il aurait bien trouvé quelque chose à dire. Car voilà le faible du chrétien, du chrétien sincère et pénétré, tel que l'est monseigneur Perraud ; il a vu un idéal, il s'en est épris, et l'éclat de la vision céleste l'empêche de reconnaître les difficultés qui arrêtent des esprits plus critiques, des penseurs plus attentifs aux divers aspects de la réalité, des hommes plus mûris par l'expérience du monde, et par delà les penseurs et les savants, la masse de nos semblables, la société moderne tout entière, qui, sans être en état de s'enquérir ou de juger, est devenue étrangère à la foi des anciens temps par une sorte de transformation inconsciente.

Monseigneur Perraud a pris M. Duruy à partie sur les regrets que lui laisse la disparition de la civilisation romaine. Nullement insensible aux beautés de l'Évangile, aux services rendus par le christianisme — plus d'une page de son *Histoire des Romains* en fait foi — M. Duruy estime cependant que, si le monde y a gagné, il y a aussi perdu. Monseigneur Perraud, lui, ne partage pas ces regrets. Le christianisme n'a-t-il pas appris à l'homme à vivre et à mourir? N'est-ce pas là le principal, n'est-ce pas tout, et que peut laisser désirer une civilisation fondée sur un pareil enseignement?

On touche ici au doigt la différence que j'indiquais il y a un instant : celle de l'homme de science et de l'homme de foi. Le croyant voit les choses dans leur simplicité idéale ; il a trouvé le réconfort dans la parole du Christ, il se sent régénéré, sauvé : point d'autre réalité pour lui que cette réalité suprême ! Il n'est pas historien, il ne peut ni ne veut l'être, parce que l'histoire, c'est le contingent, le relatif, et qu'il tient, lui, la vérité essentielle, immortelle, absolue. A la bonne heure, il est heureux et fort de sa foi ; qu'il la garde aussi longtemps qu'il pourra! Mais quand même il réussirait à en maintenir le trésor intact, il n'empêchera pas que la science n'ait aussi ses droits, qu'elle ne fasse aussi entendre sa voix, qu'aux réalités intérieures de la vie religieuse, elle n'oppose les résultats de l'expérience humaine. Et que nous dit cette expérience des siècles qu'on appelle l'histoire? Elle nous dit deux choses : elle nous dit que tout est mêlé, complexe, caduc par quelque côté, même les cultes les plus purs, et elle ajoute que toutes les civilisations disparaissent à leur tour, et les civilisations religieuses comme les autres.

Il est trop facile de ne s'attacher, pour définir le christianisme, qu'à sa formule purement morale et éthérée, le secret de bien vivre et de mourir avec une espérance au cœur. Mais que d'illusion et, en définitive, que d'arbitraire dans cette définition! Que le christianisme est quelque chose de plus complexe! Et que toute la question change d'aspect lorsqu'on regarde aux éléments avec lesquels la vérité essentielle s'est combinée, aux métaux inférieurs auxquels s'est allié l'or pur de la parole de vie, et sans lesquels, je me hâte de le dire, cette parole n'aurait jamais pu servir aux rudes usages de la vie des nations.

La religion dont monseigneur Perraud se montrait hier le digne et austère avocat, cette religion est un ascétisme. Elle a assombri l'humanité de ses préoccupations lugubres. En mettant l'espoir des fidèles dans une autre vie, elle a fait de celle-ci un temps d'exil. Eh bien, je le demande à monseigneur Perraud : s'imagine-t-il que le monde tel qu'il le connaît, la société telle qu'elle s'agite sous nos yeux, avec sa soif de travail et de jouissances, puisse être convertie à une religion ascétique?

Le christianisme de monseigneur Perraud est essentiellement piété intime et vertus actives. Soit : mais cette piété a pour corps, pour substance, pour raison d'être, toute la dogmatique chrétienne. Et de quoi se compose la dogmatique chrétienne? De miracles que l'histoire authentique a oublié d'enregistrer, et de formules métaphysiques qui sont pure logomachie, amas de mots hurlant de se trouver ensemble. Là-dessus je réitère ma question à l'évêque d'Autun, et je lui demande s'il a vraiment, en son for intérieur, la conviction que nos contemporains puissent être ramenés, soit à s'approprier la théogonie du symbole de Nicée, par exemple, soit à y souscrire les yeux fermés par obéissance à l'autorité de l'Église.

Je viens de nommer l'Église et ce mot m'avertit que le christianisme de monseigneur Perraud, tout spirituel et intérieur qu'il se le représente, est indissolublement lié à une grande institution, fondée sur l'infaillibilité et sur le dépôt des grâces sacramentelles, qui a jadis tenu les États en tutelle, qui aspire encore, et ne saurait y renoncer, à avoir un rôle dans la conduite politique des peuples, et je demande à l'évêque académicien s'il espère véritablement que l'Europe se replacera jamais sous la houlette pastorale.

Ce serait peu encore que tout cela. Les prétentions théocratiques, on les désavoue; les logomachies dogmatiques, on les déguise du nom de mystères; la perfection chrétienne, on la concilie avec la faiblesse humaine en en dispensant les laïques ; mais il semble que l'Église se soit appliquée, de propos délibéré, à élargir le fossé entre elle et le siècle, à mettre l'esprit moderne au défi, à exaspérer le conflit entre le bon sens de l'homme naturel et les paradoxes de la foi. Comment, en effet, expliquer autrement les nouveautés religieuses de nos jours ? Et de quel vertige l'autorité ecclésiastique n'est-elle pas la victime, si elle croit faire accepter l'apparition de Lourdes, le sacré Cœur de Marie, la dévotion à Saint-Joseph, et que sais-je encore, à une génération brouillée avec le catéchisme !

J'en suis fâché pour monseigneur Perraud, mais, dans la querelle qu'il a faite à son nouveau confrère, c'est M. Duruy qui a raison. Aucune institution, aucune civilisation n'est immortelle, elles disparaissent toutes, chacune à son tour, pour faire place à une autre, et, en disparaissant, elles emportent toutes avec elles quelque secret, quelque grandeur, quelque unique combinaison des forces sociales. C'est à ce titre que le passé inspire de légitimes regrets. Il faut se garder de l'injustice, de l'injustice de ceux qui méconnaissent les bienfaits du christianisme parce qu'il ne nous a conservé ni la perfection du génie grec, ni le génie politique des Romains, et de l'injustice des chrétiens qui méprisent le paganisme parce qu'on y vivait et on y mourait autrement que chez nous. Cette belle tolérance historique que nous serions si heureux de voir se répandre, c'est dans l'intérêt commun que nous l'invoquons. L'institution chrétienne, monseigneur Perraud n'en a-t-il jamais le soupçon malgré lui? est arrivée à son tour aux heures amères du déclin, et c'est en sa faveur, au fond, que nous plaidons, lorsque nous reprochons à son avocat de n'avoir pas eu assez de largeur d'idées et de sympathies. Le plus noble fruit de la culture intellectuelle n'est-il pas d'apprendre à respecter partout les traces de l'âme humaine?

19 juin 1885.

XIX

VICTOR HUGO

(Le 22 mai 1885.)

La meilleure manière de parler de Victor Hugo en ce moment ne serait-elle pas de rappeler tout uniquement ce qui disparaît avec lui? Ceux qui tiennent à éviter les formules admiratives dont la banalité a usé la vertu, et qui reconnaissent, d'autre part, la convenance d'ajourner les appréciations raisonnées, avec les réserves et distinctions qu'elles comportent, ceux-là n'en partagent pas moins vivement le sentiment qui est au fond du deuil public. Ce sentiment, c'est que nous venons de perdre un écrivain qui tiendra une place à part dans notre histoire littéraire. Il y a ouvert une époque. Il a été à la fois très fort et très nouveau. On n'a longtemps voulu voir en lui qu'un chef d'école; il a été plus ou mieux que cela, un créateur, un initiateur. Je ne vois personne à lui comparer en ce genre, ni Ronsard, ni Corneille, ni Voltaire. Ajoutons qu'il a été plus extraordinaire que les plus grands; Victor Hugo n'a pas été seulement un génie, il a été un phénomène.

Dans l'enfance, prodige, et de ces rares prodiges qui

tiennent ce qu'ils ont promis. Depuis lors, développement continuel, sans cesse nouveaux départs, nouvelles surprises. Il a tenu un demi-siècle en haleine. Dans sa vieillesse encore, de beaux restes. Tout se réunit pour faire de cette existence quelque chose de prestigieux : force de tempérament, puissance de travail, verte longévité, l'immensité de l'œuvre, la variété des genres.

Victor Hugo a été poète et prosateur, il a fait quinze volumes de vers, il a donné des drames et des romans. Et dans chacun de ces genres, quelle diversité ! Le poète a été tour à tour lyrique, dramatique, épique, satirique. L'écrivain a tout tenté et il n'a rien manqué. Dans aucun ordre, de chute absolue. Jamais, sauf dans l'extrême vieillesse, au-dessous de lui-même.

J'insiste sur cette variété de l'œuvre, sur le nombre des jeux et des registres de l'instrument. C'est la même plume qui a écrit *les Orientales* et *les Contemplations*, *la Légende des Siècles* et *les Chansons des rues et des bois*, *les Châtiments* et *l'Art d'être grand-père*, *l'Histoire du petit Gervais* et *la Tempête sous un crâne*, *les Burgraves* et le quatrième acte de *Ruy Blas*; et, par une sorte de coquetterie, dans chaque recueil même, les contrastes : *Gastibelza* tout près de *la Tristesse d'Olympio*, *le Satyre* à côté de *la Fête chez madame Thérèse*, *les Abeilles* à côté de *l'Égout de Rome*.

Il faudra étudier un jour, et de près, techniquement, l'influence que Victor Hugo a exercée, sur la poésie par la richesse de sa rime, et sur l'art d'écrire en général par l'éclat et la nouveauté de son vocabulaire. On aura à examiner si cette influence n'a été que bienfaisante ; ce qui est certain, c'est que l'écrivain a révélé à notre langue des facultés qu'elle ne se connaissait pas, c'est qu'il a agrandi, transformé notre littérature, comme si des siècles avaient passé par là.

Il y a eu, dans l'œuvre de Victor Hugo, une part de virtuosité, de gageure, de défi. Il a mené, et il s'y est complu, deux ou trois générations d'étonnement en étonnement. Mais gardons-nous de croire que sa puissance consiste uniquement dans des ressources d'imprévu. Victor Hugo a eu la qualité maîtresse de l'artiste, l'imagination, et il l'a eue forte, souple, inépuisable ; il a par elle tout vu et tout compris, tout senti ou deviné ; s'il est allé de préférence aux choses démesurées, il n'a point ignoré les nuances. J'ajoute qu'avec l'imagination, il a eu l'esprit, beaucoup d'esprit, d'un genre très particulier, il est vrai, plus fort que fin, une sorte de gaieté herculéenne, une veine d'amusante extravagance. Mais je me trompe, car on se trompe toujours avec lui, et il échappe à toutes les définitions : ce géant a fait des chansons, et, dans ces chansons, il en est de gracieuses et de délicates.

Le merveilleux, c'est qu'un écrivain si épris de la forme et de la couleur des choses, vivant d'une vie si intense dans le dehors, le plus *objectif* assurément de nos poètes, en ait été, à l'occasion, le plus ému et le plus profond. Il sait toucher et faire rêver. Il a des mots qui donnent une expression à l'ineffable, où l'on sent passer je ne sais quoi d'infini. Il avait une âme, n'en doutons pas, celui qui, blessé de la caducité des plus chers souvenirs, reprochait si plaintivement à la nature sa sérénité et son oubli. Il avait le sens de la grande mélancolie, celui qui s'écriait :

O soleils descendus derrière l'horizon !

Il avait été troublé du mystère de nos destinées, celui qui les interrogeait en un vers sublime :

Où va, Seigneur, où va la terre dans les cieux ?

On n'aura pas complété cette image, on n'aura pas réuni tous les rayons dont la tendresse populaire se plaisait à faire une auréole au poète, si l'on ne joint, à la magie du talent et à la puissance de l'œuvre, les idées généreuses et les qualités personnelles, le patriotisme, l'humanité, la foi. Oui, la foi; Victor Hugo était optimiste, c'est-à-dire croyant; il avait confiance dans la nature humaine, dans la société et son avenir. La gloire n'ira jamais aux sceptiques; le peuple n'aime que ceux qui partagent les certitudes ou les illusions dont il vit lui-même.

TABLE

Pages

Préface.	
I. — Clément Marot	1
II. — Le Château de Versailles	19
III. — Une hérésie littéraire.	51
IV. — Le Robespierre de M. Taine.	73
V. — Baudelaire et le Baudelairisme.	85
VI. — Ernest Renan	93
VII. — Le *Journal intime* d'Amiel.	135
VIII. — La Crise actuelle de la Morale.	155
IX. — George Eliot.	187
X. — Le Judaïsme et le Christianisme.	243
XI. — L'Académie et les Prix de vertu.	251
XII. — M. Guizot et M. Jules Simon.	259
XIII. — Réception de M. Sully Prudhomme.	265
XIV. — Réception de M. Pasteur.	275
XV. — Réception de M. Cherbuliez.	277
XVI. — Réception de M. Coppée.	291
XVII. — Réception de M. de Lesseps.	299
XVIII. — Réception de M. Duruy	305
XIX. — Victor Hugo.	313

www.ingramcontent.com/pod-product-compliance
Lightning Source LLC
Chambersburg PA
CBHW070531160426
43199CB00014B/2239